太原统计年鉴

TAIYUAN STATISTICAL YRARBOOK

2021

太 原 市 统 计 局

国家统计局太原调查队

中国统计出版社

China Statistics Press

图书在版编目（CIP）数据

太原统计年鉴 . 2021 = Taiyuan Statistical Yearbook 2021 / 太原市统计局 , 国家统计局太原调查队编 . -- 北京 : 中国统计出版社 , 2021.8
ISBN 978-7-5037-9509-1

Ⅰ . ①太… Ⅱ . ①太… ②国… Ⅲ . ①统计资料 – 太原 – 2021 – 年鉴 Ⅳ . ① C832.251-54

中国版本图书馆 CIP 数据核字 (2021) 第 117545 号

太原统计年鉴—2021

作　　者 / 太原市统计局　国家统计局太原调查队
责任编辑 / 钟　钰
装帧设计 / 任志鹏
出版发行 / 中国统计出版社有限公司
地　　址 / 北京市丰台区西三环南路甲 6 号
邮政编码 / 100073
电　　话 / 邮购（010）63376909　书店（010）68783171
网　　址 / http://www.zgtjcbs.com
印　　刷 / 山西力新印刷科技开发有限公司
经　　销 / 新华书店
开　　本 / 890mm × 1240mm　1/16
字　　数 / 1400 千字
印　　张 / 22.75 印张
版　　别 / 2021 年 8 月第 1 版
版　　次 / 2021 年 8 月第 1 次印刷
定　　价 / 400.00 元

太原统计年鉴—2021

编委会和编辑出版人员

编者说明

一、《太原统计年鉴》收录了全市和各县（市、区）经济、社会各方面的统计数据，是一部统计信息密集、综合性强、全面反映太原市国民经济和社会发展情况的资料性年刊。

二、全书内容共分13个篇章，即：1. 综合；2. 人口、计划生育和社会治安；3. 从业人员和劳动报酬；4. 固定资产投资、建筑业；5. 能源消费与库存；6. 住户调查；7. 农业；8. 工业；9. 交通运输和邮电；10. 国内外贸易和旅游；11. 财政、金融、税务和物价；12. 科教、文卫、体育和民政；13. 县（市、区）经济概况。

三、本年鉴总量指标计算所采用的价格，除注明外均为当年价格。

四、本年鉴资料主要来自年度统计报表、抽样调查和业务部门统计年报。

五、本年鉴表中符号使用说明：

“空格”表示该项统计数据不详、不足计量单位或无。

“#”表示其中主要项。

六、读者在使用历史资料时，凡与本年鉴有出入的，均以本年鉴为准。

七、本年鉴中部分数据合计数由于单位取舍不同而产生的计算误差，均未作机械调整。

八、本年鉴出版发行，受到社会各界的关心和支持，对此深表谢意，并欢迎提出宝贵意见。

目 录

CONTENTS

二、人口、计划生育和社会治安

Population，Family Planning and Social Security

三、从业人员和劳动报酬
Employment and Wages

四、固定资产投资、建筑业
Investment in Fixed Assets and Construction

五、能源消费与库存

Energy Consumption and Inventory

六、住户调查

Household Survey

七、农业

Agriculture

八、工业

Industry

九、交通运输和邮电

Transportation, Post and Telecommunications

十、国内外贸易和旅游

Domestic and Foreign Trade, Tourism

十一、财政、金融、税务和物价
Finance, Banking, Taxation and Price

十二、科教、文卫、体育和民政
Science，Education，Culture，Public Health，Sports and Civil Affairs

十三、县（市、区）经济概况

County,City and District Economic Situation

太原市情介绍

太原概况：太原是山西省省会，是山西省的政治、经济、文化、教育、科技、交通和信息中心，在全国对外开放和经济发展布局中，具有承东启西、连接南北的双向支撑作用。太原有2500多年的建城史，是省级历史文化名城。

地形地貌：太原位于山西省境中央，太原盆地的北端，于华北地区黄河流域中部，黄河的第二大支流——汾河，自北向南横贯太原市全境，流经境内约100公里。西、北、东三面环山，中、南部为汾河河谷平原，全市整个地形北高南低呈簸箕形。境内地貌形态复杂多样，山地、丘陵、平原、盆地、谷地均有分布。山地3631平方公里，占总面积的52.0%；丘陵2117平方公里，占30.3%。境内地势起伏较大，高差悬殊，位于境西北娄烦县的赫赫岩山，海拔2708米，为全市最高峰；最低处位于境内南部清徐县西青堆的汾河漫滩，海拔760米，高差1948米。

面积人口：太原国土面积6909平方公里，占全省的4.5%。2020年第七次全国人口普查常住人口530.41万。现辖小店、迎泽、杏花岭、尖草坪、万柏林、晋源六城区，清徐县、阳曲县、娄烦县、古交市3县1市和山西转型综改示范区、太原不锈钢园区、清徐经济技术开发区、阳曲现代农业产业示范区、西山生态文化旅游开发区5个开发区。

自然气候：太原由于其地形复杂多样，海拔高度差异较大，形成了四季分明的北温带大陆性季风气候。冬季，受西伯利亚冷空气的控制，夏季受东南海洋湿热气团影响。随着季节的推移，两大气团在太原上空交互进退，此消彼长，发生着规律性的周期更替，形成了冬季干冷漫长，夏季湿热多雨，春季升温急剧，秋季降温迅速，春秋两季短暂多风，干湿季节分明的特点。年平均气温为10.8℃，一月平均 -6.4℃，七月平均23.5℃。

自然资源：太原矿产资源、物产丰富，已探明具有工业开采价值的矿石有20多种。金属矿产主要有铁矿、铝土矿、锰铁矿、铜矿、铅锌矿等；非金属矿产有煤、石膏、硫磺、硝石、耐火粘土、明矾、白云石、石灰石、云母、石英、大理石等。特别是煤炭、铁矿、石膏，被称为太原三大矿产。

市境中部、南部的平原和丘陵区为主要农耕区，以种植玉米、谷子、高粱、蔬菜为主；果类品种繁多，品质优良，主要有葡萄、苹果、梨、桃、杏、枣、核桃等。西部和北部山区，以产莜麦、荞麦、豆类、马铃薯及油料植物胡麻、向日葵为主。其中，清徐葡萄栽培历史悠久，为中国四大产地之一；晋饲大米，质量上乘，久负盛名；老陈醋独成系列，历史悠久，闻名于世。

境内野生植物资源种类繁多，适宜白皮松、落叶松、油松、侧柏的生长；党参、黄芪、麻黄、黄连、地黄等较贵重中药材遍布；沙棘、山梨、山桃等野生水果资源也非常丰富。野生动物资源数量、种类可观。

历史人物：太原简称"并"，古称晋阳。太原是国家历史文化名城，自古就有"锦绣太原城"之美誉，始建于公元前 497 年的春秋时期，具有 2500 多年建城史，素有"龙城"之美誉。悠久的历史孕育出太原深邃璀璨的晋阳文化，产生过李世民、武则天、狄仁杰等杰出的政治家和王之焕、元好问、罗贯中伟大的文学艺术家。

旅游资源：太原旅游资源丰富，悠久的历史给太原留下了众多的名胜古迹，较为著名的有晋祠、天龙山石窟、永祚寺、纯阳宫、崇善寺、窦大夫祠等国家级重点文物保护单位 13 处和省级重点文物保护单位 32 处，称为中国的"地上文物宝库"。其中晋祠圣母殿内宋塑侍女像栩栩如生，姿态各异，在海内外享有盛名。天龙山的北朝石窟及隋唐造像、崇善寺明代藏经、纯阳宫关羽立马铜像，在中国文学艺术史上均占有辉煌的一页。此外，唐太宗李世民撰写的"贞观宝翰"《晋祠铭并序》碑文，是现存最早的唯一完好的唐太宗行书碑。

2020 年主要经济指标完成情况：地区生产总值 4153.25 亿元，增长 2.6%；服务业增加值 2616.82 亿元，增长 2.3%；规模以上工业增加值增长 3.2%；固定资产投资增长 11.3%；社会消费品零售总额 1655.11 亿元，下降 6.4%；外贸进出口总额 1211.47 亿元，增长 8.1%；一般公共预算收入 378.44 亿元，下降 2.1%；居民消费价格总指数（CPI）平均上涨 2.6%。

政府工作报告

——2021年2月23日在太原市第十四届人民代表大会第六次会议上

市长　张新伟

各位代表：

现在，我代表市人民政府向大会报告工作，请予审议，并请政协委员和其他列席人员提出意见。

一、“十三五”时期及2020年工作回顾

“十三五”时期是全面建成小康社会决胜阶段，是我市发展进程中极不寻常的五年。习近平总书记两次视察山西，发表重要讲话作出重要指示，为我省、我市发展指明了前进方向，提供了根本遵循。五年来，在市委的坚强领导下，全市上下坚持以习近平新时代中国特色社会主义思想为指导，全面贯彻党的十九大和十九届二中、三中、四中、五中全会精神，深入学习贯彻习近平总书记视察山西重要讲话重要指示，按照省委“四为四高两同步”总体思路和要求，围绕谱写文明开放富裕美丽太原新篇章，积极作为、奋力拼搏，“十三五”期间全市经济社会发展取得了巨大成就。

一是综合实力全面增强。“十三五”时期，地区生产总值年均增长6.6%，总量迈上4千亿元台阶，在全省占比由22.5%提高到23.5%。人均地区生产总值在全国省会城市排名由“十二五”末第18位上升到第15位。固定资产投资年均增长10.6%，一般公共预算收入年均增长6.7%。

二是产业结构不断优化。先进装备制造、新材料、信息技术等新兴产业规模不断扩大，战略性新兴产业增加值年均增长9.7%。现代服务业提质增效，获批设立国家跨境电子商务综合试验区，入选首批国家物流枢纽建设名单，华润万象城、华宇百花谷等城市综合体投入运营，晋祠、太山等景区提档升级。都市现代农业加速发展，南部城郊农业、北部有机旱作特色农业格局正在形成。

三是发展动力更加强劲。深入实施创新驱动发展战略，连续三年投入10亿元科技专项资金、10亿元人才发展资金，新增10亿元工业转型升级资金、5亿元新动能发展资金，支持各类主体创新创业。国家先进计算产业创新中心山西基地、国科大太原能源材料学院等重大创新平台开工建设，山西智创城、太原同创谷等双创载体重点布局，科技型中小企业从2017年的321家增加到8726家，高新技术企业从2015年的380家增加到2132家，全市创新资源加快汇聚。

四是改革开放深入推进。开发区“三化三

制”改革向纵深推进，综改区主阵地主引擎作用进一步发挥。国有企业“三供一业”分离移交任务基本完成，“集团化办学”等教育改革扎实推进，县乡医疗机构一体化改革、农村集体产权制度改革经验在全国推广。获批全国二手车出口业务试点城市。成功举办二青会、国际马拉松赛、国际公路自行车赛等重要赛事，以及中国（太原）人工智能大会、尧城（太原）国际通用航空飞行大会等重大活动，太原知名度、影响力进一步提升。

五是城市基础设施加快建设。城中村、棚户区、老旧小区改造稳步推进，城市热源厂、污水处理厂、综合管廊等一批基础设施建成投运。迎泽公园完成提质改造，晋阳湖公园一期建成开放，汾河治理美化工程延展至 35 公里，“九河”治理全面完成，建成区黑臭水体实现“长制久清”。郑太高铁、太原铁路枢纽西南环线建成投用，太原南站高铁枢纽功能全面提升。通达桥、晋阳桥、迎宾桥以及滨河东西路南延、晋阳大道等建成通车。

六是脱贫攻坚取得决定性胜利。全面落实精准方略，阳曲县、娄烦县高质量摘帽，160 个贫困村全部退出，55992 名贫困人口全部达到脱贫标准，易地扶贫搬迁集中安置入住率、产业就业保障率、旧村腾退拆除率、土地复垦复绿率均达到 100%。深入开展“百村示范、千村整治”工程，农村人居环境持续美化。

七是人民群众幸福感持续提升。省城生态环境质量显著改善，公交车、出租车新能源化改造基本完成，全市空气质量综合污染指数由 2015 年的 6.44 下降至 2020 年的 5.91。扎实推进“九乱”整治和“两下两进两拆”专项整治，文明城市创建成效明显。教育、卫生、文化等公共事业加快推进，城乡居民收入同步提升，养老、医疗、失业等保险基本实现全覆盖。

刚刚过去的 2020 年是极不平凡的一年，面对突如其来的新冠肺炎疫情，我们坚决贯彻习近平总书记视察山西重要讲话重要指示和党中央决策部署，在省委、省政府和市委的坚强领导下，牢牢把握疫情防控主动权，保持战略定力，克服重重困难，实现了经济稳步向好、转型态势强劲、社会和谐稳定。

（一）统筹疫情防控和经济社会发展取得良好成绩。坚持人民至上、生命至上，扎实做好“外防输入、内防反弹”各环节工作，实现确诊病例零病亡、医护人员零感染“双零”目标。6 批 147 名医护人员驰援湖北，累计完成 42 架国际航班 8476 人的转运、隔离、检测任务。率先在全省建成进口冷冻肉品和水产品集中监管总仓，阻断冷链渠道传播风险。全市单日最大核酸检测能力达到 27 万人份。市第四人民医院、市防控办等 8 个先进集体、263 名先进个人分别受到党中央及省委表彰。千方百计稳定经济社会运行，及时出台恢复经济秩序、扶持小微企业等政策措施，发放两轮政府消费券，全年新增减税降费 108.22 亿元，帮助企业保经营、渡难关，有力对冲疫情带来的不利影响。全市经济增速逐季加快，全年地区生产总值实现 4153.25 亿元，增长 2.6%，高于全国平均水平。

（二）科技创新迈出坚实步伐，创新生态夯基垒台工作扎实推进。国家可持续发展议程创新示范区建设得到科技部充分肯定，省级及以上重点实验室、工程技术研究中心分别达到80个、78个。获批国家知识产权运营服务体系建设重点城市。荣获国家、省科学技术奖170项。在全国42所一流大学建立“太原市学子归巢工作站”，启动建设人才公寓711套，引进高层次专业人才2000余名。太原技术转移促进中心获批国家技术转移人才培养基地。

（三）转型发展态势强劲，现代产业体系正在形成。大力推动战略性新兴产业，长城“智能云”工厂下线创造太原速度，清徐精细化工循环产业园部分投产，山西合成生物产业园、山西直升机研发生产基地、长城电源研发制造基地等项目加快推进，中车本地化生产地铁车辆下线，实现“太原地铁太原造”。出台《太原市加快现代服务业发展的政策意见》，清控、服装城等7个园区入选省级现代服务业集聚区。水塔醋业、紫林醋业、六味斋等三家企业入选农业产业化国家重点龙头企业。

（四）“四治”一体全面推进，城市生态环境明显提升。实施大规模国土绿化彩化财化行动，《太原市国家森林城市总体规划（2020–2035）》通过国家林草局专家评审，天龙山、太山等山体380公顷破坏面复绿治理全部完工。统筹推进“五水同治”，汾东、城南、阳光等污水处理厂增量扩容技改工程完工投用，汾河流域国考太原段全面消除劣Ⅴ类水体，实现“一泓清水入汾河”。坚持空气质量改善优先原则，完成太钢、美锦等11户企业超低排放改造，实施绕城高速公路过境货车分流管控。持续完善城市功能，东二环高速公路建成通车，解放路改造、南中环东延等27项道路工程竣工通车，全长229.5公里的环城旅游公路全线贯通。建成开通5G基站4293座，5G网络建设进入全国第一方阵。倾力打造“玫瑰之城、浪漫之都”，栽植各类花卉200余万株。植物园、动物园、摄乐公园、狄仁杰文化公园、晋商博物院等一批公园景点建成开放。

（五）民生事业不断进步，民生福祉不断改善。深入推进“人人持证、技能社会”建设，完成职业技能培训8.14万人。扩大优质教育覆盖面，普惠幼儿园覆盖率达到93.7%，市外国语学校、市第二外国语学校新校区投入使用，新增优质学位7200个。加强卫生服务体系建设，每千人拥有医疗床位8.82张，高于全国平均水平。社区居家养老服务走在全国前列，荣获第三批“全国智慧健康养老示范基地”称号。推动文化事业繁荣发展，晋剧《傅山进京》入选文旅部“庆祝中国共产党成立100周年舞台艺术精品创作工程”重点扶持作品。扎实做好困难群众救助帮扶工作，向特殊困难群体2.5万人发放“爱心奶”。太原警备区新闻宣传工作受到中央军委国防动员部表彰。成功实现全国双拥模范城“九连冠”。

（六）推动最严整治最严监管，安全生产和社会稳定形势逐步好转。统筹推进安全生产专项整治三年行动、全国安全发展示范城市和“三零”单位创建。扎实开展“深刻汲取教训，全面提升安全生产工作水平”集中教育整顿暨专项整治，聚焦煤矿、危化品、道路交通等18个重点行业领域和人员密集场所，全面排查整治安全隐患，全市各类生产安全亡人事故减少13起，死亡人数减少1人，分别下降22.81%

和1.61%。扫黑除恶专项斗争整体战果显著，全年刑事类警情同比下降14.7%，“两抢一盗”类警情同比下降29.2%。

（七）政府职能持续转变，营商环境不断优化。加强法治政府建设，依法接受人大及其常委会监督，自觉接受政协民主监督，办理人大代表建议277件、政协提案501件。机关事务集中统一管理体制改革成效明显。持续深化“放管服效”改革，“一枚印章管审批”全面推开，创新推行“7×24小时自助办+周末不打烊”服务，90%以上政务服务事项实现“一窗通办”，新增市场主体9.2万户。与黄河流域省会城市协作开展企业登记跨省通办，打造开办企业“线下一天、线上秒批、跨省通办”太原效率。

各位代表，一年来，面对新冠肺炎疫情的严重冲击，面对国内外风险挑战明显上升的复杂局面，取得这样的成绩来之不易。这是习近平新时代中国特色社会主义思想科学指引、生动实践的结果，是省委、省政府和市委坚强领导、科学决策的结果，是市人大、市政协监督支持、群策群力的结果，也是全市人民齐心协力、拼搏奋斗的结果。在此，我代表市人民政府，向全市人民，向各民主党派、工商联和无党派人士，向各位人大代表、政协委员，向驻并部队、公安干警和中央、省驻并单位，向所有关心支持太原改革发展的各界朋友，特别是向奋战在抗击新冠肺炎疫情一线的广大医务工作者和基层工作人员，表示崇高的敬意和衷心的感谢！

在肯定成绩的同时，我们也清醒地认识到，我市发展仍然面临着一些困难和挑战，主要表现为：发展不平衡不充分的问题仍然比较突出，转型发展步伐还不够快，创新生态建设还需持续发力，产业生态基础仍然存在差距，省会城市引领辐射作用不强、首位度还需提升，基本公共服务均等化还有大量工作要做，生态环境质量改善依然任重道远，营商环境还需进一步优化等。对此，我们将高度重视，采取有力措施，切实加以解决。

二、“十四五”时期经济社会发展的指导思想和目标任务

“十四五”时期是进入新发展阶段和我市率先实现转型出雏型的关键时期。要确保实现转型出雏型重要阶段性战略目标，必须**坚持高举习近平新时代中国特色社会主义思想伟大旗帜，深入贯彻党的十九大和十九届二中、三中、四中、五中全会精神，全面贯彻党的基本理论、基本路线、基本方略，统筹推进“五位一体”总体布局，协调推进“四个全面”战略布局，坚持以习近平总书记视察山西重要讲话重要指示为根本遵循，准确把握新发展阶段，深入贯彻新发展理念，积极融入新发展格局，按照省委“四为四高两同步”总体思路和要求，坚持稳中求进工作总基调，以推动高质量发展为主题，以深化供给侧结构性改革为主线，以国家资源型经济转型综合配套改革试验区和国家可持续发展议程创新示范区建设为统领，以改革创新为根本动力，以满足人民日益增长的美好生活需要为根本目的，统筹发展和安全，不断在“六新”上取得突破，着力构建多元支撑的现代产业体系，一体推进治山、治水、治气、治城，加快推进市域治理体系和治理能力现代**

化，打造具有国际影响力的国家区域中心城市，向着再现“锦绣太原城”盛景目标奋力迈进。

到“十四五”末，我市经济社会发展要实现以下主要目标：

一是率先在全省实现经济转型出雏型，经济总量奋力向万亿元规模迈进，人均地区生产总值达到2万美元以上，规模以上工业企业数量向3000家目标奋进。

二是国家可持续发展议程创新示范区建设取得重大突破，国家级创新平台实现倍增，高新技术企业达到4500家，城市创新活力显著提升。

三是国家区域中心城市影响力显著增强，太原都市区一体化发展取得重大突破，太原在世界城市网络体系中的节点地位明显提升。

四是综改先行区开放新高地建设取得明显成效，营商环境主要指标跨入全国前列，开放型经济水平不断提高。

五是天蓝地绿水清成为新常态，生态文明制度体系和绿色生产生活方式基本形成，城乡生态系统走上良性发展轨道。

六是历史文化名城特色充分彰显，文化遗产保护与新型文化产业融合发展，人民群众精神文化生活日益丰富。

七是高品质幸福之城建设实现长足进步，城镇居民人均可支配收入力争达到6万元，农村居民人均可支配收入力争突破3万元，多层次社会保障体系更加健全。

八是市域治理现代化走在全国前列，“三零”单位创建目标任务全面完成，安全发展能力大幅提升。

“十四五”规划《纲要（草案）》已印发各位代表。这里对重点任务作简要报告。

（一）突出科技创新核心地位，建设创新太原。五年投入100亿元，大力培育战略科技力量，建强用好重点实验室，全面提升企业技术创新能力，加快建设创新人才高地，完善科技创新体制机制，坚决打赢“六新”攻坚战，用一流成果为高质量转型发展注入强劲动能。

（二）发展壮大现代产业体系，构建实力太原。坚持基础产业、新兴产业、未来产业“三业”并举，全力打造四个千亿级支柱产业链，培育壮大四个百亿级特色产业链。坚持消费与投资双轮驱动，优化生产性、生活性服务业供给，聚力推进城市商圈提质发展，做好文旅、文创、文艺融合文章，为构建现代产业体系提供有力支撑。

（三）坚持“四治”一体推进，再现锦绣太原。全力实施城市更新行动，高标准推进城市规划、建设、管理，深入推进新型城镇化，加快构建内捷外畅的现代综合交通网络，统筹推进山水林田湖草系统治理，全面改善省城生态环境质量，营造山水城和谐共处、历史文化与现代文明相得益彰的都市风貌，打造具有国际影响力的国家区域中心城市。

（四）书写乡村振兴时代画卷，塑造美丽太原。深入实施乡村振兴战略，做优做精都市现代农业，大力实施乡村建设行动，全面深化农村改革，推动农业高质高效、乡村宜居宜业、农民富裕富足，打造望得见山、看得见水、记得住乡愁的幸福家园。

（五）全面深化转型综合改革，创造活力

太原。把改革开放作为实现高质量转型发展的关键一招，深入推进能源革命综合改革试点，协同推进重点领域改革，全方位融入国家区域发展战略，建设高水平开放型经济新体制，努力打造一流营商环境，使一切有利于社会生产力发展的力量源泉充分涌流。

（六）积极回应人民群众关切，筑就幸福太原。坚持以人民为中心，补短板、提质量、促均等，用心用情用力解决一批群众“急难愁盼”问题，实施促进就业创业保障性工程、教育高质量发展五大工程、卫生健康四大工程，健全多层次社会保障体系，促进发展成果全民共享，不断提升公共服务水平。

（七）持续推进治理能力现代化，打造平安太原。以法治政府、数字政府建设为牵引，加强和创新社会治理，构建系统融合、开放共治、包容协商、保障有力的高效能治理体系，全面提升安全发展能力，更好维护政治安全、社会安定、人民安宁。

三、2021 年工作安排

今年是我国现代化建设进程中具有特殊重要性的一年，是我市全面实施“十四五”规划、推动转型出雏型的开局之年。做好今年工作，必须坚持以习近平新时代中国特色社会主义思想为指导，落实中央经济工作会议精神，按照省委、市委全会暨经济工作会议部署，聚焦“六新”突破，立足新发展阶段，贯彻新发展理念，融入新发展格局，在率先转型发展蹚新路中彰显省会担当，努力实现高质量高速度发展，确保“十四五”转型出雏型开好局、起好步。

统筹考虑各方面因素，**今年主要预期指标是：**地区生产总值增长 8%-8.5%，规模以上工业增加值增长 7.5% 左右，固定资产投资增长 10%，社会消费品零售总额增长 10%，一般公共预算收入增长 6%，城乡居民人均可支配收入分别增长 8% 和 8% 以上，居民消费价格涨幅控制在 3% 左右，城镇新增就业 8.5 万人，城镇登记失业率控制在 4.5% 以内。约束性指标要不折不扣完成省下达任务。

各位代表，要实现上述发展目标，我们必须**坚持高举旗帜、坚决维护核心，**把“两个维护”融入血脉、铸入灵魂，在省委、省政府和市委的坚强领导下，同心同德、步调一致，不断拓展党的建设和各项事业新局面。**坚持正确方向、勇攀时代高峰，**坚定不移沿着习近平总书记指引的金光大道阔步前行，唱响“转型发展蹚新路”最强音，努力再现“锦绣太原城”盛景。**坚持人民至上、践行群众路线，**从根本宗旨上把握新发展理念，把保障和改善民生作为一切工作的出发点和落脚点。**坚持解放思想、锐意改革创新，**以改革开路，以创新破题，强化系统观念、辩证思维、创新意识，在谋划上先人一步、在举措上快人一拍，以钉钉子精神全力推动“十四五”转型出雏型，迈好第一步、见到新气象。

我们要深入学习贯彻习近平总书记关于抓落实的重要论述，强化“抓落实的关键是要有解决方案”的要求，从**讲政治的高度抓落实、统筹发展和安全抓落实、围绕项目抓落实、紧盯目标抓落实、坚持结果导向抓落实、强化治理能力提升抓落实，**确保党中央国务院、省委省政府和市委各项决策部署落地见效。

我们要坚持干字当头、勇于攻坚克难，切实强化"一切为了转型、一切服务转型"的使命担当，以抢跑的速度、争夺的勇气、精进的姿态，奋力书写无愧于时代、无愧于人民、无愧于历史的华彩篇章！

今年，要重点抓好以下工作。

（一）以"拓荒牛"精神打造一流创新生态，科技自立自强太原要有新担当

坚持把创新放在全市转型发展全局的核心位置，按照"四个面向"要求，围绕实现高水平自立自强深化改革，全力推动一流创新生态建设，提升省会城市创新活力和核心竞争力，是今年要抓的基础性、全局性、战略性工程。

我们要**聚焦"六新"抓创新。紧跟国家战略需求布局新基建，**年底5G基站达到5000座以上，加快大数据中心、数据平台等信息基础设施建设，谋划大科学装置建设。**紧追科技创新步伐狠抓新技术，**围绕高质量转型发展特别是产业链创新链，凝炼百项一流课题，推进重点项目攻关"揭榜挂帅"，加快攻克重要领域"卡脖子"技术，有效突破产业瓶颈，牢牢把握创新发展主动权。**紧贴转型发展进程做强新材料，**聚焦碳基新材料、半导体新材料、合成生物新材料、特种金属材料等领域前瞻布局创新链，促进新材料迭代创新，努力建设一流国家级研发基地。**紧盯制造业提质升级研发新装备，**重点支持高效电机、轨道交通、智能煤机等领域新装备建设，推动装备制造向技术自动化、产品智能化、设备成套化、产业集群化发展。**紧扣市场需求做大新产品，**鼓励手撕钢、笔尖钢、高性能碳纤维等特色产品发展壮大，加快科技含量高、市场占有率高的新产品研发制造。**紧抓新形势新机遇抢跑新业态，**加速发展智能制造，推进智慧城市建设，加强智慧政务、智慧交通、智慧物流、智慧教育、智慧医疗等应用领域建设。

聚焦"强主体"抓创新。组建创新联合体，鼓励龙头企业整合产业链上下游，与高校、院所开展协同研发、融通创新，促进产学研深度融合。支持企业加大研发投入，持续推动规上工业企业研发活动全覆盖、上水平。鼓励建立一批新型研发机构，强化政策引导保障，注重激励约束并举，调动社会各方参与。依托重点企业和科研院所，集中建设一批开放型科技成果转化中试基地，推动优秀科技成果在太原落地转化。梯次培育企业创新主体，聚焦产业发展需求，重点培育高科技领军企业100家、高新技术企业1000家、科技型中小企业10000家。

聚焦"建平台"抓创新。高标准建设第一实验室，争取建成首个山西省实验室，努力实现国家实验室在我省布局零的突破。谋划建设煤矿智能化技术等国家级重点实验室。加快培育建设太钢"高端硅钢材料"、太原理工大学"先进成形与智能装备"等5个省级重点实验室和太锅"循环流化床燃烧与控制"、科达自控"矿山特种机器人"等5个省级制造业技术创新中心。打造一批高质量创新创业共同体，加快推动智创城等双创载体建设。

聚焦"创机制"抓创新。坚决破除影响和制约科技核心竞争力提升的体制机制障碍。要加大力度落实改革举措，推进科研经费包干制改革，赋予创新领军人才更大的技术路线决定权和经费使用权，为科研人员松绑减负。要推动科技金融紧密融合，设立科技金融专项资金和国家科技成果转化基金太原子基金，引导金融投资机构为科技型企业创新提供全生命周期金融支持。要加速科技成果转移转化，完善成果转化中介服务体系，建立科技成果转化收益分配和股权激励机制，加强知识产权保护和运营服务体系建设，充分调动科研人员转化科技成果的积极性和创造性。

聚焦“汇英才”抓创新。突出政策引导，出台更有吸引力的户籍、就业、科研等人才政策，引进10名顶级人才、100名高层次领军人才、急需紧缺人才，培育选拔使用1000名本土人才，集聚10000名人才后备军。建立激励机制，探索建立科技人才分类评价体系，推动资源向人才集聚、平台向人才开放、资金向人才倾斜。强化服务保障，以专班化机制为高层次人才提供“一对一”精准服务，年内完成人才公寓一期工程建设，切实解决好各类人才住房、子女就学、家属就业、医疗保障等问题。我们将以最大诚意、最佳环境、最优服务，让各类人才在并州大地落地扎根、茁壮成长、绽放精彩！

（二）坚定不移实施工业强市战略，构建现代产业体系太原要有新速度

实施传统产业基础再造工程。要抓龙头强带动。以中国宝武与太钢集团联合重组为新起点，全力支持太钢发展，巩固太钢全球不锈钢领军企业地位，努力打造不锈钢航母。支持太重、西山煤电、中车太原机车等企业，运用新技术新装备新工艺进行全方位、全角度、全链条改造，让传统产业“老树发新枝”。**要抓基地增活力。**加快推动山西电机研发制造基地、太原工具厂生产线改造升级、太锅集团构建热电能源供应全产业链、太原酒厂搬迁改造、孔雀油墨厂自动化生产线等项目建设，重新焕发老工业基地风采。

实施新兴产业强引擎工程。信创产业要重点推动长城计算机和电源研发制造基地、山西信创产业园、国科晋云高端整机智能制造等项目建设，打造全国领先的信创产业集群，冲击千亿级产业规模。**半导体产业**要重点推动中电科碳化硅基地扩建、弘大芯源高功率器件等项目建设，打造高端半导体材料和器件产业集聚区。**大数据产业**要重点推动大地紫晶新基建大数据共享平台、百度云计算中心等项目建设，创建国家级超算中心，为发展工业互联网奠定坚实产业基础。**新材料产业**要重点推动山西合成生物产业园、太钢高端碳纤维三期、太原晟旭超高功率石墨电极等项目建设，打造国际知名、国内领先的生物基新材料、碳基新材料、新型化工材料产业集群。**先进装备制造业**要重点推动山西智能装备产业园、山西煤机智能装备制造等项目建设，全力支持太原富士康做大做强，打造“太原智造”新名片。**通用航空产业**要重点推动山西直升机研发生产基地、禧佑源航空科技再制造基地等项目建设，为建设通航强市再添引擎。

实施未来产业先手棋工程。人工智能领域，要依托华为、百度、科大讯飞、阿里云等龙头企业，推动建立创新中心，加速产业化应用。**生物技术领域，**重点依托合成生物技术，支持在生物材料、生物燃料、生物医药等多个领域的研发应用。**集成电路领域，**重点支持碳基集成电路、第四代半导体等新技术研发。我们还将紧盯全球未来产业发展趋势和国家战略导向，超前布局、把握先机，谋划实施一批具有前瞻性、战略性的重大项目，培育产业发展梯队，推动产业换代升级。

（三）加快发展现代服务业，建设品牌强市太原要有新动作

推动生产性服务业提质。发挥服务业集聚区功能，聚焦长风商务区、晋阳湖片区、汾东新区，建设布局合理、特色鲜明的现代服务业集聚带。鼓励盘活老旧楼宇资源，为总部经济、金融保险、科技教育等高端现代服务业释放发展空间。推动先进制造业与现代服务业深度融合，为全市有意愿技改的规上工业企业提供智能化“一对一”改造方案。推进综改区国家级先进制造业和现代服务业融合发展试点。加快发展现代物流产业，建设全国领先的大宗商品智慧物流供应链管理平台，依托传化、中鲁、快成等物流龙头企业，打造服务全省、承接国内、辐射“一带一路”沿线地区的产业集群。

扩大生活性服务业供给。提升重点商圈和特色街区服务功能，抓住国家培育建设国际消费中心城市机遇，加快远大购物、新城吾悦、苏宁广场等城市综合体项目建设，构建多层次消费平台。打造消费新地标，加快发展晋阳湖夜经济+假日经济带，打造“满意消费在太原”品牌。钟楼街改造7月完工，打造千年商脉、钟鸣并州的特色国际名街。

做强文化旅游支柱产业。擦亮“唐风晋韵·锦绣太原”金色名片，当好“黄河、长城、太行”三大旅游板块的核心节点，在“游山西、读历史”中讲好太原故事，推进国家文化和旅游消费试点城市建设，叫响西山生态文化旅游、汾河历史文化、千年府城文旅“三大品牌”，打造“全域旅游”太原样板。推进重点景区建设，启动晋阳古城遗址公园建设，加快锦绣山庄康养小镇建设，太原古县城、华夏历史文明传承园5月对外开放。高标准推进太山和青龙古镇申报4A级景区。以天龙山佛首回归为契机，推进晋祠－天龙山5A级大景区创建工作。

加快服务业数字化转型。大力发展在线教育、远程办公、直播带货等新消费模式。加强与京东、字节跳动等国内知名平台的战略合作，培育壮大全球蛙、贡天下、乐村淘等本土电商骨干企业。抓住跨境电子商务综合试验区建设机遇，推动武宿综保区二期尽快封关运行，打造集进出口产品展示、仓储物流加工配送、线上推介和网络直播于一体的跨境电商孵化园，加快形成线上线下融合的跨境电商生态圈。

（四）持续激发市场活力和内生动力，深化改革开放太原要有新举措

推动重点领域改革攻坚。国企改革方面，要深入实施国企改革三年行动，以国资国企资产资本化、资本证券化、监管数智化为目标，加快169户市属国有企业脱钩改革及整合重组，积极稳妥推进混合所有制改革，深化企业内部“三项制度”改革，全面优化升级产业结构，提升创新能力、竞争力和综合实力，引导企业降成本、提质量、增效益。**金融体制改革方面，**要加快农信社太原城区联社改制步伐，组建太原农商行。**财税体制改革方面，**要严格政府债务管理，强化预算约束和绩效管理，提升财政资源配置效率和资金使用效益。同时，要加快推进社会救助综合改革试点，深化国防动员体制改革，持续推进农村集体产权制度改革，扎实做好清徐宅基地制度改革试点工作。

推动开发区创新发展。支持**综改区**筹建国际合作园区、申建国家级新区，在发展规模、速度、质量和效益上作出示范。**中北高新区**要发挥科教优势，打造集设计、研发、制造于一体的高端产业集聚区。**清徐开发区**要持续推进精细化工循环产业园建设，在做大产业集群、延伸产业链条上取得突破。**西山示范区**要围绕发展观光旅游、健康养老等产业，谋划和建设一批特色项目。**阳曲示范区**要围绕种养加、产供销一体化发展，走出一条有机旱作农业产业化、规模化、市场化的路子。每个开发区都要绘制各具特色的产业链全景图，主动联系对接优势企业开展专业招商。要提前启动建设标准地、标准厂房，采取市场化方式盘活存量闲置土地，有效解决"项目等地"问题，力争全市开发区签约项目增长30%以上。

推动市场主体做大做强。以政策扶持推动企业发展"加速度"，全面对标发达地区企业准入、诉求办理、普惠金融等各类政策举措，研究制定"最优"政策包，支持各类企业加快发展。以超常举措推动"小升规"工作上水平，建立中小微企业基础信息库，找准切入点，抓住关键点，精准施策、精准发力，全年力争新办小微企业1万户，净增规上工业企业240户以上。

推动更高水平对外开放。加大招引力度，深度融入"一带一路"、黄河流域生态保护和高质量发展战略，精准对接京津冀、长三角、粤港澳大湾区，紧盯世界和国内500强企业布局，主动承接产业转移，加快引进一批头部企业和优势企业。创新体制机制，复制推广前海自贸区制度创新经验，促进太原国际邮件互换局扩容提质，做好二手车出口试点工作，加快构建更高水平开放型经济新体制。用好开放平台，积极参与"进博会""厦洽会"等活动，办好"中博会"、太原能源低碳发展论坛、晋阳湖峰会、人工智能大会、尧城国际通用航空飞行大会，打造内陆地区对外开放新高地。

（五）以"老黄牛"精神一体推进"四治"，城市更新行动太原要有新提升

以精准定位绘好发展蓝图。高标准编制国土空间规划，统筹生产、生活、生态三大空间布局，全面提升在全省的经济首位度、功能首位度、开放首位度、品质首位度。**北部老城**重点突出补短板、育新机。按照区域协同、产城融合、生态优先、城乡一体的发展思路，以雄忻高铁加快建设为契机，深度融入京津冀协同发展国家战略，改造升级108国道，建设太原至忻州城市快速通道，打造太忻科技创新走廊。积极推动火工区、二电厂搬迁，为城市发展腾出空间。规划建设生态湿地公园，沿东西北山布局一批特色小镇，努力打造创新发展新高地、高品质生活宜居地、城市更新试验区，形成全市高质量发展的重要增长极和新的动力源。**中部府城**重点提升城市品质。坚持保文化、留历史、延文脉，优化城市设计，加强风貌管控，

“五一”前完成南宫改造，国庆前完成五一广场改造，年内完成拱极门－东三道巷府城文道改造，全面彰显国家历史文化名城魅力。**南部新城**重点实施太原都市区一体化发展行动。推进综改区会展中心、会议中心、文化中心、金融中心、商务中心“五大中心”建设。实施坞城南路（南中环街－通达街）快速化改造，启动化章街西延（汾东南路－滨河东路）工程，加快建设马练营路北延(中心街－龙城大街)工程，完善太榆交界区域路网，促进太原、晋中基础设施互联、创新平台共建、产业发展融通、生态环境共治、公共服务共享，引领带动太原都市区加速崛起。

以工匠精神推进城市建设。完善交通体系。全力支持武宿机场三期改扩建工程，做好周边配套路网建设。加快高铁东环线前期工作，推进地铁1号线建设，3号线、R1号磁浮线争取早日开工。推进西北二环、古交－娄烦－方山、阳曲大盂－盂县等高速公路建设，加快迎泽大街东延、千峰路南延、泥向线等道路建设，上半年建成滨河自行车专用道。**推进市政重点工程建设。**启动市委党校和太原广播电视台迁建工程，年内完成双塔公园、龙城公园、汾河四期工程，推进晋阳湖公园二期、海洋公园等重点项目建设。推进海绵城市建设，开工建设20万吨西山地表水厂等项目，不断增强城市发展韧性。

以绣花功夫提升精细化管理水平。以创建全国文明城市为抓手，持续深化“九乱”整治和“两下两进两拆”专项整治。引入社会资本参与停车设施建设运营，全年新增停车泊位1万个以上，加快解决“停车难”问题。打通一批断头路，畅通道路微循环，提升市民出行便利度。以科技赋能城市治理，加快建设综合管理服务平台，推动城市运行“一网统管”，打造全省数字治城样板间。

各位代表，人民城市人民建、人民城市为人民。必须把以人民为中心贯穿于城市建设全过程各方面，真正把城市建设成为支撑和带动高质量发展、高水平崛起的强大引擎！

（六）加快农业农村现代化建设，推进乡村振兴太原要有新局面

牢牢守住粮食安全底线。落实好“藏粮于地、藏粮于技”战略，扭住种子和耕地两个要害，加强高标准农田建设，确保完成粮食播种面积95.3万亩、产量5亿斤目标任务。推进农产品市场和冷链物流建设，加强物资调配和市场供应，确保“菜篮子”“米袋子”数量充足、价格稳定。

推动巩固拓展脱贫攻坚成果同乡村振兴有效衔接。继续执行“四个不摘”，对现有帮扶政策逐项分类优化调整，推动超常规举措向常态化帮扶转变。加强不稳定户和边缘易致贫户监测预警，筑牢返贫致贫防线。推进高水平“两不愁三保障”，持续推动脱贫群众稳定增收，有效衔接乡村振兴战略，实现城乡区域协调发展水平明显增强。

大力发展都市现代农业。实施“特”“优”兴农行动。培育万亩有机旱作农业生产基地，布局千亩有机旱作农业科研示范基地，加快推进设施蔬菜生产基地建设，推动规模健康养殖提质增效，壮大十大农产品精深加工产业集群，推动更多优质农产品进入中高端消费市场。**实施品牌强农行动**。加快“三品一标”认证，做优“阳曲小米”“娄烦山药蛋”“清徐葡萄”等区域特色公共品牌。支持清徐特色食品产业集聚区建设，做强醋产业，做优醋品牌，做大醋基地，推动以清徐醋产业为代表的山西老陈醋走向全国、走向世界。建设太原药茶旗舰店，打造迎泽区药茶一条街。**实施产业富农行动**。发展汾东休闲农业、晋祠稻花香等乡村产业，打造一批特色新型农家乐及民宿集聚区，把休闲农业和乡村旅游建设成农民致富的大产业。

加快美丽乡村建设。编制“多规合一”的实用性村庄规划，积极推进“四好农村路”建设，因地制宜推进农村改厕、生活垃圾处理和污水处理，补齐农村基础设施短板，推动乡村干净整洁便利、有颜有序有品，打造20个新时代美丽宜居示范村升级版。

（七）推动形成绿色生产生活方式，改善生态环境太原要有新突破

以更大力度“降碳”。推动煤炭消费减量替代。围绕碳达峰、碳中和目标，深入开展能源革命综合改革试点，谋划建设一批氢能、光伏、生物质等新能源项目，持续降低能源消耗强度。因地制宜推进“三县一市”清洁供暖改造，覆盖率达到90%以上。**加快调整运输结构**。重点煤矿全部接入铁路专线，钢铁、电力、焦化等重点企业接入比例达到80%以上。推动城市配送车辆逐步新能源化。建成区新增公交车、环卫车全部采购新能源车辆，现存车辆年内全部更新。**营造绿色低碳社会风尚**。全面禁止生产、销售和使用一次性塑料制品，推行垃圾分类和减量化、资源化，加快厨余垃圾处理中心、医废处置中心等项目建设。

以更严举措“治污”。大气污染防治方面，以科技治气为抓手，推进工业炉窑和挥发性有机物综合治理，加快风神轮胎、东山石灰石矿搬迁，有效降低PM2.5和臭氧浓度，严格落实“1+30”区域大气污染联防联控机制，全面改善大气质量。**水污染防治方面**，实施汾河上游段保护与修复工程，启动龙城、杨家堡污水处理厂增量技改工程，开工建设北郊污水处理厂改扩建工程，年内完成晋阳污水处理厂二期工程，持续推进城市污水截流、雨污分流改造，巩固黑臭水体治理成效。**土壤污染防治方面**，稳步实施受污染耕地、建设用地污染地块治理与修复，加大工业固废资源综合利用，持续提升危废处置水平。

以更高标准“增绿”。加快创建国家森林城市步伐，分类分级实施山体破坏面生态修复，加快西山工矿废弃地综合整治，全力推动东西山30处环城森林公园提档升级，完成营造林46万亩，筑牢绿色生态屏障。加快创建国家生态园林城市步伐，各城区均衡配置一批游园绿地，完成虎峪河西延、九院沙河西延、化章街、大运路等配套绿化工程，年底新增绿地3000亩。

（八）全力解决群众“急难愁盼”问题，增进民生福祉太原要有新成效

坚持就业优先战略。深入推进“人人持证、技能社会”全民技能提升工程，完成培训5万人以上，进一步提高考证持证覆盖面。办好第二届职业技能大赛。突出做好高校毕业生、退役军人、农民工、城镇困难人员等重点群体就业工作，促进“零就业”家庭动态清零。

办好人民满意教育。大力发展3岁以下婴幼儿托育服务。完善普惠性学前教育，各城区新建公办园不少于3所，各县（市）不少于2所。优化中小学校布局，推动城乡义务教育一体化改革发展。推进普通高中多元特色发展，打造一批航空航天、人工智能等特色示范学校。加快卫校新校区、旅游职业学院改扩建、城市职业学院实训楼等项目建设，提高职业教育人才培养质量。加快推进国科大太原能源材料学院建设，确保2022年建成招生。年底前完成市属中小学校校长职级制改革，完善教师优待办法，营造崇文重教、尊师重道良好氛围。

加快建设健康太原。夯实医疗卫生基础条件，推动优质医疗资源扩容和区域均衡布局，加快市第三人民医院迁建、市第四人民医院改扩建等项目建设进度，推进市中心医院等5所医院信息化建设。持续推进县域综合医改，全面推开公立医院薪酬制度改革，深化三医联动改革，推进医保支付方式改革，促进药价实质性降低。全面启动国家卫生城市创建，深入实施“百院兴医”“人才强卫”“中医药振兴”工程，全方位全周期保障群众健康。

持续改善居住条件。坚持“房子是用来住的，不是用来炒的”定位，控价格、稳市场，促进房地产市场平稳健康发展。扎实开展国家住房租赁试点工作，全年筹集4万套房源，培育11家专业化住房租赁企业，积极探索建立“租购同权”制度。启动10个城中村、3个棚户区改造，完成老旧小区改造700个以上，同步推进既有住宅加装电梯、既有建筑节能改造，努力实现从“住有所居”向“住有宜居”转变。

强化公共文化供给。围绕庆祝建党100周年开展好各项文化活动。办好首届晋剧艺术节，推出一批文艺精品。每周举办百场各类文艺展演、学术报告活动，继续免费送戏下乡1000场。加快丁果仙大剧院、市民艺术中心建设。逐步开放新修缮的圆通寺、亨升久旧址等府城文物遗存，打造群众身边博物馆。建设城市书房，更好满足群众阅读需求。申报创建“东亚文化之都”。实施“百馆兴体”工程，启动国家篮球（太原）训练基地、市体育训练基地、市水上训练基地等项目前期工作，继续办好太原国际马拉松赛、环太原国际公路自行车赛等品牌赛事，积极创建全民运动健身模范市。

加大社会保障力度。持续完善养老服务体系，六城区各打造一所高标准、示范性、引领性的养老服务中心，全市社区养老服务设施覆盖率达到70%以上。推进城乡老年人日间照料中心提档升级，为老年人提供更多生活便利。推进民政重点工程建设，市社会（儿童）福利院、市老年福利院、市光荣院年内具备使用条件。争创全国双拥模范城“十连冠”。进一步提高低保和特困人员补助标准，把民生底线兜牢兜实。

做好安全稳定工作。严格落实安全生产责任制，坚持“三管三必须”原则，形成齐抓共管的强大合力。深化安全生产专项整治三年行动，全领域、全覆盖、全方位排查整治安全隐患，坚决杜绝重特大事故，努力减少一般性事故。强化安全生产专业力量培训，抓好应急救援综合实训基地、物资储备基地等重点工程建设，新增应急避难场所157处186万平方米，不断夯实安全生产基础，全面提升本质安全水平。持续推进“三零”单位创建，加强信访法治化建设，提升矛盾风险多元化解能力。以做好全国市域社会治理现代化试点工作为抓手，坚持不懈推动平安太原建设，建立常态化开展扫黑除恶制度机制，严厉打击各类违法犯罪活动，健全完善立体化信息化社会治安防控体系，强化网络空间治理，坚决维护公共安全和社会安宁。

各位代表，习近平总书记指出，民生是人民幸福之基、社会和谐之本。要把办好民生实事作为政府工作的头等大事来抓，切实解决好与百姓生活息息相关的难题。今年重点围绕以下方面：解决10个最拥堵的医院、学校周边“停车难”问题；开通地铁站点直达综改区、武宿机场、太原南站、中北大学、中北高新区等7条公交线路；采购45辆救护车及配套车载设备，增设重症监护床位128张，进一步提升重大传染病救治能力；采取托管方式，建设10所康乐幼儿园分园，扩大优质公办学前教育供给；简化校车审批手续，保障学生出行安全；开展“校校有食堂”行动；新建改造社区食堂140个；继续解决不动产登记历史遗留问题，完成不动产登记5万套；建立残疾人意外伤害保险制度，实现残疾人群体全覆盖；继续向特殊困难群体发放“爱心奶”；启动新建消防站点31个；新建二类以上公厕150个，等等。我们将持续解决群众“急难愁盼”问题，让人民群众得到更多看得见、摸得着的实惠，努力在更高层次上保障和改善民生！

（九）坚决筑牢疫情防控屏障，守护人民健康太原要有新作为

精准精细管控。坚持“面上放开、点上精准、关口内置、闭环管理”工作策略，毫不松懈抓好“外防输入、内防反弹”各项工作，突出抓好农村地区疫情防控，从严做好国际航班经停分流、入境货物和冷链食品检验检疫消杀等工作。加强医疗机构、商场超市、住宿餐饮、“三站一场”等重点区域防控。精准落实核酸检测、隔离医学观察、健康监测等措施，坚决防止疫情出现新燃点。

坚持平战结合。持续加强核酸检测、流行病学调查能力建设，加强一线防疫人员个人防护，加快推进新冠疫苗接种，充足储备防疫物资和生活物资，为维护人民生命安全和身体健康提供坚实保障。教育引导广大群众加强自我防范，养成良好卫生习惯，培育健康生活方式。

完善疾控体系。坚持“防、控、治、研”四位一体，加强市、县疾控机构和公共卫生人才队伍建设，提升基层传染病防控能力。完善传染病疫情和突发公共卫生事件监测系统，提高实时分析、集中研判、预测预警能力。健全医防协同机制，强化各级医疗机构公共卫生职责，推动医防机构人员通、信息通、资源通。

（十）以“孺子牛”精神建设人民满意的服务型政府，转变政府职能太原要有新形象

强化政治引领。深入学习贯彻习近平新时代中国特色社会主义思想、习近平总书记视察山西重要讲话重要指示，扎实开展党史学习教育，不断增强“四个意识”，坚定“四个自信”，做到“两个维护”。立足“两个大局”，心怀“国之大者”，持之以恒加强思想淬炼、政治历练、实践锻炼、专业训练，不断提高政治判断力、政治领悟力、政治执行力。

严格依法行政。贯彻习近平法治思想，坚持用法治思维、法治方式深化改革、推动发展、化解矛盾。深化综合执法体制改革，实行政府权责清单管理制度，严格落实重大行政决策制度，提高行政职权运行的规范化水平。全面推进政务公开，严格执行人大及其常委会决议决定，认真听取人大代表、政协委员建议意见，听取民主党派、工商联、无党派人士和各人民团体意见，听取社会公众和企业意见，自觉接受人大、政协、社会、舆论监督，让权力在阳光下运行。

优化营商环境。完善市级一体化在线服务平台，全面推行“不见面”办事，实现95%以上政务服务“一网通办”“最多跑一次”。继续推进“一枚印章管审批”，实行“政府统一服务+承诺制”改革模式，全面推行企业投资项目政府统一服务，最大限度便利于企。推出不少于100项“一件事一次办”集成服务高频事项，实现“自助办”“就近办”“全城通办”。拓展部门联合“双随机、一公开”监管，结合企业信用风险分级管理，对新产业新业态实行包容审慎监管。

加强廉政建设。落实党风廉政建设主体责任和“一岗双责”，贯彻中央八项规定及其实施细则精神。坚决反对和整治一切形式主义、官僚主义。自觉接受巡视、审计监督。突出国资国企改革、项目资金审批、公共资源交易等重点领域，一体推进不敢腐、不能腐、不想腐，营造风清气正的良好政治生态。坚持厉行节约，政府带头过紧日子，不该花的钱一分不花。

狠抓工作落实。坚持把党的全面领导落实到政府工作各领域各方面各环节，健全“明责、履责、督责、追责”闭环落实机制，以任务化、项目化、工程化、方案化、清单化方式狠抓落实，形成团结奋进抓落实的工作格局，确保党中央国务院、省委省政府和市委各项决策部署落到实处，经得起检验和核实。

各位代表，新的征程已经开启，惟有奋斗才能赢得未来。让我们更加紧密地团结在以习近平同志为核心的党中央周围，高举习近平新时代中国特色社会主义思想伟大旗帜，按照省委、省政府决策部署，在市委的坚强领导下，以开局就是决战、起步就是冲刺的劲头，齐心协力，真抓实干，确保“十四五”开好局、起好步，在更高层次更高水平上谱写新时代中国特色社会主义太原篇章，以优异成绩庆祝中国共产党成立100周年！

注：本文为2021年2月23日太原市第十四届人民代表大会第六次会议上政府工作报告原文。

太原市 2020 年国民经济和社会发展统计公报

太 原 市 统 计 局
国家统计局太原调查队

2021 年 3 月 18 日

2020 年，市委、市政府坚持以习近平新时代中国特色社会主义思想为指导，全面贯彻党的十九大和十九届二中、三中、四中、五中全会精神，深入贯彻习近平总书记视察山西重要讲话重要指示，按照省委“四为四高两同步”总体思路和要求，围绕谱写文明开放富裕美丽太原新篇章，紧扣全面建成小康社会目标任务，坚持稳中求进工作总基调，积极作为、奋力拼搏，统筹疫情防控和经济社会发展取得良好成绩，实现经济稳步向好、转型态势强劲、社会和谐稳定。

一、综　合

经济增长：初步核算，全市实现地区生产总值（GDP）4153.25 亿元，比上年增长 2.6%。其中：第一产业增加值 32.24 亿元，增长 3.7%；第二产业增加值 1504.19 亿元，增长 3.0%；第三产业增加值 2616.82 亿元，增长 2.3%。

图 1　2016—2020 年地区生产总值

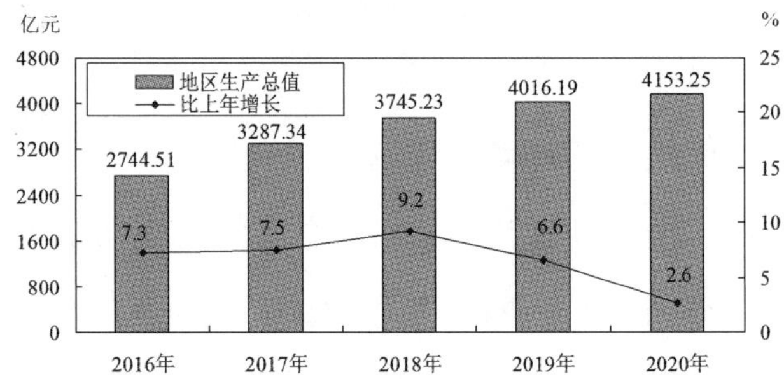

产业结构：三次产业比重为 0.8%、36.2%、63.0%，分别拉动经济增长 0.03、1.15 和 1.42 个百分点。

物价：居民消费价格比上年上涨 2.6%。其中：食品烟酒价格上涨 7.6%，医疗保健价格上涨 7.4%，教育文化和娱乐价格上涨 2.1%，衣着价格上涨 1.1%，其他用品和服务价格上涨 0.5%，生活用品及服务价格上涨 0.5%，居住价格下降 0.4%，交通和通信价格下降 4.2%。

图 2　2016—2020 年价格比上年涨跌幅度

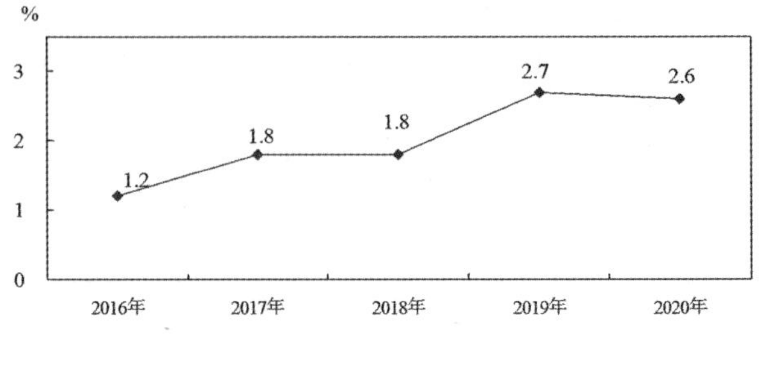

就业：城镇新增就业8.35万人。4.15万名城镇失业人员实现再就业，其中就业困难人员再就业0.61万人。年末城镇登记失业率3.17%。

经济新动能：规模以上工业中，战略性新兴产业增加值增长4.7%，占全市规模以上工业增加值的比重为22.1%，其中：新一代信息技术产业增长10.8%，新能源产业增长9.9%，生物产业增长6.0%。高技术制造业增加值增长15.3%，占比为15.1%。规模以上服务业中，互联网和相关服务业营业收入增长20.6%，快递服务业营业收入增长33.3%。限额以上批发零售业企业通过互联网实现商品零售额85.52亿元，增长80.4%。

脱贫攻坚：截至年末，阳曲县、娄烦县高质量摘帽，160个贫困村全部退出，55992名贫困人口全部达到脱贫标准，易地扶贫搬迁集中安置入住率、产业就业保障率、旧村腾退拆除率、土地复垦复绿率均达到100%。

二、农　业

种植面积：全年农作物种植面积82.26千公顷。粮食种植面积63.50千公顷。其中：夏粮种植面积0.07千公顷，秋粮种植面积63.43千公顷。蔬菜种植面积12.27千公顷。药材种植面积1.18千公顷。

表1　2020年主要农产品产量

产品名称	产量（吨）	比2019年增长（%）
粮食	245320	9.4
其中：夏粮	354	11.9
秋粮	244966	9.4
其中：小麦	354	11.9
玉米	157067	11.0
马铃薯	32393	85.5
油　料	1506	−38.2
蔬菜及食用菌	665436	3.9
水　果	76600	−6.0
药　材	6419	−3.8

畜禽及水产品产量：年末生猪存栏13.02万头，生猪出栏18.06万头。猪牛羊禽肉产量2.49万吨，禽蛋产量3.09万吨，牛奶产量6.45万吨。水产品养殖面积1.16千公顷，水产品产量2805吨。

农机及化肥施用：年末全市农业机械总动力51.1万千瓦。全年农用化肥施用量（折纯）22396吨。

三、工业和建筑业

工业：规模以上工业增加值比上年增长3.2%。其中：采矿业增加值增长3.7%，占全市规模以上工业增加值的比重为18.6%；制造业增加值增长3.0%，占比为71.3%；电力、热力、燃气及水的生产和供应业增加值增长3.9%，占比为10.1%。

图3　2016—2020年规模以上工业增加值增速

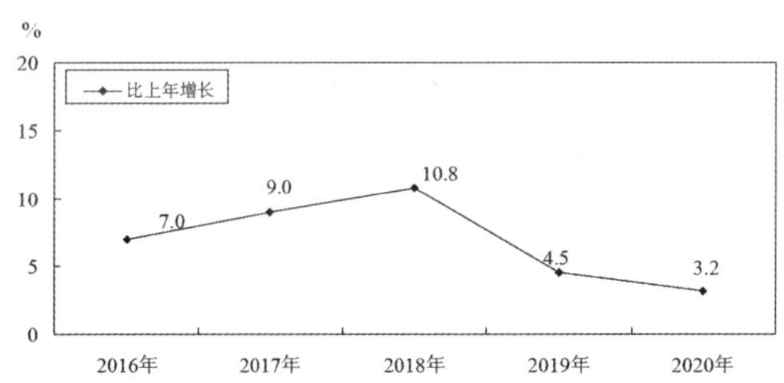

表2　2020年规模以上工业增加值分类

指　标	比2019年增长（%）
规模以上工业	3.2
其中：轻工业	4.3
重工业	3.1
其中：国有控股企业	2.3
其中：国有企业	−6.8
集体企业	−24.4
股份合作企业	17.4
股份制企业	2.6
外商及港澳台商投资企业	8.3
其他经济类型企业	−21.7

表 3　2020 年规模以上工业十大行业增加值

行　业	比 2019 年增长（%）
钢铁行业	–0.7
煤炭开采和洗选业	4.5
通信及计算机设备制造业	15.0
电力、热力生产和供应业	3.3
炼焦行业	–3.5
烟草制品业	1.8
交通运输设备制造业	2.5
食品制造业	5.0
专用设备制造业	9.0
燃气生产和供应业	6.9

非传统产业增加值增长 6.0%，占全市规模以上工业增加值的比重为 50.6%，其中：装备制造业增加值增长 8.0%，占比为 27.7%。传统产业增加值增长 0.5%，占比为 49.4%。

表 4　2020 年规模以上工业企业主要产品产量

产品名称	单位	产量	比 2019 年增长（%）
生铁	万吨	963.64	–6.7
粗钢	万吨	1285.77	–1.7
不锈钢	万吨	418.84	0.3
钢材	万吨	1234.08	–1.6
水泥	万吨	712.79	17.2
橡胶轮胎外胎	万条	77.83	–5.2
采矿设备	万吨	11.14	14.5
金属轧制设备	万吨	1.67	–33.2
起重机	万吨	4.39	14.3
移动通信手持机	万台	2261.35	21.4
电子计算机整机	万台	13.11	上年同期为 0
车轮	万吨	17.48	17.3
卷烟	亿支	151.1	–1.2
食醋	万吨	37.49	–2.9
白酒（折 65 度）	千升	16153	19.8

规模以上工业企业实现营业收入 3568.70 亿元，下降 1.6%。利税总额 214.35 亿元，增长 5.4%。利润总额 99.93 亿元，增长 17.0%。

建筑业：具有建筑业资质等级的总承包和专业承包建筑业企业总产值 3411.93 亿元，增长 7.8%。建筑业企业房屋建筑施工面积 12783.41 万平方米，竣工面积 3159.55 万平方米。

四、能　源

能源生产：全年规模以上工业企业一次能源生产折标准煤 2963.28 万吨，比上年增长 16.0%，其中：原煤产量 4133.44 万吨，增长 12.1%。二次能源生产折标准煤 4220.32 万吨，增长 2.7%，其中：洗煤产量 2934.50 万吨，增长 5.7%；焦炭产量 1039.35 万吨，下降 7.5%；发电量 324.06 亿千瓦小时，增长 0.7%。

用电：全年全社会用电量 294.02 亿千瓦时，增长 2.1%。其中：农林牧渔业用电量 2.06 亿千瓦时，下降 11.3%；工业用电量（含电厂自用电）177.91 亿千瓦时，增长 1.7%，其中：占工业用电量 69.4% 的煤炭、炼焦、化工、建材、冶金、电力等高耗能行业用电量 123.47 亿千瓦时，增长 2.0%；建筑业用电量 6.01 亿千瓦时，下降 3.5%；第三产业用电量 57.26 亿千瓦时，下降 1.7%；城乡居民生活用电量 46.39 亿千瓦时，增长 6.2%。

五、服务业

产业结构：全年非营利性服务业增加值 874.63 亿元，占全市服务业增加值的比重为 33.4%，比上年增长 4.8%；金融业增加值 461.98 亿元，占比为 17.7%，增长 2.6%；批发零售和住宿餐饮也增加值 450.03 亿元，占比为 17.2%，下降 2.1%；营利性服务业增加值 346.75 亿元，占比为 13.3%，增长 2.1%；房地产业增加值 288.31 亿元，占比为

11.0%，增长4.2%；交通运输、仓储和邮政业增加值193.16亿元，占比为7.4%，增长1.1%。规模以上服务业企业营业收入817.13亿元，下降3.9%。

交通运输：年末全市公路线路里程累计达到7243公里，其中高速公路293公里。公路密度103.6公里/百平方公里。太原地区铁路客运量1822.31万人次，下降41.1%；铁路货运量4125.93万吨，增长6.2%。航空客运量901.32万人次，下降35.6%；航空货运量5.08万吨，下降11.9%。

年末全市民用汽车保有量179.44万辆，比上年末增长6.6%，其中：私人汽车158.53万辆，增长6.4%。年末轿车保有量108.45万辆，增长5.4%，其中：私人轿车100.15万辆，增长5.5%。本年新注册汽车14.16万辆，下降3.3%，其中：新注册轿车6.90万辆，下降9.0%。

邮政电信：全年邮政行业业务总量57.20亿元，比上年增长34.6%，其中：快递服务企业业务量22621.27万件，增长58.7%；电信业务总量594.89亿元，增长27.2%。年末市话到达51.35万户。农话到达1.04万户。移动电话用户911.71万户，其中：4G移动电话用户为618.11万户，5G移动电话用户为180.12万户。计算机互联网宽带用户241.78万户。

六、固定资产投资

固定资产投资：全年固定资产投资比上年增长11.3%。其中：央属项目投资下降20.2%，地方项目投资增长20.1%，其他项目投资增长10.0%。

图4　2016—2020年固定资产投资增速

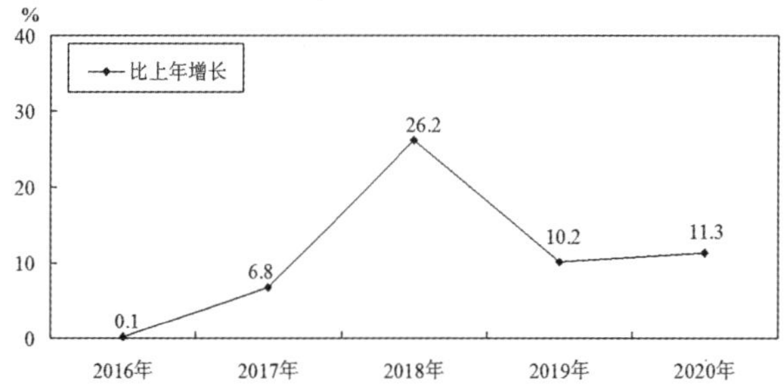

分产业看，第一产业投资增长14.7%，第二产业投资增长40.1%，第三产业投资增长4.8%。工业投资增长39.5%，其中：采矿业投资下降3.3%，制造业投资增长54.4%，电力、热力、燃气及水的生产和供应业投资增长22.9%。城市基础设施建设投资增长4.2%。

分经济类型看，国有投资增长5.5%；非国有投资增长17.2%，其中：民间投资增长17.2%。

表5　2020年分行业固定资产投资

指　标	比2019年增长（%）
总　计	11.3
农、林、牧、渔业	15.9
采矿业	-3.3
制造业	54.4
电力、热力、燃气及水的生产和供应业	22.9
建筑业	4775.2
批发和零售业	322.1
交通运输、仓储和邮政业	87.2
住宿和餐饮业	-48.3
信息传输、软件和信息技术服务业	65.0
房地产业	3.0
房地产开发	2.4
租赁和商务服务业	178.3
科学研究和技术服务业	222.2
水利、环境和公共设施管理业	-21.2
居民服务和其他服务业	29.5
教育	-20.9
卫生和社会工作	-14.2
文化、体育和娱乐业	-43.9
公共管理和社会组织	115.3

全年在建固定资产投资项目1085个。其中：5亿元以上项目186个，完成投资增长42.6%；10亿元以上项目99个，完成投资增长53.2%。

房地产开发：全年房地产开发投资715.32亿元，增长2.4%。其中：住宅投资564.61亿元，增长4.9%；商业营业用房投资45.22亿元，下降4.9%。全年商品房竣工面积342.14万平方米，商品房销售额841.72亿元。

七、国内贸易

消费品零售：全年社会消费品零售总额1655.11亿元，比上年下降6.4%。其中：城镇社会消费品零售总额1574.51亿元，下降6.4%；乡村社会消费品零售总额80.60亿元，下降7.1%。

图5　2016—2020年社会消费品零售总额

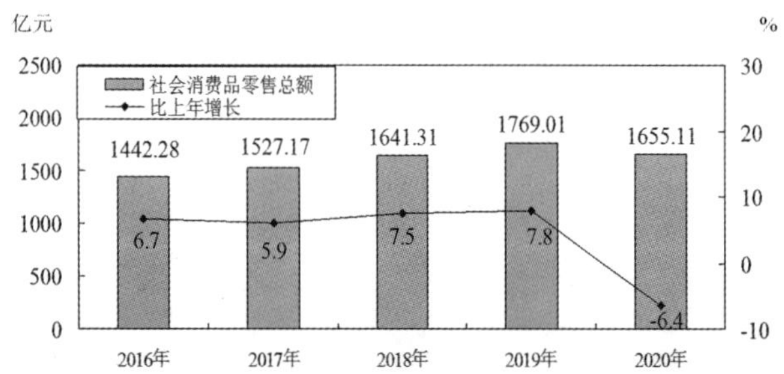

表6　2020年社会消费品零售总额

指　标	零售额（亿元）	比2019年增长（%）
社会消费品零售总额	1655.11	–6.4
分地域：城镇	1574.51	–6.4
其中：城区	1225.53	–5.7
乡村	80.60	–7.1
限额以上消费品零售额	849.81	–5.9
限额以下消费品零售额	805.30	–7.7

限额以上消费品零售额849.81亿元，比上年下降5.9%，占全市社会消费品零售总额的比重为51.3%；限额以下消费品零售额805.60亿元，下降7.7%，占比为48.7%。

表7　2020年限额以上批发零售业商品零售类值

指　标	零售额（亿元）	比2019年增长（%）
汽车类	291.03	–5.0
石油及制品类	63.14	–16.3
文化办公用品类	5.14	–2.5
通讯器材类	6.69	–1.8
家用电器和音像器材类	98.58	9.4
中西药品类	52.55	14.2
建筑及装潢材料类	1.53	–1.6
日用品类	23.15	3.8
家具类	0.87	–42.9
粮油、食品、饮料、烟酒类	100.41	–9.4
服装类	69.67	–16.6
化妆品类	17.99	–11.8
金银珠宝类	13.21	–24.5

全年新登记市场主体91533户，日均新登记企业369户，年末市场主体总数达51.98万户。

八、对外经济

进出口贸易：全年外贸进出口总额1211.47亿元，比上年增长8.1%。其中：出口额724.71亿元，增长11.2%；进口额486.76亿元，增长3.8%。

图6　2016—2020年外贸进出口总额

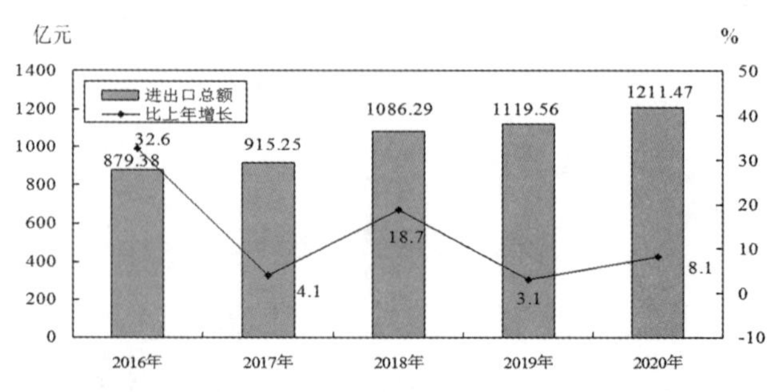

出口商品中，不锈钢材、机电产品分别为60.64亿元、633.27亿元，占出口额的95.8%。煤炭、焦炭、金属镁分别为1.64亿元、

0.97 亿元、4.41 亿元，占出口额的 1.0%。

表 8　2020 年外贸进出口总额

指　标	绝对数（亿元）	比 2019 年增长（%）
进出口总额	1211.47	8.1
出口额	724.71	11.2
其中：一般贸易	123.94	22.8
加工贸易	557.02	4.2
其中：机电产品	633.27	20.5
高新技术产品	589.27	21.1
其中：国有企业	74.53	−37.3
外商投资企业	554.40	16.3
进口额	486.76	3.8
其中：一般贸易	160.33	8.8
加工贸易	281.07	−11.9
其中：机电产品	345.11	15.0
高新技术产品	284.51	8.1
其中：国有企业	135.44	−15.3
外商投资企业	288.93	−1.5

注：高新技术产品和机电产品分类有交叉。

招商引资：全年新设立外商投资企业 39 家。实际利用外商直接投资额 1.02 亿美元，增长 5.0%。

九、财政金融

财政：一般公共预算收入 378.44 亿元，比上年下降 2.1%，其中：税收收入 285.25 亿元，下降 5.5%；非税收入 93.18 亿元，增长 9.8%。

图 7　2016—2020 年一般公共预算收入

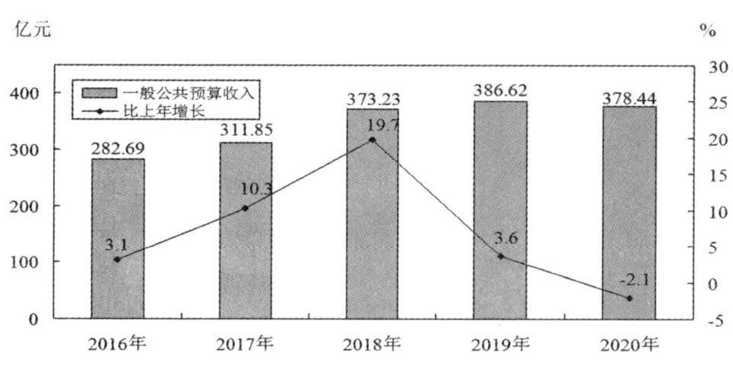

全年一般公共预算支出 647.35 亿元，比上年增长 6.0%。其中教育、卫生健康、社会保障和就业、住房保障、交通运输、节能环保、城乡社区等民生支出 508.87 亿元，增长 4.6%。

金融：年末全市金融机构本外币各项存款余额 14587.57 亿元，比年初增长 11.2%；本外币各项贷款余额 15079.90 亿元，增长 7.2%。人民币各项存款余额 14212.47 亿元，增长 12.2%，其中：住户存款余额 5896.93 亿元，增长 12.3%；人民币各项贷款余额 14823.04 亿元，增长 8.1%。人民币贷款中，中长期贷款余额 10741.84 亿元，增长 8.3%；短期贷款余额 3047.92 亿元，增长 5.8%。

年末上市公司 18 家，其中：主板 15 家，中小板 2 家，创业板 1 家。“新三板”挂牌企业 48 家。

保险：全年原保险保费收入 264.06 亿元，增长 6.7%。其中：寿险业务保费收入 144.68 亿元，增长 5.4%；健康险业务保费收入 39.19 亿元，增长 16.1%；意外伤害险业务保费收入 7.70 亿元，增长 10.9%；财产险业务保费收入 72.50 亿元，增长 4.4%。

支付各类赔款及给付 86.31 亿元，增长 24.5%。其中：寿险业务给付 33.18 亿元，增长 36.1%；健康险业务赔款及给付 10.57 亿元，增长 14.3%；意外伤害险业务赔款 2.08 亿元，增长 14.6%；财产险业务赔款 40.48 亿元，增长 19.4%。

十、城市建设

基础设施建设：完成解放路改造、龙城大街东延、东峰路南延等 23 项主次干道建设及钟楼片区、府城文道等 44 条小街巷改造；开工建设汾河四期水利工程、滨河自行车专道；地铁 2 号线一期工程实现通车试运行，1 号线一期工程启动实施。全年改造老旧小区（片区）333 个，建筑面积 950.7 万平方米，新增公共停车泊位 1.7 万余个。城中村改造拆除旧村建筑面积 68.14 万平方米，开工安置房 8580 套。新增绿色建筑 387.65 万平方米，新建应用可再生能源的建筑 206.67 万平方米，完成装配式建筑 309.46 万平方米。村镇建设完成危房改造 63 户，实现农村危房"静态清零"。完成 7 个院落保护性修缮、4 个中国传统村落挂牌、2 个传统村落数字博物馆建设、4 个传统村落规划编制，启动晋源区程家峪村传统村落保护项目建设。

年末全市燃气供应量 12.28 亿立方米。集中供热面积扩网 866 万平方米。城市公交运营车辆保有量 4142 辆。公交运营线路长度 4750 公里，年客运量 2.19 亿人次。公共自行车服务点 1285 个，累计投放自行车 4.1 万辆。

城市绿化：太原植物园、摄乐公园、迎新公园、狄仁杰文化公园、汾河晚渡建成开放，双塔公园、五一广场改造、龙城公园正在建设。实施九院沙河西延、虎峪河西延、东中环北延配套绿化和百街小巷绿化工程。高品质恢复地铁 2 号线沿线绿化。全市共有综合性公园 53 个，专类公园 12 个，带状公园 7 个，街头游园 309 个，社区游园 58 个，街旁绿地 260 块。建成区绿化覆盖面积达到 15840 公顷，园林绿地 14004 公顷，公园绿地面积 4716 公顷，建成区绿化覆盖率 44.0%，绿地率 38.9%。

十一、教育和科学技术

教育：年末共有普通高等院校 45 所（其中高职院校 22 所），成人高等学校 7 所，中等职业教育学校 48 所，普通高中 90 所，普通初中 131 所，小学 445 所，幼儿园 776 所。

表 9　2020 年各类教育学生数

指标	学校（所）	招生（人）	在校生（人）	毕业生（人）
高等教育	52	196456	604416	149952
研究生		14742	36696	9715
普通高等学校	45	145206	482167	122541
成人高等学校	7	36508	85553	17696
中等职业教育	48	19852	58553	20288
中等技术学校	32	12992	38748	14112
成人中等专业学校	2	2495	9057	3086
职业高中学校	14	4365	10748	3090
普通高中	90	25912	75695	26032
普通初中	131	44868	130284	40539
普通小学	445	65392	340782	48213
幼儿园	776	45923	117716	41599
特殊教育	9	244	1289	236

全市学前三年毛入园率 97.7%；小学、初中巩固率均达到国家标准；高中阶段毛入学率 98.0%。2020 年高考一本、二本达线率和录取率在全省稳居前列。

科学技术：全年技术市场共登记技术合同 2519 项，成交金额 157.7 亿元。拥有国家级技术中心 17 家，省级技术中心 117 家。截至年末，累计建成省级及以上重点实验室80个、省级工程技术研究中心78个、省级及以上科技企业孵化器30个、省级及以上众创空间135家，拥有院士工作站74个。年末累计认定高新技术企业2137家。获批国家知识产权运营服务体系建设重点城市。荣获国家、省科学技术奖170项。2020年度冶金科学技术奖太钢6个项目上榜，其中：3个项目获一等奖，3个项目获三等奖。全年发明专利授权量2258件，有效发明专利拥有量11163件。

十二、文化旅游、卫生健康和体育

文化：年末全市共有各类专业院团及具备规模的民营艺术表演团体21个。群艺文化馆12个，博物馆19个。公共图书馆12个，馆藏图书659.09万册。广播人口覆盖率100%，电视人口覆盖率100%。新创排演晋剧《迎新街》，创作脱贫攻坚现代戏《圪梁梁上》、影视作品《蝙蝠的忏悔》等各类题材剧本共计12部，创作歌曲、摄影、美术等作品21部。完成中国首批地方戏像音像工程晋剧《烂柯山下》的录制工作。组织编纂图书《太原秧歌》《太原民间故事—旅游景区系列专辑》。组织开展抗疫文艺作品的征集、评选、整理并编纂成册。晋剧《傅山进京》获文旅部“庆祝中国共产党成立100周年舞台艺术精品创作工程”——“百年百部”传统精品复排计划重点扶持作品。年末列入国家级非物质文化遗产保护项目17项、省级保护项目83项、市级保护项目195项。

旅游：全市接待海内外游客3594.04万人次，比上年下降62.8%。其中：国内游客3593.50万人次，下降62.7%；海外游客0.54万人次，下降97. 9%。海外游客中：外国游客0.38万人次，香港同胞0.08万人次，澳门同胞0.02万人次，台湾同胞0.06万人次。全年旅游总收入354.69亿元，下降69.7%。其中：国内旅游收入354.61亿元，下降69.5%；旅游外汇收入106.84万美元，下降99.1%。

卫生：年末共有卫生机构3100个（不含村卫生室），医疗床位43166张。各类卫生技术人员66539人，其中：执业（包括执业助理）医师25498人，注册护士32142人。获批实施“信用＋综合监管”和“3岁以下婴幼儿照护服务”两个国家级试点城市，基本公共卫生服务项目绩效评价全国第七并蝉联全省第一。疫情防控期间，8个集体、263人受到全国、全省表彰，市第四人民医院被评为“全国抗击新冠肺炎疫情先进集体”和“全国先进基层党组织”，市防控办被评为“山西省抗击新冠肺炎疫情先进集体”。

体育：全年太原市运动员在全国大赛中，获得23枚金牌、9枚银牌、18枚铜牌，51个第四至第八名。成功举办2020年环太原国际公路自行车赛，成为疫情后国内首场大型公路自行车专业赛事；成功举办太原马拉松赛，成为疫情后首场“双金”马拉松赛事；圆满完成山西省冠军赛、锦标赛参赛办赛任务。全年销售中国体育彩票7.17亿元，居全省第一。

十三、人民生活和社会保障

人民生活：全年居民人均可支配收入35473元，比上年增长5.7%。按常住地分，城镇居民人均可支配收入 38329 元，增长 5.4%，城镇居民人均消费支出 20559 元，下降 3.5%；农村居民人均可支配收入 19655 元，增长 7.0%，农村居民人均消费支出 13969 元，增长 5.6%。城乡居民收入比为 1.95 ：1，比上年缩小 0.03 个百分点。

社会保障：全市企业职工参加养老保险（不含离退休人员）113.38 万人，参加基本医疗保险 378.52 万人，参加失业保险 109.75 万人，参加工伤保险 131.92 万人，参加生育保险 116.46 万人。年末城市低保覆盖人口 2.06 万人，农村低保覆盖人口 3.69 万人，3722 人纳入农村五保供养，全年发放最低保障资金 4.00 亿元。年内新建城乡日间照料中心 14 个，社区养老服务中心 7 个。

十四、环境保护和安全生产

环境质量：市区全年空气质量二级以上天数 224 天，全年 PM2.5 达标 290 天，空气质量综合指数 5.91。集中式饮用水水源地水质达标率保持 100%，地表水国家和省考核断面水质优良比例 55.6%。市区区域环境噪声年均值 53.0 分贝、交通噪声年均值 66.8 分贝。

气温降水：全年平均气温 10.3℃，降水量 511.6mm。全社会用水量 8.14 亿立方米，其中：生活用水 3.13 亿立方米，农业灌溉用水 1.53 亿立方米，工业生产用水 2.68 亿立方米，生态用水 0.80 亿立方米。

安全生产：全年共发生各类生产安全亡人事故起数比上年下降 23.7%。

注：

1. 本公报部分数据为初步统计数据。

2. 本公报部分数据由相关部门提供。

3. 地区生产总值、各产业（行业）增加值绝对数按现价计算，增长速度按不变价格计算。

4.2016-2018 年地区生产总值、社会消费品零售总额历史数据依据第四次经济普查结果修订。

5. 规模以上工业企业是指年主营业务收入在 2000 万元及以上的法人工业企业；固定资产投资统计起点为项目计划总投资 500 万元及以上；限额以上批发零售企业是指年销售额 2000 万元及以上的批发企业和年销售额 500 万元及以上的零售企业。

6. 部分数据因四舍五入的原因，可能存在分项合计不等的情况。

7.2020 年开展第七次全国人口普查，公报中不再单独发布人口相关数据及人均指标。

第1篇

综合

General Survey

资料整理、审核

任永刚　刘建程　贾常晋　周丽丽

任志鹏　曹孟洁　常　铁　许丽娟

宋晓洁　杨凯越　郭　强　苏雯婷

石　宇

1-1 太原市县（市、区）及乡镇、办事处名称

Name of Taiyuan City (county district) , township and office

县 级	乡 级
小店区	北格镇、刘家堡乡、西温庄乡、坞城街办、营盘街办、北营街办、平阳路街办、黄陵街办、小店街办、龙城街办
迎泽区	郝庄镇、迎泽街办、桥东街办、文庙街办、柳巷街办、老军营街办、庙前街办
杏花岭区	中涧河乡、小返乡、三桥街办、敦化坊街办、巨轮街办、涧河街办、鼓楼街办、杏花岭街办、坝陵桥街办、大东关街办、职工新街街办、杨家峪街办
尖草坪区	向阳镇、阳曲镇、马头水乡、柏板乡、西墕乡、汇丰街办、古城街办、柴村街办、迎新街街办、南寨街办、上兰街办、新城街办、光社街办、尖草坪街办
万柏林区	王封乡、化客头街办、东社街办、千峰街办、下元街办、和平街办、万柏林街办、兴华街办、南寒街办、杜儿坪街办、白家庄街办、长风西街街办、小井峪街办、西铭街办、神堂沟街办
晋源区	金胜镇、晋祠镇、姚村镇、义井街办、罗城街办、晋源街办
古交市	河口镇、镇城底镇、马兰镇、阁上乡、嘉乐泉乡、梭峪乡、岔口乡、常安乡、原相乡、邢家社乡、东曲街办、西曲街办、桃园街办、屯兰街办
清徐县	清源镇、徐沟镇、东于镇、孟封镇、马峪乡、柳杜乡、西谷乡、王答乡、集义乡
阳曲县	黄寨镇、大盂镇、东黄水镇、泥屯镇、高村乡、侯村乡、凌井店乡、西凌井乡、北小店乡、杨兴乡
娄烦县	娄烦镇、静游镇、杜交曲镇、庙湾乡、马家庄乡、盖家庄乡、米峪镇乡、天池店乡

1-2 行政区划

Administrative division

单位：个

指 标	街道办事处	社区居委会	乡政府	镇政府	村民委员会	自然村
总 计	53	743	31	21	636	1341
小店区	7	136	2	1	29	33
迎泽区	6	101		1	10	21
杏花岭区	10	120	2		20	36
尖草坪区	9	77	3	2	55	85
万柏林区	14	121	1		15	16
晋源区	3	49		3	57	92
清徐县		31	5	4	139	190
阳曲县		29	6	4	98	328
娄烦县		11	5	3	105	187
古交市	4	53	7	3	108	353
综改示范区		15				

1-3 自然资源
Natural resources

指 标	单 位	数 量
一、人口、土地		
全市户籍总人口	人	3887949
人口密度（按户籍人口计算）	人/平方公里	563
土地面积	平方公里	6909
二、气候		
平均气温	摄氏度	10.8
极端最低气温	摄氏度	-20.6
极端最高气温	摄氏度	36.8
日照时间	小时	3037.6
无霜期	天	173
总降水量	毫米	542.9
三、林地		
当年造林面积	千公顷	3.786
森林覆盖率	%	24.4
四、水利		
采用总量合计	万立方米	80561.21
地下水采用总量	万立方米	22491.85
地表水采用总量	万立方米	42347.67
五、矿产（保有量）		
煤矿	亿吨	145.5
铁矿	万吨	38837.1
铝土矿	万吨	4751.0
溶剂灰岩	万吨	7077.0
水泥灰岩	万吨	19082.6
石膏	万吨	12613.3

注：1. 气候数据采用小店站数据（太原市代表站）。
2. 森林覆盖率为 2018 年林业资源调查数据。
3. 矿产资源量为市统计数据，自然资源部尚未审核通过。

1-4 土地状况
Land status

单位：平方公里

指 标	面 积	占总面积（%）
总面积	**6909**	**100.0**
按特征分		
农用地	5804	84.0
耕地	1081	15.6
其中：平原	602	8.7
丘陵	101	1.5
山地	378	5.5
园地	163	2.4
林地	3706	53.6
草地	854	12.4
建设用地	927	13.4
城镇村及工矿用地	650	9.4
交通运输用地	166	2.4
水域及水利设施用地	111	1.6
其他土地	178	2.6

注：1. 表中数据来源于太原市规划和自然资源局。
2. 2020 年土地数据为根据 2019 年国家下发统一时点数据统计。
3. 根据第三次土地调查的地类划分中，耕地按坡度级别分为 5 个级别进行统计，将≤ 2° 耕地视为平原，2° ～ 6° 耕地视为丘陵，6° ～ 15° 和 15° ～ 25° 耕地视为山地，>25° 耕地视为高山地，统计中高山地面积计入山地。
4. 土地调查中，草地分为天然牧草地、沼泽草地、人工牧草地和其他草地，其中，其他草地属未利用地，因太原市草地基本都为其他草地，因此，统计中，农用地下的草地包含了其他草地的面积。
5. 土地调查中，水域及水利设施用地在三大类中都包含，建设 用地只有水工建筑用地，为便于统计，统计表中水域面积包含了所有二级分类面积。
6. 因统计表中地类未包含土地调查的所有地类，因此，除上述地类外，其余表中未显示的地类全部计入其他土地中。

1-5 取水情况
Usage of water

单位：万立方米

指 标	2020
一、农业用水量	
（一）耕地灌溉	14157.90
（二）林地灌溉	718.34
（三）园地灌溉	133.10
（四）牧草地灌溉	8.10
（五）鱼塘补水	158.90
（六）畜禽用水	185.43
（七）小计	15361.77
其中：取用地下水	5958.20
二、工业用水量	
（一）火（核）电工业直流式	0.00
（二）火（核）电工业循环式	769.18
（三）非火（核）电工业	23986.26
（四）小计	24755.44
其中：取用地下水	4969.81
三、生活用水量	
（一）城镇居民生活	20278.13
（二）农村居民生活	4591.87
（三）建筑业	1572.45
（四）服务业	4881.51
（五）小计	31323.95
其中：取用地下水	11040.54
四、人工生态环境补水量	
（一）城乡环境	3820.91
（二）河湖补水	5299.14
（三）小计	9120.05
其中：取用地下水	523.30
五、总用水量	80561.21
地表水源	42347.67
地下水源	22491.85
其他水源	15721.69

注：表中数据来源于太原市水务局。

1-6 按行政区划分土地面积及人口密度
Land area and population density by administrative division

指 标	土地面积（平方公里）	常住人口（人）	人口密度（人/平方公里）
总 计	6909	5318522	769.80
市辖区合计	1416	4543382	3208.60
小 店 区	290	1364860	4706.41
迎 泽 区	105	594284	5659.85
杏花岭区	146	781027	5349.50
尖草坪区	296	531288	1794.89
万柏林区	289	953276	3298.53
晋 源 区	290	318647	1098.78
县（市）合计	5493	775140	141.11
清 徐 县	608	344526	566.65
阳 曲 县	2084	128671	61.74
娄 烦 县	1289	91066	70.65
古 交 市	1512	210877	139.47

注：1. 土地面积为第三次全国土地调查数据。
2. 常住人口为 2020 年年末数据。2020 年第七次全国人口普查全市常住人口 530.41 万人为截止 2020 年 11 月 1 日数据。

1-7　社会经济主要指标人均水平
Major Per capita Indicators of society and economy

指　标	单位	1985	1990	1995	2000	2005	2010	2015	2019	2020
一、地区生产总值	元	1905	3648	7954	12460	25396	46359	57080	77373	78734
二、主要产品产量										
原煤	吨	9.92	11.03	11.20	8.36	13.17	9.80	8.55	6.91	7.84
发电量	千瓦小时	1075.96	1428.63	3122.47	3731.02	4671.15	5289.38	5517.34	6166.16	6143.21
粗钢	公斤	659.31	738.01	854.64	821.45	1037.05	2206.07	2311.25	2527.49	2437.41
成品钢材	公斤	361.98	384.54	575.72	841.16	1277.96	2199.58	2182.53	2400.76	2339.45
水泥	公斤	327.5	287.43	532.81	558.59	925.42	1511.81	1024.42	1175.81	1411.89
粮食	公斤	131.23	150.63	119.5	96.79	83.46	72.48	59.01	43.34	46.50
蔬菜及食用菌	公斤	198.43	229.97	244.44	411.00	331.08	228.88	276.06	123.82	126.15
猪牛羊肉	公斤	5.17	6.65	12.02	15.64	17.25	12.97	10.28	3.52	3.71
奶	公斤	8.67	13.61	13.19	15.12	27.25	25.33	21.82	13.95	12.23
三、社会消费品零售总额	元	771	1381	3111	6224	11282	20699	33017	34195	31376
四、人民生活										
城镇居民可支配收入	元	646	1573	3939	6019	10476	17258	27727	36362	38329
城镇居民消费性支出	元	585	1357	3409	5341	7806	12106	15455	21305	20559
# 食品	元	308	653	1588	1750	2412	3710	3585	4508	4819
衣着	元	112	241	514	564	1050	1234	1589	1687	1547
居住	元		36	194	388	856	1172	3355	5183	5292
农村常住居民人均可支配收入	元	526	763	1444	2643	4402	7611	13626	18377	19655
城乡居民储蓄存款年末余额	元	486	1894	7064	13788	30110	61943	73544	75127	86850

注：1. 2014 年以前农村常住居民人均可支配收入为农民人均纯收入。
2. 根据第七次全国人口普查要求，重新修订了全市2011 年–2019 年人口历史数据，因此，表中对2015 年、2019 年的历史数据同时进行了修订。

1-8　国民经济主要比例关系
Main proportion of national economy

单位 :%

指标	1985	1990	1995	2000	2005	2010	2015	2019	2020
一、地区生产总值三次产业增加值比例									
第一产业	6.5	6.3	5.3	4.1	2.4	1.5	1.1	0.8	0.8
第二产业	66.9	55.5	48.3	42.6	47.7	44.7	37.4	37.8	36.2
第三产业	26.6	38.2	46.4	53.3	49.9	53.8	61.5	61.4	63.0
二、工业总产值轻重比例（不变价）									
轻工业	25.8	25.0	20.7	18.7	7.6	7.9	6.8	4.9	5.2
重工业	74.2	75.0	79.3	81.3	92.4	92.1	93.2	95.1	94.8
三、农林牧渔总产值内部比例（不变价）									
农业产值	74.3	69.1	56.9	57.9	51.9	59.4	58.0	60.1	51.4
林业产值	6.2	2.7	3.6	2.2	1.5	8.9	9.4	11.4	16.7
牧业产值	19.3	27.5	38.7	39.2	39.8	27.7	27.4	23.2	25.1
渔业产值	0.2	0.7	0.8	0.7	0.8	0.7	0.4	0.4	0.6
农林牧渔服务业					6.0	3.3	4.8	4.9	6.2
四、固定资产投资三次产业比例									
第一产业	0.3	0.7	0.1	0.7	0.7	1.5	1.8	0.9	0.9
第二产业	61.9	74.2	52.9	48.9	72.5	28.4	22.5	18.3	23.0
第三产业	37.8	25.1	47.0	50.4	26.8	70.1	75.7	80.8	76.1
五、固定资产投资额占地区生产总值比例	44.0	28.0	30.1	26.4	49.1	51.4	74.1	33.3	36.0
六、一般公共预算收入占地区生产总值比例	11.5	9.8	5.8	5.4	6.4	7.8	10.0	9.6	9.1

注：1.2005 年起工业总产值轻重比例为规模以上工业按当年价格计算。
2.2009 年起农林牧渔总产值内部比例按当年价格计算。

1-9 人民物质文化生活提高情况
Conditions of People's material and cultural life

指标	单位	1985	1990	1995	2000	2005	2010	2015	2019	2020
一、城乡居民收入										
农村居民人均可支配收入	元	526	763	1444	2643	4402	7611	13626	18377	19655
城镇居民人均可支配收入	元	646	1573	3939	6019	10476	17258	27727	36362	38329
城镇非私营单位在岗职工平均工资	元	1199	2351	5538	8394	18547	38838	60515	82860	88650
二、每百户居民拥有耐用消费品（抽样）										
电冰箱										
城镇居民	台	2	52	68	90	96	98	93	98	98
农民	台		2	12	27	34	53	68	82	87
彩色电视机										
城镇居民	台	17	84	98	115	119	110	104	100	99
农民	台	3	9	36	65	85	105	105	100	101
洗衣机										
城镇居民	台	64	95	88	94	99	97	97	99	99
农民	台	12	33	50	59	64	89	91	98	96
三、每千人拥有卫生技术人员和医疗卫生床位数										
每千人拥有卫生技术人员	人	10.4	10.6	10.6	9.6	9	10.9	11.3	12.1	12.6
每千人拥有医疗卫生床位数	张	7.8	8.8	8.5	8	7	7.6	7.9	7.6	8.2
四、储蓄										
城乡居民储蓄存款年末余额	亿元	11.29	48.7581	197.5385	419.63	1183.9536	2386.79	3432.12	3886.61	4581.44
平均每人储蓄存款余额	元	486	1894	7064	13788	30110	61943	73544	75127	86850

注：1. 2014 年以前农村居民人均可支配收入为农民人均纯收入。
2. 2013 年起城镇居民每人居住面积为建筑面积。
3. 城镇非私营单位在岗职工平均工资 2019、2020 年数据不再包含铁路驻并单位。
4. 根据第七次全国人口普查要求，重新修订了全市 2011 年至 2019 年人口历史数据，因此，表中对 2015 年、2019 年每千人拥有卫生技术人员和医疗卫生床位数、平均每人储蓄存款余额的历史数据同时进行了修订。

1-10 主要年份地区生产总值（按当年价格计算）
Gross Domestic Product in Major years (At Current Prices)

年 份	地区生产总值（万元）	第一产业	第二产业	#工业	第三产业	人均 GDP（元/人）
1952	23254	5462	8478	6693	9314	281
1957	56180	6503	31848	22952	17829	418
1962	57561	5693	32500	30383	19368	389
1965	90129	9243	63524	59517	17362	573
1970	112489	10879	83496	80874	18114	654
1975	143898	15360	102906	99874	25632	752
1978	186758	11036	140152	123482	35570	937
1980	222998	13961	156965	138361	52072	1075
1985	442126	28885	295782	239985	117459	1905
1990	899479	58755	508609	452736	332115	3494
1995	2224624	118405	1073679	921038	1032540	7954
1997	3109548	155584	1418799	1133271	1535165	10710
1998	3339078	162090	1494830	1197383	1682158	11339
1999	3474002	145302	1518154	1232320	1810546	11666
2000	3791880	154936	1616655	1316136	2020289	12460
2001	4322231	143440	1872487	1508556	2306304	12886
2002	4816953	175155	2026922	1605436	2614876	14280
2003	5862436	179952	2612951	2077981	3069533	17290
2004	7311548	209264	3454979	2750001	3647305	21466
2005	8688745	201903	4148132	3292470	4338710	25396
2006	10053796	195406	4678854	3787308	5179536	29263
2007	12823898	198578	6447711	5441087	6177609	37172
2008	14773818	220763	7298986	6096955	7254069	42646
2009	14883130	265360	6564449	5066154	8053321	42686
2010	17863125	275372	7978454	6148833	9609299	46359
2011	20588146	295946	9262084	7073148	11030116	48247
2012	22650706	307458	9875906	7595557	12467342	51640
2013	23685445	306541	9914094	7361012	13464810	52713
2014	24662542	313190	9897081	7280527	14452271	53862
2015	26637573	295133	9955897	7181041	16386543	57080
2016	27445085	299564	10100470	7039321	17045051	57349
2017	32873376	302490	12690838	9276135	19880048	66847
2018	37452336	292756	14013700	10183000	23145880	74173
2019	40161904	301348	15186360	10703993	24674196	77373
2020	41532510	322364	15041892	10715305	26168254	78734

注：1. 2001 年起人均 GDP 为按抽样调查总人口计算，其余年份为按公安户籍人口计算。
2. 1990 年至 2018 年为第四次经普调整后数据。
3. 根据第七次全国人口普查要求，重新修订了全市 2011 年至 2019 年人口历史数据，因此，表中对 2011 年至 2019 年人均 GDP 的历史数据同时进行了修订。

1-11 主要年份地区生产总值构成
Composition of Gross Domestic Product in Major Years

单位：%

年 份	地区生产总值	第一产业	第二产业	#工业	第三产业
1952	100.0	23.5	36.5	28.8	40.0
1957	100.0	11.6	56.7	40.9	31.7
1962	100.0	9.9	56.5	52.8	33.6
1965	100.0	10.3	70.5	66.0	19.2
1970	100.0	9.7	74.2	71.9	16.1
1975	100.0	10.7	71.5	69.4	17.8
1978	100.0	5.9	75.0	66.1	19.1
1980	100.0	6.3	70.4	62.0	23.3
1985	100.0	6.5	66.9	54.3	26.6
1990	100.0	6.5	56.6	50.4	36.9
1995	100.0	5.3	48.3	41.4	46.4
1997	100.0	5.0	45.6	36.4	49.4
1998	100.0	4.8	44.8	35.9	50.4
1999	100.0	4.2	43.7	35.5	52.1
2000	100.0	4.1	42.6	34.7	53.3
2001	100.0	3.3	43.3	34.9	53.4
2002	100.0	3.6	42.1	33.3	54.3
2003	100.0	3.1	44.5	35.4	52.4
2004	100.0	2.9	47.2	37.6	49.9
2005	100.0	2.3	47.8	37.9	49.9
2006	100.0	1.9	46.6	37.7	51.5
2007	100.0	1.5	50.3	42.4	48.2
2008	100.0	1.5	49.4	41.3	49.1
2009	100.0	1.8	44.1	34.0	54.1
2010	100.0	1.5	44.7	34.4	53.8
2011	100.0	1.4	45.0	34.4	53.6
2012	100.0	1.4	43.6	33.5	55.0
2013	100.0	1.3	41.9	31.1	56.8
2014	100.0	1.3	40.1	29.5	58.6
2015	100.0	1.1	37.4	27.0	61.5
2016	100.0	1.1	36.8	25.6	62.1
2017	100.0	0.9	38.6	28.2	60.5
2018	100.0	0.8	37.4	27.2	61.8
2019	100.0	0.8	37.8	26.6	61.4
2020	100.0	0.8	36.2	25.8	63.0

1-12 主要年份地区生产总值指数

Indices of Gross Domestic Product in Major Years

单位：%

年 份	地区生产总值	第一产业	第二产业	#工业	第三产业
1957	106.7	98.1	111.1	119.0	102.7
1962	92.5	86.6	90.3	94.2	98.8
1965	120.4	97.9	132.6	134.9	98.8
1970	164.3	110.0	198.0	202.1	109.9
1975	116.5	105.5	121.3	120.6	106.0
1978	128.9	89.7	134.2	124.0	126.7
1980	106.5	112.1	102.7	100.3	118.9
1985	105.4	91.7	105.5	106.4	108.2
1990	109.1	126.8	107.9	102.0	109.3
1995	113.4	102.6	113.9	116.2	113.5
1997	110.3	103.3	109.8	107.9	112.0
1998	108.7	105.0	110.2	109.8	105.7
1999	107.8	96.9	106.9	108.4	110.8
2000	109.1	106.8	108.3	108.9	111.0
2001	111.8	90.9	110.4	108.4	114.5
2002	112.2	121.0	112.2	111.5	111.7
2003	115.4	104.1	118.8	118.0	113.5
2004	115.6	102.7	119.5	117.9	113.3
2005	115.8	101.1	116.5	117.8	116.1
2006	108.8	89.6	107.7	108.5	110.9
2007	114.4	103.9	118.3	122.2	111.3
2008	107.7	104.2	102.5	101.1	113.1
2009	102.9	102.2	92.8	87.6	112.0
2010	108.0	104.0	107.8	107.5	108.4
2011	107.5	102.1	107.6	107.2	107.6
2012	110.1	105.6	108.4	110.0	111.8
2013	108.6	103.0	110.1	108.9	107.6
2014	103.7	104.4	101.5	101.3	105.6
2015	109.1	101.4	106.2	105.9	111.6
2016	107.3	102.8	107.9	108.2	107.0
2017	107.5	102.9	107.2	108.9	107.7
2018	109.2	100.0	110.3	110.7	108.7
2019	106.6	102.2	105.9	104.9	107.1
2020	102.6	103.7	103.0	103.3	102.3

1-13 地区生产总值及构成

Gross Domestic Product and composition

指 标	绝对额(万元)		构成(%)	
	2020	2019	2020	2019
地区生产总值	41532510	40161904	100.0	100.0
农林牧渔业	342044	320344	0.8	0.8
工业	10715305	10703993	25.8	26.6
建筑业	4326587	4482367	10.4	11.2
批发和零售业	4023616	4123531	9.7	10.3
交通运输、仓储和邮政业	1931562	1843395	4.7	4.6
住宿和餐饮业	476660	529441	1.2	1.3
金融业	4619822	4571458	11.1	11.4
房地产业	2883116	2650866	6.9	6.6
其他服务业	12213798	10936509	29.4	27.2
第一产业	322364	301348	0.8	0.8
第二产业	15041892	15186360	36.2	37.8
第三产业	26168254	24674196	63.0	61.4

注：按照国家统计局2018年制定的《三次产业划分规定》，第一产业不含农林牧渔服务业；农林牧渔服务业属于第三产业。

1-14 太原市主要年份国民经济主要指标

Main indicators of national economy of Taiyuan in Major Year

单位:%

指 标	1985	1990	1995	2000	2005	2010	2015	2019	2020
年末户籍常住人口(人)	2344452	2612087	2827710	3087491	3403874	3654990	3673857	3835038	3887949
按性别分									
男性	1258322	1384876	1490281	1607655	1766902	1867963	1858619	1921740	1942918
女性	1086130	1227211	1337429	1479836	1636972	1787027	1815238	1913298	1945031
按城镇、乡村分									
城镇人口	1425235	1636344	1832597	2039240	2389268	2630159	2919276	3047307	3094732
乡村人口	919217	975743	995113	1048251	1014606	1024831	754581	787731	793217

1-14 续表 1

指 标	1985	1990	1995	2000	2005	2010	2015	2019	2020
社会从业人员（人）	1377500	1592200	1773000	1611200	1616195	1915100	2241600	2581200	2612300
按三次产业分									
第一产业	235500	248400	258000	276800	271587	263900	253200	240000	256800
第二产业	770000	853400	872000	611500	530983	619300	653300	652200	623400
第三产业	372000	490400	643000	722900	813625	1031900	1335100	1689000	1732100
按城镇、乡村分									
城镇从业人员						1380800	1743500	2111500	2191600
农村从业人员						534300	498100	469700	420700
城镇非私营单位在岗职工工资总额（万元）	115920	257007	609421	724376	1378220	3147504	6229561	7929931	8603420
城镇非私营单位在岗职工年平均工资（元）	1199	2351	5538	8394	18547	38838	60515	82860	88650
城镇居民人均可支配收入（元）	646	1573	3939	6019	10476	17258	27727	36362	38329
城镇居民人均消费性支出（元）	585	1357	3409	5341	7806	12106	15455	21305	20559
#食品	308	653	1588	1750	2412	3710	3585	4508	4819
衣着	112	241	514	564	1050	1234	1589	1687	1547
居住		36	194	388	857	1172	3355	5183	5292
农村常住居民人均可支配收入(元)	526	763	1444	2643	4402	7611	13626	18377	19655
农民人均生活消费支出(元)				1634	2601	3879	10124	13228	13969
#食品烟酒				696	909	1312	2578	3361	3745
衣着				204	350	493	893	1052	1098
居住				225	334	642	2787	3183	3406
地区生产总值(万元)	442126	899479	2224624	3791880	8688745	17863125	26637573	40161904	41532510
第一产业	28885	58755	118405	154936	201903	275372	295133	301348	322364
第二产业	295782	508609	1073679	1616655	4148132	7978454	9955897	15186360	15041892
工业	239985	452736	921038	1316136	3292470	6148833	7181041	10703993	10715305
建筑业	55797	55873	152641	300519	855662	1829621	2774856	4482367	4326587
第三产业	117459	332115	1032540	2020289	4338710	9609299	16386543	24674196	26168254
人均生产总值(元/人)	1905	3494	7954	12460	25396	46359	57080	77373	78734

1-14 续表 2

指 标	1985	1990	1995	2000	2005	2010	2015	2019	2020
地区生产总值指数 (%)	105.4	109.1	113.4	109.1	115.8	108.0	109.1	106.6	102.6
第一产业	91.7	126.8	102.6	106.8	101.1	104.0	101.4	102.2	103.7
第二产业	105.5	107.9	113.9	108.3	116.5	107.8	106.2	105.9	103.0
工业	106.4	102.0	116.2	108.9	117.8	107.5	105.9	104.9	103.3
建筑业	99.5	150.1	99.9	105.1	112.2	108.7	106.9	108.6	102.3
第三产业	108.2	109.3	113.5	111.0	116.1	108.4	111.6	107.1	102.3
全社会固定资产投资额 (万元)	194510	262924	701894	1047702	4385077	9164811	20256080	13416671	14934531
全社会新增固定资产 (万元)	126292	212335	517719	876782	1193234	4114718	9597538	7030761	2994536
商品零售价格总指数 (以上年价格为 100)	112.0	100.7	114.5	96.0	100.2	102.6	98.6	101.5	100.5
食品类		99.7	124.2	93.8	103.7	108.2	100.3	106.2	108.2
服装鞋帽类		106.9	119.1	100.6	96.3	96.9	103.3	101.3	101
纺织品类		106.9	120.1	94.9	98.0	109.6	98.4	98.8	99.4
中西药品及医疗保健用品类		99.1	114.3	101.3	98.7	105.8	101.0	101.5	98.4
文化和体育用品类		93.3	104.0	99.3					
文化办公用品类					99.4	97.6	97.4	101	102.9
体育娱乐用品类					99.1	97.9	99.1	101.3	101
日用品类		99.8	109.0	98.0	100.7	99.0	99.4	101.3	100.2
家用电器及音像器材类		93.1	102.2	95.6	97.3	92.6	97.6	99.7	98.2
燃料类		119.9	105.9	107.6	112.8	117.0	88.1	96.0	90.3
建筑材料及五金电料类	112.0	100.4	102.8	99.4	102.1	97.7	98.0	100.9	100.6
居民消费品价格总指数 (以上年价格为 100)		101.7	116.8	103.6	101.1	103.0	100.4	102.7	102.6
食品类		99.7	123.4	93.2	103.8	108.4	100.3		
衣着类		106.9	116.8	99.6	96.2	97.2	103.4		
家庭设备用品及维修服务类		99.8	106.5	98.6	100.0	100.8	100.0		
医疗保健和个人用品类		99.1	113.7	101.1	101.6	102.6	100.3		
交通和通讯类		147.7	94.9	97.8	96.3	97.7	98.7		
娱乐教育文化用品及服务类		93.3	112.3	96.4	101.9	101.8	100.4		
居住类		105.9	111.9	107.0	102.4	101.2	99.8		
食品烟酒								105.8	107.6

1-14 续表 3

指 标	1985	1990	1995	2000	2005	2010	2015	2019	2020
衣着								101.4	101.1
居住								101.9	99.6
生活用品及服务								101.2	100.5
交通和通信								99.3	95.8
教育文化和娱乐								103.7	102.1
医疗保健								100.6	107.4
其他用品和服务								102.4	100.5
服务项目类价格总指数(以上年价格为100)		110.2	107.3	162.1	102.9	102.4	100.6	102.1	102.1
农林牧渔业总产值(万元,按当年价格计算)	38744	73925	193432	246156	344060	495463	535860	573503	672356
农业产值	28489	47608	120504	163107	199305	285840	296341	298794	345695
林业产值	2266	1877	4382	4020	12088	48552	66397	91351	111988
牧业产值	7942	22069	66859	77344	114172	137081	135255	139981	168746
渔业产值	47	662	1687	1685	2689	3212	3179	3216	3927
农林牧渔服务业产值					15806	20778	34688	4016	42000
农林牧渔业总产值指数(以上年价格为100)	100.6	108.3	102.2	106.9	101.3	108.3	101.6	103.3	103.6
农业产值		107.9	95.9	110.1	99.6	108.6	100.2	106.0	107.0
林业产值		93.0	106.8	102.4	74.7	110.1	103.4	104.6	104.3
牧业产值		110.8	112.8	102.8	104.9	106.6	103.3	97.4	100.9
渔业产值		116.5	103.6	103.7	107.6	111.0	94.8	100.3	105.7
农林牧渔服务业产值					100.8	109.1	104.6	101.6	102.2
主要农作物播种面积(千公顷)	145.34	145.72	139.23	136.82	118.56	102.20	90.35	81.55	82.26
粮食	107.61	116.25	107.93	100.35	83.48	81.42	75.39	62.92	63.50
棉花	0.23	0.12	0.86	0.83	0.22	0.06	0.004	0.0005	0.0003
油料	22.70	13.52	13.90	11.05	5.05	2.58	1.50	1.55	0.87
主要农产品产量									
粮食(吨)	304534	387806	334171	294557	291865	279264	275393	224230	245320
棉花(吨)	133	96	849	998	276	80	8	1	1
油料(吨)	16756	13882	6636	10557	3845	2840	2381	2437	1506
肉类(吨)	12001	17109	33603	47606	65135	49975	37711	22245	24922
禽蛋(吨)	7428	20003	35272	44361	43165	36412	30869	30426	30933

1–14　续表 4

指　标	1985	1990	1995	2000	2005	2010	2015	2019	2020
工业企业单位数(个)	1560	1981	2033	383	489	480	408	527	622
按经济类型分									
国有经济	289	331	335	178	95	37	19	6	7
集体经济	1270	1638	1601	89	60	40	16	10	7
其他	1	12	97	116	334	403	373	511	608
按轻重工业分									
轻工业	713	877	727	128	111	107	81	90	94
重工业	847	1104	1306	255	378	373	327	437	528
工业企业总产值(万元,按1990不变价格计算)	620037	1276457	2588265	3105189	9213954	20003397	21592702	32749621	34166940
按经济类型分									
国有经济	536776	1063635	2008511	697609	715540	662004	1215862	1776380	1530791
集体经济	81674	204830	443982	197970	164977	147631	60132	89061	28902
其他	1587	7992	135772	2209610	8333437	19193762	20316708	30884180	32607247
按轻重工业分									
轻工业	150649	334579	449580	528811	703205	1400948	1470754	1592258	1769032
重工业	469388	941878	2138685	2576378	8510749	18602449	20121948	31157363	32397907
主要工业产品产量									
原煤(万吨)	2140	2840	3133	2544	4482	3775	3988.88	3572.83	4133.44
发电量(万千瓦时)	347800	367800	873200	1135500	1594000	2038000	2574800	3189973	3240629
粗钢(万吨)	152.73	190.24	238.82	249.90	353.34	850.00	1078.60	1307.56	1285.77
生铁(万吨)	110.97	160.00	241.00	292.00	394.22	696.90	777.37	1032.35	963.64
焦炭(万吨)	152.56	386.33	893.24	836.00	1201.00	1268.00	1029.40	1123.38	1039.35
水泥(万吨)	76.20	73.94	148.70	170.00	272.65	582.50	478.07	608.29	744.79
太原地区铁路货运量(万吨)	2398	3295	3735	4278	6113	5064	4414	3887	4126
太原地区铁路客运量(万人次)	814	878	992	864	1074	2210	2598	3096	1822
邮电业务总量（万元）	1470	3890	36723	238105	540873	1452903	1072137	5102438	6520856
社会消费品零售总额（万元）	229781	456637	1116123	1894200	3840302	8258458	15407962	17690125	16551131
外商直接投资（万美元）	43	141	4500	7280	16490	58501	85049	9717	10199
接待海外旅游人数（人次）	9695	13519	23594	47886	100859	283194	210065	257960	5434
接待国内旅游人数（万人次）	173	277	462	860	1408	1995	4892	9630	3594
一般公共预算收入（万元）	50872	92130	134263	214828	569525	1384809	2742403	3866164	3784351
一般公共预算支出（万元）	32519	61055	146653	245873	718390	1896358	4199913	6105530	6473448
# 基本建设支出	4657	4674	11529	5392	25197				

1-14　续表 5

指　标	1985	1990	1995	2000	2005	2010	2015	2019	2020
文教科卫支出	7645	15259	35510	53994	141640	532802	1086343	1623110	1785097
#教育事业费支出				35688	92774	359491	620878	830649	915507
学校数（所）	2057	2009	1967	1890	1400	1003	792	814	807
#普通高等学校	9	12	13	12	32	42	43	45	45
中等技术教育	41	46	48	47	28	30	32	32	32
普通中学	278	223	235	237	251	230	224	227	221
小学	1664	1646	1575	1503	1003	607	416	448	445
在校学生数（人）	451732	442897	518546	649236	980584	1154723	1158152	1191316	1254738
#普通高等学校	26976	32463	44480	72689	265535	329712	546581	562081	604416
中等专业学校	17711	29323	43323	83107	53475	76540	56392	41002	38748
普通中学	151704	126591	131401	173635	222462	239953	206557	201073	205979
小学	241219	232653	269039	295062	317752	267325	275621	325286	340782
专任教师数（人）	31419	36427	39028	43109	55733	63377	65596	71532	72225
#普通高等学校	4910	6031	6056	6669	16223	20912	23771	24862	25337
中等专业学校	2369	3221	3543	3373	1623	2266	2689	2529	2463
普通中学	10159	11203	11663	13775	16005	17134	18792	19930	19865
小学	12526	13415	14747	16637	17388	17079	16379	19986	20243
毕业生数（人）	96239	102370	111805	131606	223103	323154	313479	296621	298478
#普通高等学校	4997	8088	12421	12572	53735	97398	151583	146376	149952
中等专业学校	4956	10037	11635	15027	16252	26875	24587	15284	14112
普通中学	36732	40519	32638	44537	64141	71310	73908	68051	66571
小学	45648	37058	45576	48260	49201	52792	36073	46483	48213
卫生机构数（个）	932	998	972	1002	1954	2527	2791	3898	4025
#医院	194	220	221	131	194	191	185	158	164
卫生机构床位数（张）	18332	22944	24082	24817	23652	27771	36760	39358	43166
#医院	16721	21248	22174	19317	21736	24703	34828	38039	41821
卫生技术人员（人）	24328	27780	30101	28418	29549	39930	52662	62575	66540
#医院	15732	19429	21594	21855	22728	28529	39463	45264	47725

注：1. 2015 年以前城镇、乡村人口数分别为农业、非农业人口数。
2. 本表地区生产总值、社会消费品零售总额 2005 年至 2008 年为第二次经济普查调整后口径。
3. 2014 年以前农村常住居民人均可支配收入为农民人均纯收入。
4. 2016 年国家对城镇居民消费品价格指数八类指标进行调整。
5. 工业企业单位数、工业企业总产值 2000 年以前为乡及乡以上口径，以后为规模以上工业口径，2005 年起为当年价。
6. 2011 年起固定资产投资起点由计划总投资 50 万元以上的项目提高到 500 万元以上，且没有全社会固定资产统计指标；2017 年国家统计局确定山西为投资改革试点省份，固定资产投资额的统计方法由原来的以形象进度法为主改为以财务支出法为主。
7. 2011 年邮电业务总量采用新口径计算。
8. 2005 年起社会消费品总额不含未通过市场直接向消费者出售的产品。
9. 2005 年以前外商直接投资包括间接投资。
10. 教育指标中不包括幼儿园。
11. 卫生指标中不含村卫生室数。
12. 原煤、洗煤、焦炭、发电量产量为规模以上工业企业数据。

第2篇

人口、计划生育和社会治安

Population，Family Planning and Social Security

资料整理、审核

田　军　张　炜　张　琳

刘红芳　刘俊欢

2-1 人口
Population

指 标	年末人口（人）	为上年（%）
户籍常住人口	**3887949**	**101.38**
按性别分		
男	1942918	101.10
女	1945031	101.66
按城镇和乡村分		
城镇人口	3094732	101.56
乡村人口	793217	100.70
按地区分		
市辖区	3055740	101.78
县（市）	832209	99.92
暂住人口	**1063006**	**92.21**

注：本表为公安数据。

2-2　户籍常住人口
Permanent resident population

单位：人、户

指　标	合　计	按城镇、乡村分		按性别分		性别比例（女 =100）	总户数
		城镇人口	乡村人口	男性人口	女性人口		
总　计	**3887949**	**3094732**	**793217**	**1942918**	**1945031**	**99.89**	**1262002**
市辖区合计	**3055740**	**2777234**	**278506**	**1520551**	**1535189**	**99.05**	**943078**
小 店 区	721511	623869	97642	357009	364502	97.94	216775
迎 泽 区	549606	533365	16241	267752	281854	95.00	163138
杏花岭区	622500	604838	17662	311053	311447	99.87	193570
尖草坪区	336150	292397	43753	169233	166917	101.39	115577
万柏林区	606125	577224	28901	308308	297817	103.52	184506
晋 源 区	219848	145541	74307	107196	112652	95.16	69512
县（市）合计	**832209**	**317498**	**514711**	**422367**	**409842**	**103.06**	**318924**
清 徐 县	340859	127456	213403	168415	172444	97.66	124963
阳 曲 县	153049	36901	116148	77684	75365	103.08	63578
娄 烦 县	125567	32157	93410	64936	60631	107.10	52803
古 交 市	212734	120984	91750	111332	101402	109.79	77580

注：本表为公安数据。

2-3　人口自然变动情况
Natural changes of population

单位：人、‰

指　标	年平均人数	出生人口合计	性　别		出生婴儿性别比（女=100）	出生率	死亡人口合计	性　别		死亡率	自然增加人数	自然增长率
			男	女				男	女			
总　计	3861493	46932	24222	22710	106.66	12.15	12415	7363	5052	3.22	34517	8.94
市辖区合计	3028949	37933	19610	18323	107.02	12.52	8308	4786	3522	2.74	29625	9.78
小 店 区	707840	11321	5969	5352	111.53	15.99	1377	774	603	1.95	9944	14.05
迎 泽 区	548662	6012	3113	2899	107.38	10.96	1257	682	575	2.29	4755	8.67
杏花岭区	620981	6604	3331	3273	101.77	10.63	1771	967	804	2.85	4833	7.78
尖草坪区	334613	3459	1753	1706	102.75	10.34	1129	682	447	3.37	2330	6.96
万柏林区	599154	7599	3880	3719	104.33	12.68	2054	1271	783	3.43	5545	9.25
晋 源 区	217699	2938	1564	1374	113.83	13.50	720	410	310	3.31	2218	10.19
县（市）合计	832544	8999	4612	4387	105.13	10.81	4107	2577	1530	4.93	4892	5.88
清 徐 县	340240	3975	2018	1957	103.12	11.68	2075	1208	867	6.10	1900	5.58
阳 曲 县	153075	1652	847	805	105.22	10.79	833	573	260	5.44	819	5.35
娄 烦 县	125479	1239	662	577	114.73	9.87	275	189	86	2.19	964	7.68
古 交 市	213750	2133	1085	1048	103.53	9.98	924	607	317	4.32	1209	5.66

注：本表为公安数据。

2-4　人口机械变动情况
Demographic changes of population

单位：人

指　标	迁入人口合计	迁　入		迁出人口合计	迁　出		净增（+） 净减（-）
		省内迁入	省外迁入		迁往省内	迁往省外	
总　计	**66970**	**55773**	**11197**	**33029**	**14789**	**18240**	**33941**
市辖区合计	**62109**	**51742**	**10367**	**26212**	**9955**	**16257**	**35897**
小 店 区	23456	20012	3444	8183	3678	4505	15273
迎 泽 区	9464	7446	2018	5224	1632	3592	4240
杏花岭区	9242	7570	1672	4723	1548	3175	4519
尖草坪区	4312	3546	766	2227	882	1345	2085
万柏林区	12517	10524	1993	4852	1788	3064	7665
晋 源 区	3118	2644	474	1003	427	576	2115
县（市）合计	**4861**	**4031**	**830**	**6826**	**4843**	**1983**	**-1965**
清 徐 县	1808	1528	280	1563	1035	528	245
阳 曲 县	1279	1129	150	1072	718	354	207
娄 烦 县	650	518	132	1090	779	311	-440
古 交 市	1124	856	268	3101	2311	790	-1977

注：本表为公安数据。

2-5 2011-2020 年太原市及各县（市、区）人口数

Total population of Taiyuan City and Counties (cities and districts) from 2011 to 2020

单位：人

指 标	2011 年	2012 年	2013 年	2014 年	2015 年	2016 年	2017 年	2018 年	2019 年	2020 年
太 原 市	4329717	4442979	4543673	4613931	4719546	4851715	4983601	5114953	5231756	5318522
小 店 区	864875	918754	969214	1006185	1059020	1123485	1188581	1254795	1318724	1364860
迎 泽 区	592239	592399	592603	592785	592902	593253	593502	593813	594007	594284
杏花岭区	661353	676048	689596	698043	710366	728655	746460	760976	771738	781027
尖草坪区	431031	445067	455093	462206	473724	488358	500975	514077	525054	531288
万柏林区	772999	793785	811468	823492	842780	865064	889324	915000	938010	953276
晋 源 区	232452	242409	251325	257537	267023	278433	289713	301045	308935	318647
清 徐 县	343911	343953	344006	344055	344110	344200	344290	344341	344424	344526
阳 曲 县	121078	121871	122646	123485	124354	125347	126302	127151	128043	128671
娄 烦 县	104190	102611	101115	98997	97522	96352	95211	93853	92417	91066
古 交 市	205589	206082	206607	207146	207745	208568	209243	209902	210404	210877

注：1. 按照国家统一的历史数据修订原则和方法，结合我市经济社会发展和人口变动情况，对全市分县（市、区）2011-2019 年及 2020 年总人口数据进行了修订和推算。
2. 表中 2020 年人口数为 2020 年年末数据。2020 年第七次全国人口普查全市常住人口 530.41 万人为截止 2020 年 11 月 1 日数据。

2-6 2011-2020年太原市及各县（市、区）城镇人口数

Urban population of Taiyuan City and Counties (cities and districts) from 2011 to 2020

单位：人

指 标	2011年	2012年	2013年	2014年	2015年	2016年	2017年	2018年	2019年	2020年
太 原 市	**3612871**	**3738784**	**3858200**	**3943882**	**4063732**	**4204538**	**4346276**	**4487146**	**4630192**	**4736415**
小 店 区	787078	838591	888138	924659	975938	1037818	1100563	1164513	1229249	1276350
迎 泽 区	572250	573293	574735	575860	576922	577916	578812	579728	581503	582904
杏花岭区	614627	628892	642461	651098	663303	680877	698051	712084	723100	732644
尖草坪区	401440	415046	425261	432601	444092	458250	470540	483310	494942	501722
万柏林区	752397	774852	795116	809121	830432	854120	879851	907086	933930	952109
晋 源 区	154894	167080	179408	188658	201080	214518	228365	242206	256555	270611
清 徐 县	102330	107639	113573	117993	122864	127129	131397	135274	141403	145889
阳 曲 县	40567	43867	47408	50215	53316	56123	58989	61662	65692	68627
娄 烦 县	39180	40187	41371	41788	42563	43228	43896	44350	45353	45893
古 交 市	148108	149337	150729	151889	153222	154559	155812	156933	158465	159666

注：按照国家统一的历史数据修订原则和方法，结合我市经济社会发展和人口变动情况，对全市分县（市、区）2011-2019年及2020年城镇（乡村）人口数据进行了修订和推算。

2-7　2011-2020 年太原市及各县（市、区）乡村人口数

Rural population of Taiyuan City and Counties (cities and districts) from 2011 to 2020

单位：人

指　标	2011 年	2012 年	2013 年	2014 年	2015 年	2016 年	2017 年	2018 年	2019 年	2020 年
太 原 市	716846	704195	685473	670049	655814	647177	637325	627807	601564	582107
小 店 区	77797	80163	81076	81526	83082	85667	88018	90282	89475	88510
迎 泽 区	19989	19106	17868	16925	15980	15337	14690	14085	12504	11380
杏花岭区	46726	47156	47135	46945	47063	47778	48409	48892	48638	48383
尖草坪区	29591	30021	29832	29605	29632	30108	30435	30767	30112	29566
万柏林区	20602	18933	16352	14371	12348	10944	9473	7914	4080	1167
晋 源 区	77558	75329	71917	68879	65943	63915	61348	58839	52380	48036
清 徐 县	241581	236314	230433	226062	221246	217071	212893	209067	203021	198637
阳 曲 县	80511	78004	75238	73270	71038	69224	67313	65489	62351	60044
娄 烦 县	65010	62424	59744	57209	54959	53124	51315	49503	47064	45173
古 交 市	57481	56745	55878	55257	54523	54009	53431	52969	51939	51211

注：按照国家统一的历史数据修订原则和方法，结合我市经济社会发展和人口变动情况，对全市分县（市、区）2011-2019 年及 2020 年乡村人口数据进行了修订和推算。

2-8 2011-2020 年太原市及各县
Sex ratio of population in Counties

指 标	2011 年			2012 年		
	男	女	性别比（女 =100）	男	女	性别比（女 =100）
太 原 市	**2211088**	**2118629**	**104.36**	**2248604**	**2194375**	**102.47**
小 店 区	449040	415835	107.99	471552	447202	105.44
迎 泽 区	284223	308016	92.28	282264	310135	91.01
杏花岭区	332331	329022	101.01	338336	337712	100.18
尖草坪区	219446	211585	103.72	222672	222395	100.12
万柏林区	406380	366619	110.85	413410	380375	108.68
晋 源 区	117659	114793	102.50	122140	120269	101.55
清 徐 县	175678	168233	104.43	173927	170026	102.29
阳 曲 县	63349	57729	109.74	63108	58763	107.39
娄 烦 县	55015	49175	111.88	53785	48826	110.15
古 交 市	107967	97622	110.60	107410	98672	108.85

注：按照国家统一的历史数据修订原则和方法，结合我市经济社会发展和人口变动情况，对全市分县（市、区）2011−2019 年及 2020 年男性（女性）人口数据进行了修订和推算。

2-8 2011-2020 年太原市及各县
Sex ratio of population in Counties

指 标	2016 年			2017 年		
	男	女	性别比（女 =100）	男	女	性别比（女 =100）
太 原 市	**2476655**	**2375060**	**104.28**	**2541388**	**2442213**	**104.06**
小 店 区	571499	551986	103.53	601743	586838	102.54
迎 泽 区	290951	302302	96.24	292557	300945	97.21
杏花岭区	366941	361714	101.44	374759	371701	100.82
尖草坪区	251377	236981	106.07	259648	241327	107.59
万柏林区	450394	414670	108.61	460467	428857	107.37
晋 源 区	143809	134624	106.82	150375	139338	107.92
清 徐 县	176359	167841	105.07	175819	168471	104.36
阳 曲 县	65146	60201	108.21	65985	60317	109.40
娄 烦 县	50650	45702	110.82	50334	44877	112.16
古 交 市	109530	99038	110.59	109700	99543	110.20

（市、区）人口性别比（一）
(cities and districts) from 2011 to 2020

单位：人、%

2013年			2014年			2015年		
男	女	性别比（女=100）	男	女	性别比（女=100）	男	女	性别比（女=100）
2313462	**2230211**	**103.73**	**2341817**	**2272114**	**103.07**	**2411740**	**2307806**	**104.50**
507188	462026	109.77	519129	487056	106.58	541327	517693	104.57
294895	297708	99.05	288956	303829	95.10	289216	303686	95.24
338719	350877	96.53	341325	356718	95.68	358465	351901	101.87
229651	225442	101.87	236854	225352	105.10	244568	229156	106.73
413621	397847	103.96	424639	398853	106.46	439727	403053	109.10
128220	123105	104.15	131896	125641	104.98	136580	130443	104.71
175437	168569	104.07	175198	168857	103.75	176288	167822	105.05
64508	58138	110.95	64470	59015	109.24	65128	59226	109.97
52125	48990	106.40	51586	47411	108.80	51269	46253	110.84
109098	97509	111.88	107764	99382	108.43	109173	98572	110.76

（市、区）人口性别比（二）
(cities and districts) from 2011 to 2020

单位：人、%

2018年			2019年			2020年		
男	女	性别比（女=100）	男	女	性别比（女=100）	男	女	性别比（女=100）
2600211	**2514742**	**103.40**	**2661234**	**2570522**	**103.53**	**2729423**	**2589099**	**105.42**
637188	617607	103.17	669532	649192	103.13	702259	662601	105.99
294816	298997	98.60	295529	298478	99.01	296279	298005	99.42
380507	380469	100.01	386254	385484	100.20	392588	388439	101.07
265851	248226	107.10	271771	253283	107.30	277996	253292	109.75
464926	450074	103.30	474940	463070	102.56	487495	465781	104.66
156382	144663	108.10	160537	148398	108.18	167494	151153	110.81
175099	169242	103.46	176912	167512	105.61	178318	166208	107.29
66313	60838	109.00	67583	60460	111.78	68487	60184	113.80
49385	44468	111.06	48789	43628	111.83	47643	43423	109.72
109744	100158	109.57	109385	101019	108.28	110864	100013	110.85

2-9　2011-2020 年太原市及各县（市、区）城镇化率

Urbanization rate of Taiyuan and Counties (cities and districts) from 2011 to 2020

单位：人

指　标	2011 年	2012 年	2013 年	2014 年	2015 年	2016 年	2017 年	2018 年	2019 年	2020 年
太 原 市	**83.44**	**84.15**	**84.91**	**85.48**	**86.10**	**86.66**	**87.21**	**87.73**	**88.50**	**89.06**
小 店 区	91.00	91.27	91.63	91.90	92.15	92.37	92.59	92.81	93.22	93.52
迎 泽 区	96.62	96.77	96.98	97.14	97.30	97.41	97.52	97.63	97.89	98.09
杏花岭区	92.93	93.02	93.16	93.27	93.37	93.44	93.51	93.58	93.70	93.81
尖草坪区	93.13	93.25	93.44	93.59	93.74	93.83	93.92	94.02	94.26	94.44
万柏林区	97.33	97.61	97.98	98.25	98.53	98.73	98.93	99.14	99.57	99.88
晋 源 区	66.63	68.92	71.38	73.25	75.30	77.04	78.82	80.46	83.04	84.93
清 徐 县	29.75	31.29	33.01	34.29	35.70	36.93	38.16	39.28	41.05	42.34
阳 曲 县	33.50	35.99	38.65	40.66	42.87	44.77	46.70	48.50	51.30	53.34
娄 烦 县	37.60	39.16	40.91	42.21	43.64	44.86	46.10	47.25	49.07	50.40
古 交 市	72.04	72.46	72.95	73.32	73.75	74.10	74.46	74.76	75.31	75.72

注：按照国家统一的历史数据修订原则和方法，结合我市经济社会发展和人口变动情况，对全市分县（市、区）2011-2019 年及 2020 年城镇化率数据进行了修订和推算。

2-10 计划生育综合情况
Integrated of family planning

单位：人、%

指 标	育龄妇女人数(15－49)周岁	已婚育龄妇女人数					女性初婚		领取独生子证
		合 计	已婚未育	现有一孩	现有二孩	现有三孩以上	合 计	#23岁以上	人 数
总 计	1107805	683700	53742	407127	204533	18298	4860	38	478518
小店区	237086	137985	12578	82614	40462	2331	1050	5	91372
迎泽区	168426	104376	12979	67878	22339	1180	1138	3	80279
杏花岭区	143698	88748	6761	64440	16835	712	179		108175
尖草坪区	99746	61620	3303	39462	17978	877	379	1	48198
万柏林区	180824	119909	8996	78670	30890	1353	406	1	84760
晋源区	56773	38894	2390	18096	16777	1631	516	3	21229
古交市	64789	37975	1926	18764	14753	2532	166	2	15534
清徐县	83179	53370	2853	19917	26737	3863	687	16	15829
阳曲县	35386	20165	804	9503	9032	826	207	6	8089
娄烦县	37898	20658	1152	7783	8730	2993	132	1	5053

2-11 节育情况
Birth control

单位：例、人、%

指 标	采取各种节育手术例数						采取各种节育措施人数									综合节育率
	小计	男性绝育	女性绝育	宫内节育器	人流	取环	小计	男性绝育	女性绝育	宫内节育器	皮下埋植	口服及注射避孕药	避孕套	外用药	其他	
总 计	**8636**	**2**	**80**	**4891**	**11**	**31**	**525159**	**3760**	**53668**	**420995**	**41**	**1429**	**38281**	**1**	**6984**	**76.81**
小店区	1628	1	51	1082	1	1	103394	318	10732	84810	2	78	4964		2490	74.93
迎泽区	907			99	2		73718	111	2416	57618	11	215	12330		1017	70.63
杏花岭区	630	1	15	144			71363	144	1601	57419	4	364	10248		1583	80.41
尖草坪区	805		12	295		8	47018	70	5053	38446	2	54	3332		61	76.30
万柏林区	1569		1	1233		1	91490	217	7805	80436	5	88	2742	1	196	76.30
晋源区	632			452		11	28858	32	4281	22467	13	124	1107		834	74.20
清徐县	2115		1	1536	8	9	47217	58	8511	36372	1	164	2097		14	88.47
阳曲县	49			4		1	14496	47	3605	10441		42	211		150	71.89
娄烦县	141			41			16463	705	4506	10248	1	237	606		160	79.69
古交市	160			5			31142	2058	5158	22738	2	63	644		479	82.01

2-12　生育情况

Fertility status

单位：人、%

指　标	年内出生人数									
	合　计	政策内出生				符合政策生育率	政策外出生			
		小计	一孩	二孩	三孩		小计	一孩	二孩	多孩
总　计	**20939**	**20577**	**11469**	**8873**	**235**	**98.27**	**362**			**362**
小 店 区	4950	4906	2791	2061	54	99.11	44			44
迎 泽 区	2629	2612	1609	976	27	99.35	17			17
杏花岭区	1889	1879	1112	751	16	99.47	10			10
尖草坪区	1900	1888	1020	847	21	99.37	12			12
万柏林区	3595	3592	2119	1448	25	99.92	3			3
晋 源 区	1561	1512	771	720	21	96.86	49			49
清 徐 县	2093	1969	987	950	32	94.08	124			124
阳 曲 县	979	928	480	427	21	94.79	51			51
娄 烦 县	564	521	238	272	11	92.38	43			43
古 交 市	779	770	342	421	7	98.84	9			9

2-13　社会治安情况

Social Security

指　标	单　位	2020 年	2019 年
刑事案件立案数	起	21888	
刑事案件综合破案数	起	7338	
治安案件发现受理数	起	129854	
治安案件查处数	起	117088	
火灾发生数	起	2276	1183
火灾受伤人数	人	16	10
火灾死亡人数（含刑事案件）	人	20	20
火灾损失折款	万元	1508	1789
交通事故发生数	起	1814	
交通事故受伤人数	人	1932	
交通事故死亡人数	人	212	
交通事故损失折款	万元	363	

2-14　安全生产情况

Safety production

指　标	单　位	2020 年
生产安全事故发生数	**起**	**45**
采矿业	起	1
#煤矿	起	1
建筑业	起	6
交通运输和仓储业	起	24
其他行业	起	9
生产安全事故死亡人数	**人**	**62**
采矿业	人	2
#煤矿	人	2
建筑业	人	6
交通运输和仓储业	人	24
其他行业	人	24

第3篇

从业人员和劳动报酬

Employment and Wages

资料整理、审核

田　军　耿　洁　卫　洁　张劭鹏

3-1　太原市 2010 年—2020 年全社会从业人员
Employees in Taiyuan City from 2011 to 2020

单位：万人

指　标	社会就业人员	城镇	乡村	一产	二产	三产
2010 年	191.51	138.08	53.43	26.39	61.93	103.19
2011 年	205.59	149.87	55.72	27.95	65.52	112.12
2012 年	208.13	157.22	50.91	25.31	75.41	107.41
2013 年	216.18	163.37	52.81	26.10	73.11	116.97
2014 年	219.08	169.38	49.70	24.82	68.16	126.10
2015 年	224.16	174.35	49.81	25.32	65.33	133.51
2016 年	236.25	186.66	49.59	25.47	66.56	144.22
2017 年	245.46	195.22	50.24	25.74	68.20	151.52
2018 年	251.49	203.57	47.92	25.20	65.44	160.85
2019 年	258.12	211.15	46.97	24.00	65.22	168.90
2020 年	261.23	219.16	42.07	25.68	62.34	173.21

注：按照国家统一的历史数据修订原则和方法，结合全市经济社会发展和人口变动情况，对全市 2010–2019 年及 2020 年全社会从业人员数据进行了修订和推算。

3-2 城镇非私营单位按国民经济行业分组的单位从业人员

Employees in urban non-private units by economic sector

指 标	单位从业人员年末人数（人）
总 计	**1013630**
按国民经济行业分组	
农、林、牧、渔业	588
采矿业	69171
制造业	182270
电力、热力、燃气及水生产和供应业	55056
建筑业	145703
批发和零售业	51752
交通运输、仓储和邮政业	51306
住宿和餐饮业	17055
信息传输、软件和信息技术服务业	17200
金融业	55228
房地产业	26406
租赁和商务服务业	38746
科学研究、技术服务业	38339
水利、环境和公共设施管理业	10948
居民服务、修理和其他服务业	3594
教育	98802
卫生和社会工作	60521
文化、体育和娱乐业	15126
公共管理、社会保障和社会组织	75819

注：1. 根据《劳动工资统计报表制度》，本表数据不包含铁路系统驻并单位。
2. 从业人员包括在岗职工、劳务派遣人员和其他从业人员。

3-3 城镇非私营单位按国民经济行业分组的单位从业人员劳动报酬
Labor remuneration of employees in urban non-private units by economic sector

指　标	单位从业人员劳动报酬(万元)
总　计	8807328.4
按国民经济行业分组	
农、林、牧、渔业	2962.1
采矿业	605025.0
制造业	1440003.7
电力、热力、燃气及水生产和供应业	637685.9
建筑业	1086330.5
批发和零售业	362701.0
交通运输、仓储和邮政业	331406.7
住宿和餐饮业	65846.8
信息传输、软件和信息技术服务业	180087.7
金融业	730547.8
房地产业	234762.4
租赁和商务服务业	276369.6
科学研究、技术服务业	381447.9
水利、环境和公共设施管理业	69832.4
居民服务、修理和其他服务业	23651.4
教育	941183.9
卫生和社会工作	609427.4
文化、体育和娱乐业	119144.1
公共管理、社会保障和社会组织	708911.9

注：根据《劳动工资统计报表制度》，本表数据不包含铁路系统驻并单位。

3-4 城镇非私营单位按国民经济行业分组的在岗职工（含劳务派遣人员）人数

Number of on-post employees (including dispatch personnel) in urban non-private units by economic sector

指 标	在岗职工年末人数（人）
总 计	**966434**
按国民经济行业分组	
农、林、牧、渔业	588
采矿业	68877
制造业	180347
电力、热力、燃气及水生产和供应业	54122
建筑业	138125
批发和零售业	50628
交通运输、仓储和邮政业	49212
住宿和餐饮业	13250
信息传输、软件和信息技术服务业	17099
金融业	37693
房地产业	25471
租赁和商务服务业	37822
科学研究、技术服务业	36679
水利、环境和公共设施管理业	10408
居民服务、修理和其他服务业	3441
教育	95429
卫生和社会工作	58399
文化、体育和娱乐业	14458
公共管理、社会保障和社会组织	74386

注：根据《劳动工资统计报表制度》，本表数据不包含铁路系统驻并单位。

3-5 城镇非私营单位按国民经济行业分组的在岗职工（含劳务派遣人员）工资总额
Total wages of on-post employees (including dispatch personnel) in urban non-private units by economic sector

指　标	在岗职工工资总额（万元）
总　计	8603420.1
按国民经济行业分组	
农、林、牧、渔业	2962.1
采矿业	604156.1
制造业	1432465.1
电力、热力、燃气及水生产和供应业	636089.1
建筑业	1036613.5
批发和零售业	358647.0
交通运输、仓储和邮政业	322743.4
住宿和餐饮业	60110.0
信息传输、软件和信息技术服务业	179697.4
金融业	647320.6
房地产业	232088.8
租赁和商务服务业	273117.5
科学研究、技术服务业	372674.7
水利、环境和公共设施管理业	68160.8
居民服务、修理和其他服务业	23318.3
教育	931528.4
卫生和社会工作	599819.5
文化、体育和娱乐业	116936.6
公共管理、社会保障和社会组织	704971.1

注：根据《劳动工资统计报表制度》，本表数据不包含铁路系统驻并单位。

3-6　城镇非私营单位按国民经济行业分组的其他从业人员人数

Number of other employees in the urban non private units by economic sector

指　标	年末人数(人)
总　计	47196
按国民经济行业分组	
农、林、牧、渔业	
采矿业	295
制造业	1923
电力、热力、燃气及水生产和供应业	934
建筑业	7578
批发和零售业	1124
交通运输、仓储和邮政业	2093
住宿和餐饮业	3805
信息传输、软件和信息技术服务业	101
金融业	17535
房地产业	935
租赁和商务服务业	924
科学研究、技术服务业	1660
水利、环境和公共设施管理业	540
居民服务、修理和其他服务业	153
教育	3373
卫生和社会工作	2122
文化、体育和娱乐业	668
公共管理、社会保障和社会组织	1433

注：根据《劳动工资统计报表制度》，本表数据不包含铁路系统驻并单位。

3-7 城镇非私营单位按国民经济行业分组的其他从业人员工资总额
Total wages of other employees in the urban non private units by economic sector

指 标	其他从业人员工资总额(万元)
总 计	203908.2
按国民经济行业分组	
农、林、牧、渔业	
采矿业	868.9
制造业	7538.6
电力、热力、燃气及水生产和供应业	1596.9
建筑业	49717.0
批发和零售业	4054.0
交通运输、仓储和邮政业	8663.3
住宿和餐饮业	5736.8
信息传输、软件和信息技术服务业	390.3
金融业	83227.1
房地产业	2673.6
租赁和商务服务业	3252.1
科学研究、技术服务业	8773.2
水利、环境和公共设施管理业	1671.6
居民服务、修理和其他服务业	333.1
教育	9655.5
卫生和社会工作	9608.0
文化、体育和娱乐业	2207.5
公共管理、社会保障和社会组织	3940.8

注：根据《劳动工资统计报表制度》，本表数据不包含铁路系统驻并单位。

3-8　城镇非私营单位按国民经济行业分组的从业人员年平均工资
Average annual wage of employees in urban non-private units by economic sector

指　标	从业人员年平均工资(元)
总　计	86541
按国民经济行业分组	
农、林、牧、渔业	49346
采矿业	86720
制造业	76915
电力、热力、燃气及水生产和供应业	113805
建筑业	74299
批发和零售业	69170
交通运输、仓储和邮政业	64625
住宿和餐饮业	38754
信息传输、软件和信息技术服务业	103463
金融业	131413
房地产业	88907
租赁和商务服务业	71405
科学研究、技术服务业	99646
水利、环境和公共设施管理业	65264
居民服务、修理和其他服务业	68733
教育	97755
卫生和社会工作	103058
文化、体育和娱乐业	79136
公共管理、社会保障和社会组织	93073

注：根据《劳动工资统计报表制度》，本表数据不包含铁路系统驻并单位。

3-9 城镇非私营单位按国民经济行业分组的在岗职工（含劳务派遣人员）年平均工资
Average annual wage of on-post employees (including dispatch personnel) in urban non-private units by economic sector

指　标	在岗职工年平均工资（元）
总　计	88650
按国民经济行业分组	
农、林、牧、渔业	49346
采矿业	87062
制造业	77295
电力、热力、燃气及水生产和供应业	115099
建筑业	74611
批发和零售业	69882
交通运输、仓储和邮政业	65701
住宿和餐饮业	45555
信息传输、软件和信息技术服务业	104493
金融业	172311
房地产业	91103
租赁和商务服务业	72358
科学研究、技术服务业	101614
水利、环境和公共设施管理业	67123
居民服务、修理和其他服务业	70319
教育	100149
卫生和社会工作	105135
文化、体育和娱乐业	81337
公共管理、社会保障和社会组织	94297

注：根据《劳动工资统计报表制度》，本表数据不包含铁路系统驻并单位。

3-10 基本养老保险情况
Basic endowment insurance

单位：人

指 标	参保职工	缴费人员	离休、退休、退职人员	实发养老金金额（万元）
总 计	1133776	1066650	432375	1864622
企业	927065	894317	388619	1730334
国有企业	350675	341312	282755	1313871
集体企业	21565	19542	61217	240451
其他企业	496103	475211	43509	170554
港澳台及外资企业	58722	58252	1138	5458
其他	206711	172333	43756	134288

注：1、数据来源于市社保中心。2、离休、退休、退职人员口径不包含暂停人员。

3-11 城镇失业人员情况
Urban unemployment

单位：人

指标	2020	2019
期末失业人数	53436	51448
上期结转的失业人数	51448	51429
本期新登记的失业人数	43522	43051
# 本期由就业转失业人数	12294	10222
本期失业人员就业人数	41534	43032

注：数据来源于市人社局。

第4篇

固定资产投资、建筑业

Investment in Fixed Assets and Construction

资料整理、审核

米俊峰　李　珊　王　敏　张　辉

李　洋　赵　瓅　赵　华　张胜刚

4-1 固定资产投资规模
Scale of fixed asset investment

单元：万元

指 标	2020	比上年增长（%）
总 计	14934531	11.3
按投资类型分		
投资项目完成投资	7781369	20.9
房地产开发项目完成投资	7153162	2.4
按隶属关系分		
中央项目	791178	-20.2
地方项目	5664144	20.1
其他项目	8479209	10.0

4-2 固定资产投资额

Investment in fixed asset

单元：万元

指 标	本年完成投资	本年新增固定资产
总 计	**14934531**	**2994536**
# 住宅	7254597	—
按控股情况分		
国有控股	7121135	1743338
集体控股	64127	5091
私人控股	5355755	896495
港澳台商控股	116371	70890
外商控股	78699	49931
其他	2198444	228791
按隶属关系分		
中央项目	791178	134966
地方项目	5664144	1078331
其他项目	8479209	1781239
按建设性质分		
# 新建	5487364	1452084
扩建	202454	156176
改建和技术改造	921438	185982
按构成分		
建筑安装	9719802	—
设备工器具购置	1467822	—
其他费用	3736523	—
按国民经济部门（行业）分		
农、林、牧、渔业	132163	43707
采矿业	243585	121629
制造业	2323535	607870
电力、热力、燃气及水的生产和供应业	865447	356724
建筑业	14918	
批发和零售业	157351	1869
交通运输、仓储和邮政业	1154665	105994
住宿和餐饮业	39362	
信息传输、软件和信息技术服务业	112075	86428
金融业		
房地产业	7504289	1185489
租赁和商务服务业	98848	29978
科学研究和技术服务业	151061	32910
水利、环境和公共设施管理业	1684462	380938
居民服务和其他服务业	12119	
教育	157902	21052
卫生和社会工作	141165	5520
文化、体育和娱乐业	73315	5558
公共管理和社会组织	68269	8870
国际组织		

4-3 固定资产投资资金来源情况
Source of funds for fixed asset investment

单元：万元

指 标	投资项目	房地产开发项目
一、本年资金来源合计	**8886070**	**13304588**
1. 上年末结余资金	460299	3944832
2. 本年资金来源小计	5892158	9359756
国家预算资金	617231	
国内贷款	852849	736902
债券	117970	
自筹资金	3308547	3509143
其他资金	995561	5113711
二、本年各项应付款合计	**2533613**	**1540198**
#工程款	1549981	1037114

4-4 房地产开发投资完成情况
Investment in real estate development

指 标	单 位	合 计		按经济类型分		
			#住宅	国有	集体	其他
房地产开发投资	万元	7153162	5646111	1626613	19911	5506638
本年新增固定资产	万元	1037873		274114		763759
施工面积	平方米	77543085	56604452	21609608	471448	55462029
竣工面积	平方米	3421431	2593266	1266740		2154691
商品房屋销售面积	平方米	7845980	7044083	1281480	23851	6540649
商品房销售额	万元	8417204	7593444	1275548	29490	7112166

4-5 房地产开发资金来源情况
Source of funds for real estate development

单位：万元

指 标	合 计	按经济类型分		
		国有	集体	其他
一、上年末结余资金	**3944832**	**1001351**	**33435**	**2910046**
二、本年实际到位资金	**9359756**	**1649469**	**35969**	**7674318**
#国内贷款	736902	55454		681448
自筹资金	3509143	809685		2699458
定金及预收款	3461972	529185	24450	2908337
个人按揭贷款	1543227	249249	11519	1282459
其他资金来源	68512	5896		62616
三、本年各项应付款	**1540198**	**537900**		**1002298**
#工程款	1037114	384701		652413

4–6 房地产开发单位生产和经营情况

Production and management of real estate development units

单位：万元

指 标	总 计	按经济类型分		
		国有	集体	其他
一、实收资本合计	**7570353.8**	**3083969.7**	**3835.6**	**4482548.5**
二、年末资产负债情况				
资产总计	87541964.6	25276430.9	352530.5	61913003.2
固定资产累计折旧	331232.8	76339.6	1486.6	253406.6
#本年折旧	46723.2	9368.7	109.2	37245.3
负债总计	76534189.6	19438112.8	261511.7	56834565.1
所有者权益合计	11007775	5838318.1	91018.8	5078438.1
三、损益及分配				
1. 营业收入总计	8351748.6	2191921.5	71809.3	6088017.8
#主营业务收入	8231436.8	2093954	70371.9	6067110.9
（1）土地转让收入	18753.7			18753.7
（2）商品房屋销售收入	7363447.9	1316764.1	69637.4	5977046.4
（3）自持物业收入	82845.8	40336.3	731.9	41777.6
#房屋出租收入	51128	13511	731.9	36885.1
（4）其他收入	766389.4	736853.6	2.6	29533.2
2. 营业成本	6221258.4	1737389.5	49312.6	4434556.3
#主营业务成本	6177682.6	1717721.8	47394.1	4412566.7
3. 营业税金及附加	354603.8	66885	2605.5	285113.3
4. 其他业务利润	14938.2	7549.5		7388.7
5. 销售费用	373645.6	38416	1678	333551.6
6. 管理费及财务费用	512508.3	60897.9	335.3	451275.1
7. 投资收益及营业外收入	28831.4	38851.6	33.9	–10054.1
8. 营业外支出	47410.7	4358.3	4.8	43047.6
9. 利润总额	896597	302009.9	17966.1	576621

4-7　房地产开发商品房销售与出租情况

Sales and rental of commercial buildings in real estate development

单位：平方米

指标	实际销售	待售	出租	实际销售额(万元)
房屋面积	7845980	818565		8417204
1. 住宅	7044083	608493		7593444
2. 办公楼	177223	66073		171374
3. 商业营业用房	210896	89869		367251
4. 其他	413778	54130		285135

4-8　房地产开发施工、竣工面积及竣工价值

Floor space and value of buildings under construction and completed in real estate development

单位：平方米

指　标	施工面积	#新开工	竣工面积	竣工房屋价值（万元）
房屋建筑面积	77543085	13601279	3421431	865107
按用途分				
1. 住宅	56604452	9851648	2593266	666271
2. 办公楼	3161027	390285	74120	44773
3. 商业营业用房	5806065	811301	129360	52042
4. 其它	11971541	2548045	624685	102021

4-9 建筑业主要经济指标
Major economic indicators of construction enterprises

指 标	单 位	2020	2019
施工单位	个数	1651	1532
施工产值	万元	34119305	31647907
#建筑工程	万元	29118560	27345013
安装工程	万元	3868926	3489134
竣工产值	万元	11655006	9746565
房屋建筑施工面积	平方米	127834098	108398600
房屋建筑竣工面积	平方米	31595513	20161172
计算建筑业劳动生产率平均人数	人	804773	739459
从业人员期末人数	人	499445	467232
劳动生产率			
按施工产值计算	元/人	423962	427987
按房屋建筑竣工面积计算	平方米/人	39.3	27.3
资产合计	万元	54155596	50784495
负债合计	万元	41387597	38668480
所有者权益	万元	12767999	12116015
实收资本合计	万元	7691427	7223068
利润总额	万元	826906	663460
亏损企业个数	个	343	383
亏损企业亏损额	万元	98528	73162
利税总额	万元	157163	1291134

注：2020 年报表制度改革，实收资本项下的国家资本指标取消。

4-10 建筑施工企业生产完成情况
Completed production of construction enterprises

指 标	单 位	总 计	按经济类型分			按隶属关系分		
			国有	集体	其他	中央	省属	市属
企业个数	个	1651	136	16	1499	37	101	1513
建筑业总产值	万元	34119305	22367366	55382	11696557	12431541	9703854	11983910
1. 建筑工程	万元	29118560	19691110	31060	9396390	11218169	8289728	9610663
2. 安装工程	万元	3868926	2050831	20849	1797246	1028366	1124012	1716548
3. 其它	万元	1131819	625425	3473	502921	185006	290114	656699
竣工产值	万元	11655006	7132545	35742	4486719	3484331	3380607	4790068
房屋建筑施工面积	平方米	127834098	92018394	54807	4486719	37118534	58242155	32473409
# 本年新开工面积	平方米	42006208	27854628	11579		12137709	16993812	12874687
房屋建筑竣工面积	平方米	31595513	22910122	42814		13946467	9184845	8464201
自有机械设备净值	万元	654919	506120	3674	145125	419359	81488	154072
自有机械设备年末总台数	台	84704	49268	626	34810	31695	17008	36001
自有机械设备年末总功率	千瓦	3785320	2895575	8959	880786	2496501	363071	925748

4-11　建筑业财务状况
Financial situation of construction enterprises

指　标	单位	总计	按经济类型分			按隶属关系分		
			国有	集体	其他	中央	地方	其他
一、年末资产负债								
流动资产合计	万元	39126189	30723120	56003	8347066	17760069	12504587	8861533
#应收工程款	万元	12426118	8634476	10910	3780732	5018375	3451997	3955746
#存货	万元	3396624	2304301	7128	1085195	551659	1725572	1119393
固定资产减值准备		3829	1968		1861	471	794	2564
固定资产原价	万元	3196664	2289791	16111	890762	1747476	547286	901902
累计折旧	万元	1827424	1391871	7916	427637	1161639	223182	442603
#本年折旧	万元	308286	241547	799	65940	204853	37836	65597
在建工程	万元	574623	479483	113	95027	34586	441772	98265
资产合计	万元	54155596	44399806	70353	9685437	22011109	21809857	10334630
流动负债合计	万元	36764474	30505591	49647	6209236	17990328	12075289	6698857
#应付账款	万元	15861084	12410498	13654	3436932	7479826	4679174	3702084
非流动负债合计	万元	4579830	4439824		140006	557692	3877845	144293
负债合计	万元	41387597	34946127	49839	6391631	18548020	15953756	6885821
所有者权益合计	万元	12767999	9453680	20515	3293804	3463089	5856101	3448809
实收资本	万元	7691427	5058900	18928	2613599	2136710	2829628	2725089
个人资本	万元	1036163	93093		943070		94471	941692
二、损益及分配								
营业收入	万元	36501004	25182241	65387	11253376	14890465	10091340	11519199
#主营业务收入	万元	36187648	25062344	60916	11064388	14849622	10006542	11331484
营业成本	万元	33944529	23374400	59306	10510823	14163999	9027199	10753331
#主营业务成本	万元	33549588	23188218	56110	10305260	14087091	8958110	10504387
营业税金	万元	111802	62990	454	48358	28256	34564	48982
#主营业务税金及附加	万元	107363	61054	413	45896	27112	33703	46548
其他业务利润	万元	51377	45512	407	5458	4513	41297	5567
销售费用	万元	38296	7887	303	30106	5379	2266	30651
管理费用	万元	1222553	710834	4353	507366	241820	469978	510755
研发费用	万元	883050	777404		105646	389422	376855	116773
财务费用	万元	300311	268619	-30	31722	26817	237533	35961
#利息收入	万元	450336	448290	-7	2053	94831	352546	2959
#利息支出	万元	389597	371725	1	17871	89904	277111	22582
营业利润	万元	817338	665563	973	150802	244986	399795	172557
营业外收入	万元	35568	20523	268	14777	15641	4809	15118
营业外支出	万元	21164	14337	149	6678	7331	6860	6973
利润总额	万元	826906	673611	1092	152203	253296	397733	175877
应交所得税	万元	74170	40328	268	33574	14367	23014	36789
三、人工成本及增值税								
应付职工薪酬	万元	1788320	1178057	10203	600060	681662	472508	634150
应交增值税	万元	637361	364688	1996	270677	98194	261531	277636
四、亏损企业个数	个	343	16	2	325	1	12	330
五、亏损额	万元	98528	60168	5	38355	55192	4784	38552

注：2020年报表制度财务表增加研发费用指标

第5篇

能源消费与库存

Energy Consumption and Inventory

资料整理、审核

李 晶 郭 波 闫潇宁

5-1 全社会用电量
Total social electricity consumption

单位：万千瓦时

指标	2020	2019
全社会用电量总计（包含省返线损、省调厂用电）	**2940204.75**	**2879514.46**
省返线损	123052.98	126205.05
省调厂用电	241320.17	246867.68
全社会实用电总计	**2641683.76**	**2592128.55**
A. 全行业用电合计	2177750.62	2155147.64
第一产业	8791.36	10196.83
第二产业	1596383.54	1562615.21
第三产业	572575.72	582335.60
B. 城乡居民用电合计	463933.14	436980.91
城镇居民	395574.76	379514.31
乡村居民	68358.38	57466.60
全行业用电分类	**2177750.62**	**2155147.64**
一、农、林、牧、渔业	**20558.95**	**23185.82**
1. 农业	5895.17	6634.06
2. 林业	876.83	1186.40
3. 畜牧业	1951.05	2296.56
4. 渔业	68.31	79.80
5. 农、林、牧、渔专业及辅助性活动	11767.59	12988.99
其中：排灌	11521.12	12654.85
二、工业	**1537826.49**	**1502030.95**
（一）采矿业	233986.48	241933.71
1. 煤炭开采和洗选业	183769.76	193062.91
2. 石油和天然气开采业	34.28	43.70
3. 黑色金属矿采选业	47865.17	45229.05
4. 有色金属矿采选业	316.20	493.65
5. 非金属矿采选业	647.41	2075.63
6. 其他采矿业	1353.67	1028.78

5-1　续表 1

单位：万千瓦时

指标	2020	2019
（二）制造业	1152884.17	1117623.94
1. 农副食品加工业	4105.99	4472.94
2. 食品制造业	8782.19	8073.72
3. 酒、饮料及精制茶制造业	4654.18	4104.63
4. 烟草制品业	1872.73	2019.87
5. 纺织业	606.48	1480.14
6. 纺织服装、服饰业	167.89	183.46
7. 皮革、毛皮、羽毛及其制品和制鞋业	19.61	15.82
8. 木材加工和木、竹、藤、棕、草制品业	693.85	598.40
9. 家具制造业	1406.29	1353.74
10. 造纸和纸制品业	1592.46	1826.62
11. 印刷和记录媒介复制业	1622.55	1993.99
12. 文教、工美、体育和娱乐用品制造业	244.68	249.02
其中：体育用品制造	55.66	87.74
13. 石油、煤炭及其他燃料加工业	84989.45	75316.43
其中：煤化工	68225.90	66430.88
14. 化学原料和化学制品制造业	77006.05	74728.68
其中：氯碱		
肥料制造	17.13	19.55
15. 医药制造业	3134.88	3226.22
其中：中成药生产	209.22	216.76
生物药品制品制造	197.11	156.56
16. 化学纤维制造业	5391.47	221.42
17. 橡胶和塑料制品业	8581.82	8639.35
其中：橡胶制品业	5502.25	5993.69
塑料制品业	3079.57	2645.66
18. 非金属矿物制品业	71971.29	70602.68
其中：水泥制造	52660.99	55817.52
玻璃制造	852.60	214.96

5-1 续表 2

单位：万千瓦时

指标	2020	2019
陶瓷制品制造	753.59	802.12
碳化硅	10.41	13.32
19. 黑色金属冶炼和压延加工业	697796.90	682291.46
其中：钢铁	697793.40	682235.51
铁合金冶炼	3.50	55.95
20. 有色金属冶炼和压延加工业	6493.34	8898.12
其中：铝冶炼		26.37
稀有稀土金属冶炼	666.81	1126.08
21. 金属制品业	37641.81	38455.13
其中：结构性金属制品制造	9760.01	10336.74
22. 通用设备制造业	27359.90	24911.03
23. 专用设备制造业	16819.86	15849.22
其中：医疗仪器设备及器械制造	74.47	20.49
24. 汽车制造业	1524.04	1914.55
其中：新能源车整车制造		
25. 铁路 . 船舶 . 航空航天和其他运输设备制造业	10803.30	12779.04
其中：铁路运输设备制造	9874.40	10964.76
城市轨道交通设备制造	9.13	119.47
航空、航天器及设备制造	2.41	6.34
26. 电气机械和器材制造业	3943.87	4333.02
27. 计算机、通信和其他电子设备制造业	60210.39	57023.96
其中：计算机制造	18.53	
通信设备制造	192.24	14.27
28. 仪器仪表制造业	229.70	89.17
29. 其他制造业	6385.22	4468.55
30. 废弃资源综合利用业	5334.52	5867.86
31. 金属制品、机械和设备修理业	1497.46	1635.68

5-1　续表 3　　　　　　　　　　　　　　　　　　　　　　　　单位：万千瓦时

指标	2020	2019
（三）电力、热力、燃气及水生产和供应业	150955.85	142473.30
1. 电力、热力生产和供应业	112630.28	105358.32
其中：电厂生产全部耗用电量	19088.15	20598.67
线路损失电量	64486.65	61951.77
2. 燃气生产和供应业	5395.48	7846.16
3. 水的生产和供应业	32930.08	29268.82
三、建筑业	**60054.50**	**62219.95**
1. 房屋建筑业	40165.23	40970.84
2. 土木工程建筑业	7899.20	7263.50
3. 建筑安装业	4244.03	4319.53
4. 建筑装饰、装修和其他建筑业	7746.04	9666.07
四、交通运输、仓储和邮政业	**96660.76**	**100809.59**
1. 铁路运输业	34935.46	35472.27
其中：电气化铁路	16837.01	15882.63
2. 道路运输业	5712.06	4317.17
其中：城市公共交通运输	2426.23	863.46
3. 水上运输业		9.91
4. 航空运输业	3358.54	3184.56
5. 管道运输业	32192.77	35994.58
6. 多式联运和运输代理业	312.84	341.90
7. 装卸搬运和仓储业	18343.56	19554.77
8. 邮政业	1805.53	1934.42
五、信息传输、软件和信息技术服务业	**40431.29**	**34043.68**
1. 电信、广播电视和卫星传输服务	23606.56	21843.94
2. 互联网和相关服务	13717.28	9314.84
其中：互联网数据服务	3216.06	2078.26
3. 软件和信息技术服务业	3107.46	2884.90

5-1 续表 4

单位：万千瓦时

指标	2020	2019
六、批发和零售业	**142990.71**	**144815.86**
其中：充换电服务业	34789.92	31777.41
七、住宿和餐饮业	**33782.52**	**38568.46**
八、金融业	**6617.07**	**7033.11**
九、房地产业	**34363.39**	**34557.03**
十、租赁和商务服务业	**37690.06**	**37102.06**
其中：租赁业	419.39	350.51
十一、公共服务及管理组织	**166774.88**	**170781.14**
1. 科学研究和技术服务业	11735.50	11781.43
其中：地质勘查	375.54	486.76
其中：科技推广和应用服务业	2043.07	2306.60
2. 水利、环境和公共设施管理业	31514.85	28952.44
其中：水利管理业	3699.95	4598.52
其中：公共照明	19118.25	17957.56
3. 居民服务、修理和其他服务业	15241.03	17211.01
4. 教育、文化、体育和娱乐业	48034.14	54699.63
其中：教育	35139.47	40886.67
5. 卫生和社会工作	26950.87	24033.52
6. 公共管理和社会组织、国际组织	33298.50	34103.12
补充指标		
开采专业及辅助性活动	1353.67	1028.78

5-2 规模以上工业企业

Energy purchasing, consumption and inventory of

指 标	单 位	年初库存量	1-本月	
			购进量	
				购自省外
原煤	吨	930026.42	19647296.54	2590901.47
无烟煤	吨	30296.72	1242740.00	2443.00
炼焦烟煤	吨	81657.12	4585957.53	315507.63
一般烟煤	吨	732732.00	13709296.80	2272950.84
褐煤	吨	85340.58	109302.21	
洗精煤（用于炼焦）	吨	1050513.21	13075353.43	1852308.11
其他洗煤	吨	37366.47	8673844.40	
煤制品	吨	0.01		
焦炭	吨	24497.49	1118748.10	
其他焦化产品	吨	13882.26	396213.03	
焦炉煤气	万立方米		42563.39	
高炉煤气	万立方米			
转炉煤气	万立方米			
其他煤气	万立方米		16.67	
天然气	万立方米	45.93	148798.70	
液化天然气	吨		6261.52	
氢气	万立方米		900.00	
汽油	吨	23.11	4839.78	0.84
煤油	吨	131.45	3031.62	
柴油	吨	1175.62	61044.90	6084.30
燃料油	吨	682.26	2011.44	
润滑油	吨	7.59	229.19	30.26
石蜡	吨	98.17	2472.32	2471.74
石油沥青	吨	0.27	918.95	
其他石油制品	吨	212.69	720.38	
热力	百万千焦		7231445.66	
电力	万千瓦时		933781.05	
煤矸石（用于燃料）	吨		186481.08	
生物燃料	吨标准煤	10.00	102.84	
余热余压	百万千焦		21394991.83	
其他燃料	吨标准煤		512.96	
能源合计	吨标准煤			

能源购进、消费与库存情况
industrial enterprises above designated size

购进金额（千元）	消费量			期末库存量
	工业生产消费量	用于原材料	运输工具消费	
9492178.06	46897509.11	667839.99		741598.86
1036963.41	1261332.84	1635.84		11703.88
2562387.81	24619983.99			50537.63
5876630.31	20799895.74	666204.15		651563.54
16196.53	216296.54			27793.81
14880308.72	13621721.24			602872.64
3017968.80	8630579.72			16613.71
1696547.58	4073911.11			10353.74
929434.97	401276.00			21803.23
281719.52	269496.69			
	1479242.40			
	86518.90			
137.61	16.67			
3694247.74	144996.58	73.14	16.56	39.81
22799.40	6255.02		3118.99	
27911.00	900.00			
35736.00	3758.47	146.70	3241.49	10.39
22742.05	3077.85	220.72		85.22
363617.69	59813.93	1789.69	29017.25	1133.36
9025.78	1484.70			1206.08
2990.36	218.83	0.03		15.12
17036.15	2552.29	2551.71		17.80
2651.65	818.46	809.90		98.74
2838.38	416.70	408.50		516.37
252009.07	22356395.35			
4882111.31	1697601.04		699.18	
20955.00	186481.08			
92.84	100.24			12.60
147797.49	20709740.08			
1641.47	512.96			
39804498.64	64769207.58	488199.92		

5-3 规模以上工业企业能源加工转换投入产出情况

Efficiency of energy conversion of industrial enterprises above designated size

指标	单 位	加工转换投入合计						能源加工转换产出	回收利用
			火力发电	供热	原煤入洗	炼焦	制气		
原煤	吨	43006351.93	4607588.04	1725739.10	36673024.79				
无烟煤	吨								
炼焦烟煤	吨	24478604.86			24478604.86				
一般烟煤	吨	18311450.53	4607588.04	1725739.10	11978123.39				
褐煤	吨	216296.54			216296.54				
洗精煤（用于炼焦）	吨	13621721.24				13621721.24		18382133.78	
其他洗煤	吨	8346819.53	6671914.79	1674904.74				10521659.20	
焦炭	吨							10393478.01	
其他焦化产品	吨							418536.77	
焦炉煤气	万立方米	22207.21	3884.00	2924.00			15399.21	304834.63	
高炉煤气	万立方米	349616.00	258446.00	91170.00					1566289.60
转炉煤气	万立方米	13221.00	7089.00	6132.00					86518.90
天然气	万立方米	117912.97	68838.27	49074.70				6582.64	
氢气	万立方米							920.00	
柴油	吨	134.97	89.26	45.71					
燃料油	吨	787.60	666.48	121.12					
热力	百万千焦							70858402.88	
电力	万千瓦时							3184475.11	
煤矸石（用于燃料）	吨	186481.08	117619.19	68861.89					
余热余压	百万千焦	20702661.87	20702661.87						31571471.61
能源合计	吨标准煤	50711672.98	8805330.87	2878318.08	26041062.77	12892764.90	94196.36	42203179.18	3022951.88

5-4 规模以上工业企业主要能源按工业行业分组消费量（一）

Main energy consumption of industrial enterprises above designated size by industrial sector（1）

指 标	原煤（吨）	无烟煤（吨）	炼焦烟煤（吨）	一般烟煤（吨）	褐煤（吨）
全部工业企业	**46897509**	**1261333**	**24619984**	**20799896**	**216297**
一、分行业					
B. 采矿业	34542263		22576645	11749322	216297
06. 煤炭开采和洗选业	34542263		22576645	11749322	216297
07. 石油和天然气开采业					
08. 黑色金属矿采选业					
10. 非金属矿采选业					
C. 制造业	8142734	1261333	2043339	4838062	
13. 农副食品加工业					
14. 食品制造业					
15. 酒、饮料及精制茶制造业					
16. 烟草制品业					
18. 纺织服装、服饰业					
21. 家具制造业					
22. 造纸和纸制品业					
23. 印刷和记录媒介复制业					
24. 文教、工美、体育和娱乐用品制造业					
25. 石油、煤炭及其他燃料加工业	2077817		1901960	175856	
26. 化学原料和化学制品制造业	1747301			1747301	
27. 医药制造业					
29. 橡胶和塑料制品业					
30. 非金属矿物制品业	656908		141379	515529	
31. 黑色金属冶炼和压延加工业	3605208	1259697		2345511	
32. 有色金属冶炼和压延加工业					
33. 金属制品业	2556	1636		920	
34. 通用设备制造业					
35. 专用设备制造业					
36. 汽车制造业	52945			52945	
37. 铁路、船舶、航空航天和其他运输设备制造业					
38. 电气机械和器材制造业					
39. 计算机、通信和其他电子设备制造业					
40. 仪器仪表制造业					
42. 废弃资源综合利用业					
43. 金属制品、机械和设备修理业					
D. 电力、热力、燃气及水生产和供应业	4212512			4212512	
44. 电力、热力生产和供应业	4212512			4212512	
45. 燃气生产和供应业					
46. 水的生产和供应业					

5-4　规模以上工业企业主要能源按工业行业分组消费量（二）
Main energy consumption of industrial enterprises above designated size by industrial sector（2）

指　标	洗精煤（用于炼焦）(吨)	其它洗煤（吨）	焦炭（吨）	其它焦化产品（吨）	焦炉煤气（万立方米）
全部工业企业	13621721	8630580	4073911	401276	269497
一、分行业					
B. 采矿业		20000			
06. 煤炭开采和洗选业		20000			
07. 石油和天然气开采业					
08. 黑色金属矿采选业					
10. 非金属矿采选业					
C. 制造业	12472521	263760	4073911	401276	245405
13. 农副食品加工业					
14. 食品制造业					
15. 酒、饮料及精制茶制造业					125
16. 烟草制品业					
18. 纺织服装、服饰业					
21. 家具制造业					
22. 造纸和纸制品业					727
23. 印刷和记录媒介复制业					
24. 文教、工美、体育和娱乐用品制造业					
25. 石油、煤炭及其他燃料加工业	8632676				102356
26. 化学原料和化学制品制造业				401276	8759
27. 医药制造业					
29. 橡胶和塑料制品业					1334
30. 非金属矿物制品业					2209
31. 黑色金属冶炼和压延加工业	3839845	263760	4064262		119279
32. 有色金属冶炼和压延加工业					5638
33. 金属制品业			9641		
34. 通用设备制造业					88
35. 专用设备制造业			8		2382
36. 汽车制造业					157
37. 铁路、船舶、航空航天和其他运输设备制造业					2352
38. 电气机械和器材制造业					
39. 计算机、通信和其他电子设备制造业					
40. 仪器仪表制造业					
42. 废弃资源综合利用业					
43. 金属制品、机械和设备修理业					
D. 电力、热力、燃气及水生产和供应业	1149200	8346820			24092
44. 电力、热力生产和供应业		8346820			
45. 燃气生产和供应业	1149200				24092
46. 水的生产和供应业					

5-4 规模以上工业企业主要能源按工业行业分组消费量（三）

Main energy consumption of industrial enterprises above designated size by industrial sector（3）

指 标	高炉煤气（万立方米）	转炉煤气（万立方米）	其他煤气（万立方米）	天然气（万立方米）	液化天然气（吨）
全部工业企业	**1479242**	**86519**	**17**	**144997**	**6255**
一、分行业					
B. 采矿业				11406	
06. 煤炭开采和洗选业				11153	
07. 石油和天然气开采业				253	
08. 黑色金属矿采选业					
10. 非金属矿采选业					
C. 制造业	1479242	86519	17	25413	6255
13. 农副食品加工业				266	
14. 食品制造业				1409	88
15. 酒、饮料及精制茶制造业				54	
16. 烟草制品业				256	
18. 纺织服装、服饰业					
21. 家具制造业				4	
22. 造纸和纸制品业				55	20
23. 印刷和记录媒介复制业					
24. 文教、工美、体育和娱乐用品制造业					
25. 石油、煤炭及其他燃料加工业				693	125
26. 化学原料和化学制品制造业				2053	607
27. 医药制造业				88	
29. 橡胶和塑料制品业				398	37
30. 非金属矿物制品业			17	662	5286
31. 黑色金属冶炼和压延加工业	1479242	86519		14144	55
32. 有色金属冶炼和压延加工业				162	
33. 金属制品业				445	2
34. 通用设备制造业				168	20
35. 专用设备制造业				968	16
36. 汽车制造业				33	
37. 铁路、船舶、航空航天和其他运输设备制造业				3259	
38. 电气机械和器材制造业				66	
39. 计算机、通信和其他电子设备制造业				182	
40. 仪器仪表制造业					
42. 废弃资源综合利用业				48	
43. 金属制品、机械和设备修理业					
D. 电力、热力、燃气及水生产和供应业				108177	
44. 电力、热力生产和供应业				107528	
45. 燃气生产和供应业				649	
46. 水的生产和供应业					

5-4 规模以上工业企业主要能源按工业行业分组消费量（四）
Main energy consumption of industrial enterprises above designated size by industrial sector（4）

指 标	氢气（万立方米）	汽油（吨）	煤油（吨）	柴油（吨）	燃料油（吨）
全部工业企业	900	3758	3078	59814	1485
一、分行业					
B. 采矿业		683	2848	7703	
06. 煤炭开采和洗选业		670	2848	6430	
07. 石油和天然气开采业		13			
08. 黑色金属矿采选业				783	
10. 非金属矿采选业				490	
C. 制造业	900	2416	230	51675	697
13. 农副食品加工业		47			
14. 食品制造业		163		157	
15. 酒、饮料及精制茶制造业		12		58	
16. 烟草制品业					
18. 纺织服装、服饰业					
21. 家具制造业		6		2	
22. 造纸和纸制品业		6		135	
23. 印刷和记录媒介复制业		134		357	
24. 文教、工美、体育和娱乐用品制造业		5		2	
25. 石油、煤炭及其他燃料加工业		88		2548	
26. 化学原料和化学制品制造业		106	221	10660	
27. 医药制造业		39		13	
29. 橡胶和塑料制品业		79	5	76	
30. 非金属矿物制品业		167		21049	695
31. 黑色金属冶炼和压延加工业	900	178		15574	
32. 有色金属冶炼和压延加工业		40		102	
33. 金属制品业		398	1	106	
34. 通用设备制造业		244		198	3
35. 专用设备制造业		168	3	291	
36. 汽车制造业		8		53	
37. 铁路、船舶、航空航天和其他运输设备制造业		45		207	
38. 电气机械和器材制造业		159	1	11	
39. 计算机、通信和其他电子设备制造业		119		76	
40. 仪器仪表制造业		131		1	
42. 废弃资源综合利用业					
43. 金属制品、机械和设备修理业		72			
D. 电力、热力、燃气及水生产和供应业		660		436	788
44. 电力、热力生产和供应业		23		368	788
45. 燃气生产和供应业		568		27	
46. 水的生产和供应业		69		41	

5-4 规模以上工业企业主要能源按工业行业分组消费量（五）
Main energy consumption of industrial enterprises above designated size by industrial sector（5）

指　标	润滑油（吨）	石蜡（吨）	石油沥青（吨）	其它石油制品（吨）	热力（百万千焦）
全部工业企业	219	2552	818	417	22356395
一、分行业					
B. 采矿业	4				3547157
06. 煤炭开采和洗选业	4				3547157
07. 石油和天然气开采业					
08. 黑色金属矿采选业					
10. 非金属矿采选业					
C. 制造业	215	2552	818	417	18809239
13. 农副食品加工业					
14. 食品制造业					101837
15. 酒、饮料及精制茶制造业					118639
16. 烟草制品业					
18. 纺织服装、服饰业					
21. 家具制造业					
22. 造纸和纸制品业	4				
23. 印刷和记录媒介复制业					4500
24. 文教、工美、体育和娱乐用品制造业					
25. 石油、煤炭及其他燃料加工业				8	343645
26. 化学原料和化学制品制造业	28				21099
27. 医药制造业		1			10654
29. 橡胶和塑料制品业					
30. 非金属矿物制品业	64	2552	475		364216
31. 黑色金属冶炼和压延加工业					16875593
32. 有色金属冶炼和压延加工业					
33. 金属制品业	[illegible]		335	409	450953
34. 通用设备制造业	2				
35. 专用设备制造业	1		9		31415
36. 汽车制造业					
37. 铁路、船舶、航空航天和其他运输设备制造业	105				
38. 电气机械和器材制造业					5054
39. 计算机、通信和其他电子设备制造业	9				473497
40. 仪器仪表制造业					
42. 废弃资源综合利用业					
43. 金属制品、机械和设备修理业					8136
D. 电力、热力、燃气及水生产和供应业					
44. 电力、热力生产和供应业					
45. 燃气生产和供应业					
46. 水的生产和供应业					

5-4 规模以上工业企业主要能源按工业行业分组消费量（六）

Main energy consumption of industrial enterprises above designated size by industrial sector（6）

指 标	电力（万千瓦时）	煤矸石（用于燃料）(吨)	生物燃料（吨标准煤）	余热余压（百万千焦）	其他燃料（吨标准煤）
全部工业企业	**1697601**	**186481**	**100**	**20709740**	**513**
一、分行业					
B. 采矿业	187072				513
06. 煤炭开采和洗选业	177883				513
07. 石油和天然气开采业	2064				
08. 黑色金属矿采选业	6498				
10. 非金属矿采选业	626				
C. 制造业	1245994		100	18530865	
13. 农副食品加工业	994				
14. 食品制造业	6057				
15. 酒、饮料及精制茶制造业	3946				
16. 烟草制品业	1239				
18. 纺织服装、服饰业	14				
21. 家具制造业	46				
22. 造纸和纸制品业	1175				
23. 印刷和记录媒介复制业	1604				
24. 文教、工美、体育和娱乐用品制造业	88				
25. 石油、煤炭及其他燃料加工业	174429			91396	
26. 化学原料和化学制品制造业	83687		100	1759107	
27. 医药制造业	1738				
29. 橡胶和塑料制品业	6219				
30. 非金属矿物制品业	66116			1141847	
31. 黑色金属冶炼和压延加工业	758502			15531438	
32. 有色金属冶炼和压延加工业	8619			7077	
33. 金属制品业	12562				
34. 通用设备制造业	2833				
35. 专用设备制造业	18879				
36. 汽车制造业	5353				
37. 铁路、船舶、航空航天和其他运输设备制造业	15378				
38. 电气机械和器材制造业	4233				
39. 计算机、通信和其他电子设备制造业	68411				
40. 仪器仪表制造业	298				
42. 废弃资源综合利用业	2948				
43. 金属制品、机械和设备修理业	625				
D. 电力、热力、燃气及水生产和供应业	264535	186481		2178875	
44. 电力、热力生产和供应业	236333	186481			
45. 燃气生产和供应业	13859			2178875	
46. 水的生产和供应业	14343				

5-5 2016年以来节能减排情况
Energy saving and emission reduction since 2016

年 份	当年单位GDP能耗下降幅度（%）	完成目标进度（%）	累计下降幅度（%）
2016	5.42	34.27	5.42
2017	3.96	59.11	9.17
2018	3.64	81.92	12.47
2019	3.05	100.96	15.14
2020	2.85	118.74	17.56

5-6 1949年以来能源工业固定资产投资及构成
Investment and composition of fixed assets in Energy industry since 1949

年 份	全社会固定资产投资（万元）	能源工业投资（万元）				能源工业投资构成(%)		
		合计	#煤炭	电力	焦炭	煤炭	电力	焦炭
1949	43							
1950	1278	14	13		1	92.86		7.14
1952	6335	215	129	69	17	60.00	32.09	7.91
1953	13861	1383	115	1258	10	8.32	90.96	0.72
1954	19852	5296	857	4421	18	16.18	83.48	0.34
1955	13878	3203	768	2264	171	23.98	70.68	5.34
1956	32901	4928	1810	3118		36.73	63.27	
1957	37299	5612	1891	3721		33.70	66.30	
1958	62552	7116	5177	1870	69	72.75	26.28	0.97
1959	62839	6369	5283	932	154	82.95	14.63	2.42
1960	55929	8253	4884	3358	11	59.18	40.69	
1961	16865	4380	3305	1075		75.46	24.54	
1962	7854	2190	1883	307		85.98	14.02	
1963	10807	2368	1673	695		70.65	29.35	
1964	14095	2504	1706	797	1	68.13	31.83	
1965	18622	1348	666	682		49.41	50.59	
1966	28255	2140	358	1780	1	16.73	83.18	
1967	10855	1140	80	1049	11	7.02	92.02	0.96
1968	17788	1870	88	1776	6	4.71	94.97	0.32
1969	11546	384	123	253	8	32.03	65.89	2.08
1970	20218	1009	52	957		5.15	94.85	
1971	25293	2291	1174	1117		51.24	48.76	
1972	23480	2212	927	1285		41.91	58.09	
1973	26636	2532	1276	1256		50.39	49.61	
1974	19757	2260	1604	656		70.97	29.03	
1975	16884	1820	1018	802		55.93	44.07	
1976	15310	1417	1034	383		72.97	27.03	

5-6 续表

年 份	全社会固定资产投资（万元）	能源工业投资（万元）				能源工业投资构成（%）		
		合计	# 煤炭	电力	焦炭	煤炭	电力	焦炭
1977	20398	2622	1889	723	10	72.04	27.57	0.38
1978	38930	4759	3794	965		79.72	20.28	
1979	49443	8264	7657	504	81	92.65	6.10	0.98
1980	61316	10609	9942	604	51	93.71	5.69	0.48
1981	66329	15640	13867	1710	52	88.66	10.93	0.33
1982	88769	18878	17746	1088		94.00	5.76	
1983	108722	32438	27433	1420	3492	84.57	4.38	10.77
1984	147907	50138	41994	2796	5331	83.76	5.58	10.63
1985	194510	52750	46010	3086	3617	87.22	5.85	6.86
1986	212774	64087	58409	3180	2422	91.14	4.96	3.78
1987	228535	47454	40854	4065	2535	86.09	8.57	5.34
1988	250602	63606	42294	19768	1489	66.49	31.08	2.34
1989	242409	84093	55145	26041	2771	65.58	30.97	3.30
1990	262924	98809	61195	35944	1566	61.93	36.38	1.58
1991	309434	104534	70720	32012	1402	67.65	30.62	1.34
1992	460913	139321	71679	57846	8336	51.45	41.52	5.98
1993	672115	182333	80821	88639		44.33	48.61	
1994	731619	143252	66561	67258	1305	46.46	46.95	0.91
1995	701894	139667	98796	23911	5076	70.74	17.12	3.63
1996	823902	193105	132367	33933	5587	68.55	17.57	2.89
1997	977429	270884	137407	120027	7477	50.73	44.31	2.76
1998	1093638	261055	95856	147601	4215	36.72	56.54	1.61
1999	917167	150674	35082	87721	1659	23.28	58.22	1.10
2000	1047702	140866	48973	87320	2315	34.77	61.99	1.64
2001	1227804	247617	57132	112246	45836	23.07	45.33	18.51
2002	1475955	249245	46749	120320	50786	18.76	48.27	20.38
2003	2044542	362697	112859	78596	95343	31.12	21.67	26.29
2004	3476681	687685	126505	216218	293877	18.40	31.44	42.73
2005	4385077	713589	267156	280121	123924	37.44	39.26	17.37
2006	5011273	787176	355268	298134	98559	45.13	37.87	12.52
2007	5767355	1064025	437367	289922	146505	41.10	27.25	13.77
2008	7022072	1320743	493574	656202	21776	37.20	49.70	1.70
2009	7820157	853252	312664	394037	41184	36.60	46.20	4.80
2010	9164811	871847	462297	274024	135526	53.03	31.43	15.54
2011	10241444	937383	671330	185035	81018	71.62	19.74	8.64
2012	13206257	1573142	896885	195623	48085	57.01	12.44	3.06
2013	16707390	1728739	975403	211450	16974	56.42	12.23	0.98
2014	17460868	1774826	812348	639702	9653	45.77	36.04	0.54
2015	20256080	1971010	527717	622754	6169	26.77	31.60	0.31
2016	20277123	1570711	569017	516299	1000	36.23	32.87	0.06
2017	9648632	744388	238483	275892	23459	32.04	37.06	3.15
2018	12178202	681651	193301	314620	399	28.36	46.16	0.06
2019	13416671	774218	232013	213748	17384	34.04	31.36	2.55
2020	14934531	1673466	214055	387444	861184	12.79	23.15	51.46

注：2011 年起，投资统计制度进行改革，用“固定资产投资额”代替了“全社会固定资产投资”统计口径。

第6篇

住户调查

Household Survey

资料整理、审核

李 琰 田 冰 李 鹏

6-1　城镇居民家庭生活基本情况
Basic living conditions of urban households

项　目	单　位	2020	2019
调查户数	户	760	760
平均每户家庭人口	人	2.62	2.67
平均每户就业人口数	人	1.1	1.2
平均每一个就业者负担人数	人	2.37	2.25
平均每人全年可支配收入	元	38329	36362
人均月可支配收入	元	3194	3030
平均每人全年消费性支出	元	20559	21305
人均月消费性支出	元	1713	1775

6-2　城镇住户基本情况
Basic living conditions of urban households

项　目	单　位	2020	2019
调查户数	**户**	**760**	**760**
家庭人口数	**人**	**1991**	**2032**
（一）有收入者人数	**人**	**1244**	**1321**
1. 就业人口数	人	839	905
国有经济单位职工人数	人	229	271
个体经营者人数	人	82	110
其他就业者人数	人	528	524
2. 离退休者人数	人	405	416
（二）无收入者人数	**人**	**746**	**711**

6-3 城镇居民家庭年末居住情况

Housing conditions of urban households at year-end

项 目	单 位	2020	2019
一、现住房房屋来源			
租赁公房	%	3.03	2.76
租赁私房	%	7.76	7.37
自建住房	%	13.82	13.95
购买商品房	%	37.90	38.16
购买房改住房	%	15.39	15.53
购买保障性住房	%	5.92	6.18
拆迁安置房	%	6.84	6.84
继承或获赠住房	%	1.84	1.97
免费借用房	%	2.50	2.37
其他来源	%	3.29	1.97
雇主提供免费住房	%	1.71	2.90
二、住户居住空间样式			
1. 单栋楼房	%	2.11	2.11
2. 单栋平房	%	12.11	12.24
3. 四居室及以上单元房	%	1.32	1.71
4. 三居室单元房	%	29.85	29.34
5. 二居室单元房	%	44.74	45
6. 一居室单元房	%	7.24	6.97
7. 筒子楼或连片平房	%	2.63	2.63
8. 其他	%		
三、住户主要饮用水来源情况			
1. 经过净化处理的自来水	%	89.61	90
2. 受保护的井水和泉水	%	8.29	8.29
3. 不受保护的井水和泉水	%	0.13	0.26
4. 江河湖泊水	%	0.39	
5. 桶装水	%	1.45	1.45
6. 其他水源	%	0.13	
四、取水位置			
1. 住宅内管道取水	%	95.14	96.05
2. 住宅内其他方式取水	%	0.39	0.53
3. 院内管道取水	%	4.21	3.03
4. 院内其他方式取水	%	0.26	0.39
5. 其他位置取水	%		
五、住户厕所类型			
1. 水冲式卫生厕所	%	86.71	86.97
2. 水冲式非卫生厕所	%	5.39	6.05
3. 卫生旱厕	%	1.45	1.45
4. 普通旱厕	%	6.32	5.53
5. 无厕所	%	0.13	
六、住户厕所使用情况			
1. 本住户独用	%	95.13	95.26

6-3 续表

项　目	单　位	2020	2019
2. 几户合用	%	4.74	4.74
3. 公用厕所	%	0.13	
七、住户洗澡设施情况			
1. 统一供热水	%	4.61	5.92
2. 家庭自装热水器	%	76.97	75.92
3. 其他	%	2.24	3.03
4. 无洗澡设施	%	16.18	15.13
八、住户主要取暖设备状况			
1. 由市政或小区集中供暖	%	90.13	93.16
2. 自行供暖	%	8.42	6.84
3. 无取暖设备	%	1.45	
九、主要炊用能源状况			
1. 柴草	%		
2. 煤炭	%	0.79	0.92
3. 罐装液化石油气	%	3.42	1.97
4. 管道液化石油气	%		
5. 管道煤气	%	11.45	11.18
6. 管道天然气	%	71.58	71.32
7. 电	%	10.79	12.5
8. 其他	%		
9. 无炊用行为	%	1.97	2.11
十、信息化调查			
(1) 接入互联网的移动电话	部 / 百户	198	171
(2) 接入互联网的计算机	台 / 百户	48	44

注：1、2019 年起，第四大项指标修订为“取水位置”，相关细项指标发生变化，与原“住宅有管道供水情况”指标不一致。

6-4　城镇居民人均可支配收入
Annual per capita disposable income of urban households

单位：元

项　目	2020	2019
城镇居民人均可支配收入	38329	36362
工资性收入	21530	20761
经营净收入	3264	3337
财产净收入	3703	3493
转移净收入	9832	8771

6-5　城镇居民人均消费性支出

Annual per capita consumption expenditure of urban households

单位：元

项　目	2020	2019
消费性支出	**20559**	**21305**
一、食品烟酒	4819	4508
二、衣着	1547	1687
三、生活用品及服务	1413	1399
四、医疗保健	2136	2237
五、交通通信	2525	2590
六、教育文化娱乐	2392	3115
七、居住	5292	5183
八、其它用品和服务	435	586

6-6　城镇住户每百户期末主要消费品拥有量

Major consumer goods owned per 100 urban households at year-end

项　目	单　位	2020	2019
调查户数	**户**	**760**	**760**
摩托车	辆	2	2
助力车	辆	40	39
家用汽车	辆	41	38
洗衣机	台	99	99
电冰箱(柜)	台	98	98
彩色电视机	台	99	100
家用电脑	台	63	62
照相机	架	22	22
其他中高档乐器	件	12	12
微波炉	台	53	53
空调器	台	43	44
淋浴热水器	台	86	83
洗碗机	台	2	2
健身器材	套	7	7
固定电话	部	16	17
移动电话	部	221	222

6-7 农村住户人口与就业情况

Population and employment of rural households

指　标	单　位	2020	2019
一、调查户数	户	310	230
二、家庭常住人口	人	895	631
三、整半劳动力数	人	687	490
# 整劳动力	人	265	187
四、劳动力文化程度			
1. 不识字或识字很少	人	27	19
2. 小学程度	人	160	125
3. 初中程度	人	344	234
4. 高中程度	人	103	64
5. 大专及以上	人	53	48
五、劳动力就业情况			
1. 第一产业	人	107	174
2. 第二产业	人	109	79
(1) 采矿业	人	32	40
(2) 制造业	人	27	12
(3) 电力、热力、燃气及水生产和供应业	人	10	9
(4) 建筑业	人	40	18
3. 第三产业	人	169	106
#(1) 交通运输、仓储和邮政业	人	37	19
(2) 批发和零售业	人	19	4

6-8 农村居民人均可支配收入

Per capita disposable income of rural households

单位：元

指　标	2020	2019
农民人均可支配收入	19655	18377
工资性收入	11055	10387
经营净收入	3872	3745
财产净收入	604	624
转移净收入	4124	3621

6-9 农村居民人均消费支出
Per capita living expenditure of rural households

单位：元

指 标	2020	2019
生活消费支出	**13969**	**13228**
食品烟酒消费	3745	3361
衣着消费	1098	1052
居住消费	3406	3183
生活用品及服务消费	695	629
交通通讯消费	1880	1838
教育文化娱乐消费	1377	1526
医疗保健消费	1549	1456
其他用品和服务消费	219	183

6-10 农民家庭平均每人主要粮食消费品消费量
Per capita consumption of major food consumer goods of rural households

单位：公斤

指 标	2020	2019
粮食（原粮）	134	122
蔬菜	83	71
食油	10	10
肉禽及其制品	17	17
#家禽	4	2
蛋类	14	9
水产品	3	2
食糖	1	1
酒	6	5

6-11 每百户农民主要耐用消费品拥有量
Major durable consumer goods owned per 100 rural households

指 标	单 位	2020	2019
家用汽车	辆	39	36
摩托车	辆	12	13
助力车	辆	51	48
电脑	台	40	44
彩电	台	101	100
热水器	台	43	42
照相机	架	10	12
空调	台	10	8
电冰箱	台	87	82
固定电话	部	8	19
手机	部	230	221
洗衣机	台	96	98

第7篇

农业

Agriculture

资料整理、审核

冀晓洁　李建华　车晓华　丁永仙

张妙莲　武卫东　张　静

7-1 农村基本情况
Basic conditions of rural area

指　标	单　位	2014	2015	2016	2017	2018	2019	2020
一、农村基层组织								
1、乡镇政府	个	52	52	52	52	52	52	52
# 镇政府	个	21	21	21	21	21	21	21
乡政府	个	31	31	31	31	31	31	31
2、涉农街道办事处	个	24	24	23	23	22	22	22
二、农业主要能源及物质消耗								
1、农村用电量	万千瓦时	54916.4	53607.8	54199.5	57704.0	56423.2	55349.8	57070.6
2、农用化肥施用量(实物量)	吨	92450.1	91351.5	90328.6	88792.1	75175.0	64622.8	62528.8
(1)氮肥	吨	38997.8	36997.9	36616.2	36064.0	29525.1	22499.0	21334.7
(2)磷肥	吨	23061.0	21457.9	21075.7	20128.2	14944.0	11930.1	11664.7
(3)钾肥	吨	3783.1	3531.1	3503.4	3517.9	3067.8	2168.9	2071.5
(4)复合肥	吨	26608.3	29364.5	29133.2	29082.0	27638.1	28024.8	27457.8
农用化肥施用量(折纯量)	吨	29036.8	28966.7	28719.2	28281.2	25527.3	23104.6	22396.3
(1)氮肥	吨	9285.0	8556.0	8485.4	8295.8	7198.7	5504.3	5249.4
(2)磷肥	吨	3781.7	3549.0	3492.9	3340.7	2494.4	1974.4	1919.1
(3)钾肥	吨	1727.4	1608.8	1591.3	1603.3	1516.6	1082.6	1035.2
(4)复合肥	吨	14242.7	15252.9	15149.5	15041.4	14317.6	14543.3	14192.6
3、农用塑料薄膜使用量	吨	3806.9	3860.7	3849.9	3746.0	3844.1	3654.2	3539.1
其中:地膜使用量	吨	2412.5	2325.0	2336.9	2305.0	2388.1	2211.8	2158.4
地膜覆盖面积	公顷	24113.2	23987.4	23984.9	23979.1	26329.1	24466.8	24632.7
4、农用柴油使用量	吨	14652.0	14966.2	14853.1	14310.6	12775.9	10879.9	9445.2
5、农药使用量	吨	878.7	872.6	863.1	844.4	640.1	492.4	430.9

7-2 设施

Production of

指 标		太原市	小店区	迎泽区	杏花岭区
设施合计	数量	29982	4815	47	56
	占地面积	2636.04	520.73	4.41	8.78
	实际使用面积	2171.25	431.00	4.19	6.00
1. 连栋温室	数量	831	249		2
	占地面积	138.33	48.82		3.33
	实际使用面积	101.77	41.31		2.00
2. 日光温室	数量	9365	2743		
	占地面积	991.55	303.10		
	实际使用面积	701.88	236.62		
3. 大棚	数量	18362	1788		27
	占地面积	1452.46	165.88		3.08
	实际使用面积	1317.53	150.53		2.07
4. 中小棚	数量	1424	35	47	27
	占地面积	53.71	2.93	4.41	2.37
	实际使用面积	50.07	2.54	4.19	1.93
农业生产情况					
一、蔬菜	面积	4222.10	643.41	5.10	9.27
	产量	224562.70	34585.80	160.20	292.80
其中：芹菜	面积	280.78	101.23	0.53	1.16
	产量	16583.40	6162.00	12.10	45.30
油菜	面积	757.23	141.73	0.30	1.23
	产量	25682.70	7330.00	7.30	40.80
菠菜	面积	90.11	51.22	0.41	1.16
	产量	4199.60	2331.90	12.00	40.80
黄瓜	面积	260.93	36.49	1.01	0.30
	产量	19186.70	2619.60	36.80	9.20
西红柿	面积	635.91	56.80	1.42	1.77
	产量	50035.10	4764.50	52.30	59.50
辣椒	面积	245.93		0.32	1.53
	产量	14693.90		9.10	52.20
其他蔬菜	面积	1951.20	255.93	1.11	2.11
	产量	94181.30	11377.80	30.60	45.00
二、食用菌（干鲜混合）	产量	10774.00	731.30		447.50
1. 干品	产量	303.00	153.00		
2. 鲜品	产量	10471.00	578.30		447.50
其中：蘑菇	产量	7589.10	578.30		447.50
三、瓜果类	面积	48.47	14.28		
	产量	949.90	118.30		
其中：草莓	面积	28.27	4.27		
	产量	462.00	98.50		
四、设施园林水果	面积				
	产量				
五、花卉苗木	面积	154.73			0.13
六、其他作物	面积	182.75	2.50		

农业生产情况
mechanized agriculture

计量单位：公顷、吨、个

尖草坪区	万柏林区	晋源区	清徐县	阳曲县	娄烦县	古交市
509	52	2227	18807	2286	755	428
55.08	3.19	249.62	1392.13	297.37	67.43	37.30
44.18	2.65	216.36	1197.39	183.18	52.89	33.40
		6	549	8	16	1
		0.40	78.10	5.64	1.73	0.30
		0.35	51.80	4.67	1.33	0.30
110		24	4479	1391	398	220
16.64		3.57	400.87	208.62	36.95	21.80
10.65		2.85	284.93	122.13	26.21	18.50
391	10	2197	12533	881	335	200
38.33	0.97	245.65	872.65	82.74	28.35	14.80
33.47	0.79	213.16	822.11	56.09	25.02	14.30
8	42		1246	6	6	7
0.11	2.22		40.50	0.37	0.40	0.40
0.05	1.87		38.55	0.30	0.33	0.30
36.07	1.05	241.11	2810.68	387.63	30.23	57.54
2043.10	11.90	16635.20	145634.00	21279.20	1163.10	2757.40
7.47	0.20	91.69	53.03	15.00	0.97	9.51
379.20	2.90	6848.10	2123.50	494.10	27.20	489.00
1.33	0.19	20.07	576.17	8.69	1.00	6.51
67.00	2.70	1047.00	16511.40	327.00	25.00	6.76
3.80	0.13	12.00	7.41	5.75	1.47	324.50
161.40	2.00	693.70	206.00	289.00	36.80	426.00
9.93	0.23	61.33	95.45	45.93	3.73	6.52
598.50	1.30	4255.30	8578.50	2585.80	159.80	341.90
11.93	0.27	45.22	410.33	84.47	15.37	8.33
766.20	1.90	3186.90	36123.00	4343.30	627.50	110.00
1.07		9.20	212.51	18.07	0.23	3.00
48.90		528.10	13241.60	791.30	6.70	16.00
0.53	0.04	1.60	1455.76	209.73	7.47	16.91
21.90	1.10	76.10	68850.00	12448.70	280.10	1050.00
2028.50		1548.80	750.00	3153.10	1964.80	150.00
				150.00		
2028.50		1548.80	750.00	3003.10	1964.80	150.00
451.80		939.10	555.00	2502.60	1964.80	150.00
0.53		11.40	8.09	8.33	5.83	
18.50		76.40	306.40	232.50	197.80	
0.53		11.40	2.70	6.30	3.07	
18.50		76.40	93.40	114.30	60.90	
1.20		150.00	0.67	2.73		
4.00	1.73	13.96	134.97	24.51	1.08	

7-3 主要农业
Main agricultural

指 标	单 位	太原市	小店区	迎泽区	杏花岭区
一、农业机械总动力	**千瓦**	**511653**	**52407**	**507**	**5695**
柴油发动机	千瓦	386293	39800	344	3045
汽油发动机	千瓦	5311	107		1800
电动机	千瓦	119726	12500	163	850
二、耕作机械					
大中型拖拉机	台	2948	179	2	7
动力	千瓦	162703	16116	74	350
小型拖拉机	台	4933	363	19	155
动力	千瓦	52616	2442	270	1330
三、拖拉机配套农具	**部**	**10732**	**395**	**35**	**201**
其中：58.8 千瓦及以上拖拉机配套	部	2598	150		
四、收获机械					
联合收获机	台	826	158		1
脱粒机	台	604	34		
五、农田基本建设机械	**台**	**464**	**16**		**1**

机械拥有量
machinery

尖草坪区	万柏林区	晋源区	清徐县	阳曲县	娄烦县	古交市
8250	1600	40815	172570	136088	31164	62557
6572	800	17303	131578	128355	23716	34780
956	697	79		37	1438	197
722		23433	40772	7696	6010	27580
56	7	128	905	1189	357	118
3003	278	5643	52626	62363	15910	6340
120	16	166	462	2791	366	475
2037	223	1229	5107	31102	3454	5422
523	29	425	1694	5289	1228	913
	2	244	1148	760	179	115
6	1	12	331	298	6	13
	1	34	51	422	36	26
7		65	261	56	31	27

7-4 农作物

Sown areas of

指 标	合 计	小店区	迎泽区	杏花岭区
农作物总播种面积	**82264.3**	**6810.8**	**112.3**	**543.5**
一、粮食作物	**63497.0**	**2439.3**	**102.3**	**491.7**
（一）夏收粮食	**67.8**	**39.0**		
#冬小麦	67.8	39.0		
（二）秋收粮食	**63429.2**	**2400.3**	**102.3**	**491.7**
（一）谷物	47796.2	2415.4	77.9	337.3
1. 稻谷	202.7	18.8		
2. 玉米	31906.5	1856.8	49.7	132.0
3. 谷子	7364.2	46.0	11.3	39.6
4. 高粱	4919.6	454.8	4.1	9.7
5. 秋杂谷物	3335.3	0.0	12.8	156.1
#燕麦	431.5			9.2
荞麦	1851.6		10.7	134.9
6. 小麦	67.8	39.0		
（二）豆类	6495.2	23.9	7.8	104.6
1. 大豆	4669.4	23.9	3.6	101.9
2. 秋杂豆	1825.8		4.2	2.7
#绿豆	551.4		1.3	
红小豆	1053.9		2.8	
（三）薯类（折粮）	9205.7		16.6	49.9
1. 马铃薯	8611.1		16.3	41.8
2. 红薯	594.7		0.3	8.1
二、油料作物	**865.1**	**92.5**		**2.7**
1. 花生	30.7			
2. 胡麻籽	203.5			
3. 葵花籽	146.9	17.0		2.7
4. 其他油料	484.0	75.5		
三、棉花	**0.3**			
四、中草药材	**1179.2**	**29.0**		
五、蔬菜及食用菌	**12266.3**	**1715.2**	**10.0**	**49.1**
六、瓜果类	**171.6**	**14.6**		
#西瓜	36.0	3.9		
甜瓜	94.9			
七、其他农作物	**4284.8**	**2520.2**		
#青饲料	3604.6	2129.1		

播种面积
farm crops

单位：公顷

尖草坪区	万柏林区	晋源区	清徐县	阳曲县	娄烦县	古交市
4094.5	290.0	2224.2	23643.1	25613.1	11031.7	7901.1
3354.3	266.0	1036.2	17071.6	22066.8	9668.5	7000.3
			28.8			
			28.8			
3354.3	266.0	1036.2	17042.8	22066.8	9668.5	7000.3
2850.9	156.9	895.4	16213.1	18708.7	3258.6	2882.2
8.6		175.3				
2213.4	107.3	638.7	12846.8	12216.0	928.9	917.0
287.1	36.9	12.3	53.2	5054.7	1051.6	771.6
202.9	4.3	69.1	3284.3	688.5	138.1	63.8
138.9	8.3	–0.1	0.0	749.5	1140.0	1129.9
1.4	1.4				333.8	85.7
84.8	0.1			408.7	708.9	503.5
			28.8			
370.4	23.0	104.0	323.1	1622.3	1792.0	2124.1
368.4	19.9	102.1	320.8	1161.4	965.6	1602.0
2.0	3.1	1.9	2.3	460.9	826.4	522.1
0.3	0.5	0.4	2.2	247.2	261.7	37.8
	0.7	1.5		108.7	510.1	430.1
133.0	86.3	36.9	535.4	1735.8	4618.0	1993.9
109.3	75.4	25.2	14.0	1717.4	4618.0	1993.7
23.7	10.9	11.7	521.4	18.4		0.2
67.3		47.7	86.1	84.3	352.2	132.3
		0.3	30.0	0.4		
				27.9	104.4	71.2
67.3		9.1	18.2	14.5	2.9	15.2
		38.3	37.9	41.5	244.9	45.9
			0.3			
10.9	3.7		9.7	259.2	652.4	214.3
637.1	20.3	1090.6	6148.1	1897.0	224.5	474.4
19.6		11.4	57.8	31.3	26.9	10.0
			3.7	13.3	10.8	4.3
17.3			51.4	11.7	10.8	3.7
5.3		38.3	269.5	1274.5	107.2	69.8
		38.3	13.3	1274.5	104.4	45.0

7-5 农作物

Output of

指 标	合 计	小店区	迎泽区	杏花岭区
一、粮食作物	**245320.4**	**9796.5**	**117.6**	**999.5**
（一）夏收粮食	**353.9**	**196.6**		
#冬小麦	353.9	196.6		
（二）秋收粮食	**244966.5**	**9599.9**	**117.6**	**999.5**
（一）谷物	198306.3	9734.2	96.9	732.3
1. 稻谷	1190.8	131.7		
2. 玉米	157066.7	7486.9	64.9	379.1
3. 谷子	13120.9	86.8	11.3	85.1
4. 高粱	21586.6	1832.2	5.7	29.0
5. 秋杂谷物	4987.4		15.0	239.1
#燕麦	897.2			37.7
荞麦	3225.4		12.4	183.9
6. 小麦	353.9	196.6		
（二）豆类	12452.1	62.3	7.9	158.5
1. 大豆	9433.5	62.3	3.2	155.3
2. 秋杂豆	3018.5		4.8	3.2
#: 绿豆	1059.4		1.5	
红小豆	1561.0		3.2	
（三）薯类（折粮）	34562.0		12.8	108.7
1. 马铃薯	32392.5		12.7	97.5
2. 红薯	2169.5		0.1	11.2
二、油料作物	**1506.4**	**374.8**		**2.7**
1. 花生	72.5			
2. 胡麻籽	369.1			
3. 葵花籽	265.8	35.2		2.7
4. 其他油料	799.0	339.6		
三、棉花	**0.8**			
四、中草药材	**6419.3**	**217.4**		
五、蔬菜及食用菌	**665436.3**	**89643.0**	**281.5**	**1881.7**
六、瓜果类	**4277.4**	**118.3**		
#西瓜	794.9	19.8		
甜瓜	2729.4			

总产量
farm crops

单位：吨

尖草坪区	万柏林区	晋源区	清徐县	阳曲县	娄烦县	古交市
12598.8	644.4	4711.5	79112.2	100397.9	22529.2	14412.8
			157.3			
			157.3			
12598.8	644.4	4711.5	78954.9	100397.9	22529.2	14412.8
11636.8	372.9	4300.7	76130.4	83126.0	6913.7	5262.4
31.0		1028.1				
9997.1	280.0	2904.0	59561.7	70400.7	3335.6	2656.7
624.0	72.5	20.4	112.4	9842.9	979.8	1285.7
661.7	5.5	348.1	16299.0	2140.8	217.0	47.6
323.0	14.9	0.1		741.6	2381.3	1272.4
4.0	2.0				681.3	172.2
246.0	0.2			588.2	1565.0	629.7
			157.3			
829.6	37.3	228.5	861.9	5028.9	3372.8	1864.4
826.1	32.7	221.2	856.7	4300.3	1955.4	1020.5
3.4	4.6	7.3	5.2	728.6	1417.4	843.9
0.7	0.8	1.5	5.0	406.6	567.0	76.3
	1.3	5.8		114.2	768.5	668.0
132.5	234.2	182.3	2119.9	12243.0	12242.7	7286.0
112.9	221.7	140.8	48.7	12229.9	12242.7	7285.7
19.6	12.5	41.5	2071.2	13.1		0.3
136.7		10.2	194.4	120.9	458.5	208.2
		1.3	69.6	1.6		
				55.6	203.5	110.0
136.7		8.9	31.6	17.1	8.6	25.0
			93.2	46.6	246.4	73.2
			0.8			
20.5	3.2		117.9	2847.8	2424.0	788.5
40303.5	326.6	74716.3	340010.3	74256.9	12018.3	31998.2
643.2		76.4	1586.0	443.7	1265.8	144.0
			74.0	182.3	475.2	43.6
572.7			1418.6	147.1	544.4	46.6

7-6 农作物
Farm crops output

指 标	太原市	小店区	迎泽区	杏花岭区
一、粮食作物	**3863.5**	**4016.1**	**1149.0**	**2032.6**
（一）夏收粮食	**5219.8**	**5041.0**		
#冬小麦	5219.8	5041.0		
（二）秋收粮食	**3862.0**	**3999.5**	**1149.0**	**2032.6**
（一）谷物	4149.0	4030.0	1243.1	2171.0
1. 稻谷	5874.3	6990.2		
2. 玉米	4922.7	4032.2	1305.6	2872.6
3. 谷子	1781.7	1888.7	998.4	2149.1
4. 高粱	4387.9	4028.5	1374.8	2999.4
5. 秋杂谷物	1495.3		1171.9	1532.7
#燕麦	2079.3			4090.4
荞麦	1742.2		1157.8	1363.8
6. 小麦	5219.8	5041.0		
（二）豆类	1917.1	2611.7	1025.9	1515.4
1. 大豆	2020.2	2611.7	883.5	1524.1
2. 秋杂豆	1653.4		1132.9	1188.4
#: 绿豆	1922.0		1175.9	
红小豆	1481.4		1158.6	
（三）薯类（折粮）	3754.4		768.4	2180.1
1. 马铃薯	3761.7		774.1	2334.1
2. 红薯	3648.4		334.4	1391.3
二、油料作物	**1741.2**	**4053.9**		**1012.5**
1. 花生	2361.6			
2. 胡麻籽	1813.6			
3. 葵花籽	1809.1	2072.2		1012.5
4. 其他油料	1650.9	4500.0		
三、棉花	**2666.7**			
四、中草药材	**5443.7**	**7496.6**		
五、蔬菜及食用菌	**54249.1**	**52263.9**	**28150.0**	**38323.8**
六、瓜果类	**24926.6**	**8102.7**		
#西瓜	22080.6	5076.9		
甜瓜	28760.8			

单产量
per hectare

单位：公斤 / 公顷

尖草坪区	万柏林区	晋源区	清徐县	阳曲县	娄烦县	古交市
3756.0	2422.4	4547.0	4634.2	4549.7	2330.2	2058.9
			5461.8			
			5461.8			
3756.0	2422.4	4547.0	4632.8	4549.7	2330.2	2058.9
4081.8	2377.2	4803.2	4695.6	4443.2	2121.7	1825.8
3579.6		5865.0				
4516.7	2609.5	4546.6	4636.3	5763.0	3590.9	2897.2
2173.5	1961.8	1662.0	2112.0	1947.3	931.7	1666.4
3261.1	1281.1	5034.9	4962.7	3109.3	1571.6	746.9
2325.4	1795.2			989.5	2088.9	1126.1
2807.9	1498.0				2041.0	2008.7
2902.0	2943.7			1439.3	2207.8	1250.7
			5461.8			
2239.6	1620.4	2198.2	2667.5	3099.8	1882.1	877.7
2242.7	1645.0	2167.1	2670.6	3702.6	2025.2	637.0
1680.2	1465.3	3886.0	2233.0	1580.8	1715.1	1616.5
2321.0	1746.0	3627.2	2325.9	1645.3	2166.8	2019.3
	1982.5	3965.0		1050.7	1506.7	1553.1
996.1	2713.8	4946.3	3959.5	7053.2	2651.1	3654.1
1033.0	2941.1	5586.3	3483.1	7121.1	2651.1	3654.3
826.0	1155.8	3558.0	3972.3	712.9		1139.0
2031.2		213.8	2257.8	1434.6	1301.8	1573.7
		4333.3	2320.0	4000.0		
				1994.1	1949.9	1544.9
2031.2		978.0	1736.3	1181.3	2931.8	1644.7
			2459.1	1122.7	1006.1	1594.8
			2666.7			
1880.7	843.8		12157.7	10986.9	3715.4	3679.7
63260.9	16088.7	68509.4	55303.3	39144.4	53533.6	67449.8
32816.3		6701.8	27439.4	14175.7	47055.8	14400.0
			20000.0	13706.8	44000.0	10139.5
33104.0			27599.2	12572.6	50407.4	12594.6

7-7 水果
Production

指 标		单位	太原市	小店区	迎泽区	杏花岭区
一、茶叶	面积	公顷	33.3			
	产量	吨	2.1			
二、园林水果	面积	公顷	8314.8	466.3	15.1	488.7
	产量	吨	76599.9	1229.0	37.1	1134.8
1、苹果	面积	公顷	1618.1	22.3		268.2
	产量	吨	8900.6	41.2		439.1
#红富士苹果	面积	公顷	860.5	4.4		93.7
	产量	吨	6667.1	41.2		204.5
国光苹果	面积	公顷	302.4			163.0
	产量	吨	815.5			218.4
2、梨	面积	公顷	1647.0	283.3	3.7	22.5
	产量	吨	23700.5	221.9	10.0	91.1
#雪花梨	面积	公顷	236.3	7.7		4.9
	产量	吨	3465.3	92.8		8.3
鸭梨	面积	公顷	45.5			8.4
	产量	吨	287.4			40.3
3、桃	面积	公顷	745.3	40.5		18.3
	产量	吨	2688.2	60.7		113.5
4、杏	面积	公顷	769.2	2.9	0.4	46.9
	产量	吨	1451.3	2.0	4.0	78.5
5、葡萄	面积	公顷	2288.1	65.6	0.5	35.2
	产量	吨	36165.5	833.3	5.0	159.1
6、红枣	面积	公顷	773.5	36.7	10.5	47.3
	产量	吨	1890.2	31.8	15.7	149.7
7、柿子	面积	公顷	13.3			
	产量	吨	61.3			
8、沙果	面积	公顷	27.5			7.3
	产量	吨	116.2			39.4
9、其他园林水果	面积	公顷	432.8	14.8	0.1	43.1
	产量	吨	1626.1	38.1	2.4	64.4
三、食用坚果	产量	吨	1918.1			
#核桃	面积	公顷	1879.3		14.0	
	产量	吨	1903.5			
仁用杏	产量	吨	1.6			
其他食用坚果	产量	吨	13.0			

生产情况
of fruit

尖草坪区	万柏林区	晋源区	清徐县	阳曲县	娄烦县	古交市
						33.3
						2.1
1036.6	83.1	393.4	3098.2	1834.8	252.4	646.2
17608.0	142.7	2343.9	48789.8	3003.3	1255.7	1055.6
419.5	0.1	41.0	117.0	626.1	17.1	106.7
5872.8	0.3	427.9	1057.0	779.5	172.8	110.0
329.2		37.3	60.5	293.9	0.8	40.7
4703.5		388.4	590.9	643.0	15.6	80.0
25.4		1.6	6.3	36.0	4.8	65.3
300.8		19.7	62.3	123.5	60.8	30.0
77.3	23.7	78.5	666.0	409.5	40.3	42.3
2012.9	58.0	955.5	19212.4	860.0	222.2	56.5
42.6	0.5	19.3	52.6	97.2	2.2	9.3
1368.7		607.0	1259.1	95.3	30.7	3.4
6.7	0.3	0.7	3.1	8.7	3.6	14.1
101.2		1.3	48.3	15.0	39.1	42.2
25.2	2.5	38.0	339.4	222.2	9.9	49.3
475.1	2.1	346.4	1078.1	450.0	116.3	46.0
4.8	5.1	66.0	157.6	51.9	123.6	310.0
11.6	3.7	119.3	483.0	30.0	314.2	405.0
318.2	3.3	27.8	1633.1	173.1	14.7	16.5
7997.9	4.6	256.8	26112.5	542.0	207.2	47.1
108.1	17.6	124.3	111.2	274.7	22.4	20.7
353.6	44.4	235.1	703.7	205.2	116.0	35.0
	5.7		7.5	0.1		
	19.0		42.3			
14.1				6.0		
64.7				12.1		
69.3	25.1	17.7	66.4	71.2	24.4	100.7
819.4	10.6	2.9	100.8	124.5	107.0	356.0
24.3	0.8	6.1	113.0	523.6	651.9	598.4
5.0	1.5	30.1	74.1	969.2	530.8	254.5
24.3	0.8	6.1	113.0	523.6	650.3	585.4
					1.6	
						13.0

7-8 畜牧业
Production of livestock

指标			单位	太原市	小店区	迎泽区	杏花岭区
畜禽存栏	猪		头	130201	10168	285	3618
		能繁母猪	头	13211	1031	30	413
	牛		头	40931	9140	176	69
		1. 肉牛	头	22441	195	176	69
		2. 奶牛	头	18490	8945		
	羊		只	302828	11579	3925	3770
		1. 山羊	只	63952	435		
		2. 绵羊	只	238876	11144	3925	3770
	家禽		万只	298.2	39.1	3.8	16.7
		蛋鸡	万只	232.8	21.9	3.8	16.4
畜禽出栏	猪		头	180601	22592	150	2952
	牛		头	11643	1633	109	65
	羊		只	178782	8655	1447	1961
	家禽		万只	371.2	72.2	3.2	9.0
畜禽产品产量	猪肉		吨	14918.7	1752.1	12.4	238.0
	牛肉		吨	1811.1	207.4	17.0	10.1
	羊肉		吨	2837.8	102.8	23.0	31.1
	禽肉		吨	5292.5	1001.7	45.9	127.9
	禽蛋		吨	30933.3	4491.9	399.1	1527.3
	牛奶		吨	64534.5	31220.2		
大牲畜（除牛外）		年末存栏	头	2217	5	38	38
		当年出栏	头	401			
		肉产量	吨	46.5			
	1. 马	年末存栏	头	276			
		当年出栏	头	52			
		肉产量	吨	6.6			
	2. 驴	年末存栏	头	1037		38	38
		当年出栏	头	245			
		肉产量	吨	27.2			
	3. 骡	年末存栏	头	904	5		
		当年出栏	头	103			
		肉产量	吨	12.6			
	4. 骆驼	年末存栏	头				
		当年出栏	头	1			
		肉产量	吨	0.2			
兔		年末存栏	只	2462	55		
		当年出栏	只	10332			
		肉产量	吨	15.6			
其他奶产量			吨	243.6			
山羊毛产量			吨	37.1			
绵羊毛产量			吨	157.0			
		细羊毛	吨	48.3			
		半细羊毛	吨	108.7			
羊绒产量			吨	9.4			
蜂蜜产量			吨	140.7			
肉类总产量			吨	24922.2	3063.9	98.2	407.2

生产情况
and livestock products

尖草坪区	万柏林区	晋源区	清徐县	阳曲县	娄烦县	古交市
3370	74	3525	55382	31211	11864	10704
388	36	375	5618	3048	1186	1086
4210	87	2459	3979	6467	6702	7642
103	55	32	2611	4948	6702	7550
4107	32	2427	1368	1519		92
18008	1908	11254	89643	75325	33083	54333
375	413	535	2579	9890	22887	26838
17633	1495	10719	87064	65435	10196	27495
6.8	1.3	30.5	80.2	80.5	16.4	22.9
6.2	1.3	25.5	39.5	79.6	16.3	22.3
1047	42	6405	83233	33328	11547	19305
467	79	794	3360	2657	1436	1043
7176	302	5357	54053	49782	19623	30426
9.0	0.4	49.6	120.3	28.7	8.8	69.9
86.5	3.5	575.1	6875.5	2878.1	943.9	1553.7
72.6	12.3	123.5	569.3	413.3	228.4	157.2
113.9	4.8	85.0	858.0	869.5	298.5	451.2
128.2	6.0	707.4	1715.5	437.5	125.9	996.6
705.1	137.7	4002.0	7627.4	7386.2	1529.3	3127.3
14334.4	111.7	8470.8	4774.6	5294.7		328.1
31	8	48	197	392	391	1069
13			65	144	134	45
1.6			6.6	17.1	16.0	5.2
	8	46	21	45	153	3
2			8	15	24	3
0.2			0.9	2.1	3.0	0.4
23		2	134	209	148	445
7			52	65	97	24
0.9			5.2	7.6	11.0	2.5
8			42	138	90	621
4			5	63	13	18
0.5			0.6	7.2	2.0	2.3
				1		
				0.2		
				1700	678	29
32				9800	500	
0.1				14.3	1.3	
			243.6			
	0.2		0.3	20.8	9.4	6.4
17.1			31.0	45.5	58.3	5.1
				9.3	38.5	0.5
17.1			31.0	36.2	19.8	4.6
				2.2	4.0	3.2
0.2		3.5	53.6	65.4	18.1	
402.8	26.5	1491.0	10025.0	4629.9	1613.8	3163.9

7-9 农林牧渔业

Gross output value of farming forestry,

指标	太原市		小店	
	按现行价格	按可比价格	按现行价格	按可比价格
农林牧渔业总产值	**672355.9**	**605738.1**	**81010.7**	**81459.2**
一、农业产值	**345695.0**	**315627.8**	**34976.8**	**38051.9**
(一)谷物及其他作物	98654.1	82294.0	5467.7	3930.2
1. 谷物	51379.8	45616.6	2321.2	2306.0
其中：小麦	81.4	90.3	45.2	47.2
稻谷	309.6	309.6	34.2	34.2
玉米	36910.7	29842.7	1722.0	1722.1
2. 薯类	28893.4	19953.9		
其中：马铃薯(土豆)	26723.8	18755.3		
3. 油料	853.5	827.1	78.8	67.6
其中：花生	54.4	50.8		
油菜籽				
4. 豆类	7662.0	8848.5	37.4	38.6
其中：大豆	5660.1	6792.3	37.4	38.6
5. 棉花	0.4	0.1		
6. 生麻				
7. 甜菜				
8. 烟草				
9. 其他农作物	9865.0	7048.6	3030.3	1518.0
其中：青饲料(含青贮玉米)	4325.5	3965.1	2752.9	1376.5
(二)蔬菜、食用菌及花卉盆景园艺产品	200859.3	198086.1	28402.8	32957.5
1. 蔬菜(含菜用瓜)	177665.4	170784.8	27006.6	30111.6
2. 食用菌	9938.0	8781.2	646.2	646.2
3. 花卉	13211.0	19901.2	750.0	2200.0
4. 盆景园艺	45.0	45.0		
(三)水果、坚果、茶、饮料和香料作物	34497.6	25605.0	779.9	837.8
1. 园林水果	30732.3	21933.1	779.9	837.9
其中：苹果	2492.2	2136.1	11.5	24.7
梨	7584.2	4977.1	71.0	111.0
红枣	945.1	756.1	15.9	28.6
2. 食用坚果	3637.8	3431.0		
其中：核桃	3616.7	3410.2		
板栗				
松子				
3. 茶及其他饮料	73.5	189.0		
其中：茶叶	73.5	189.0		
4. 香料原料	54.0	51.6		
其中：花椒	54.0	51.6		
八角				

总产值（一）
animal husbandry and fishery

单位：万元

迎泽		杏花岭		尖草坪		万柏林	
按现行价格	按可比价格	按现行价格	按可比价格	按现行价格	按可比价格	按现行价格	按可比价格
8717.4	7105.2	17265.7	12837.0	50926.0	44926.3	8140.1	6601.5
153.4	156.7	2244.5	2221.6	22765.3	23756.7	458.3	398.9
45.8	39.8	422.2	378.3	4164.5	3404.1	320.0	270.1
27.6	25.6	222.4	180.6	3021.8	2476.9	107.1	102.3
				8.1	8.1		
15.3	13.0	87.2	72.0	2399.3	1899.5	67.2	58.8
10.2	7.5	89.0	135.9	112.3	134.5	178.2	130.9
10.1	7.5	78.0	121.9	92.8	112.9	166.3	123.0
		1.4	1.2	71.4	69.6		
5.0	5.4	92.0	47.7	580.7	465.6	22.8	29.2
1.9	2.1	90.1	46.6	578.4	462.6	20.0	26.2
3.0	1.4	17.5	12.9	378.4	257.5	11.9	7.7
91.7	100.2	1420.1	1486.7	11968.7	13126.5	64.7	52.4
91.7	100.2	470.0	427.5	9611.5	11032.9	64.7	52.4
		358.0	179.0	2256.4	1976.9		
		592.1	880.2	55.8	71.7		
				45.0	45.0		
15.9	16.7	402.2	356.6	6607.5	7201.7	57.7	60.4
15.9	16.7	402.2	356.6	6561.3	7150.5	56.1	58.8
		118.6	109.8	1646.2	1879.3	0.1	0.1
3.0	3.8	27.3	18.2	644.3	724.6	19.1	23.2
7.5	7.5	71.9	67.4	176.9	123.8	22.2	20.0
				46.2	51.0	1.6	1.6
				46.2	51.0	1.6	1.6

7-9 续表 1 -1

指标	太原市		小店	
	按现行价格	按可比价格	按现行价格	按可比价格
(四)中草药材	11684.1	9642.7	326.4	326.4
二、林业产值	**111988.3**	**90601.8**	**11276.3**	**10203.9**
(一)林木的培育和种植	111437.7	89985.2	11199.3	10107.7
1. 育种育苗	28213.2	19034.2	4899.3	2799.6
2. 造林	18723.5	12312.0		
3. 未成林、成林抚育管理面积				
(二)木材采运	550.6	616.6	77.0	96.2
其中:村及村以下	550.6	616.6	77.0	96.2
(三)林产品				
三、牧业产值	**168745.7**	**154156.4**	**29629.7**	**28141.5**
(一)牲畜饲养	69164.0	64615.1	16325.4	17922.2
1. 牛的饲养	15135.9	11060.9	2465.8	1269.1
2. 羊的饲养	24135.6	19666.0	1367.5	1038.6
3. 其他牲畜饲养	354.4	177.2		
4. 奶产品	25916.1	29795.5	12488.1	15610.1
其中:生牛奶	25813.8	29685.9	12488.1	15610.1
5. 毛绒产品	604.4	897.5	4.0	4.5
其中:羊毛	50.6	351.5	4.0	4.5
山羊绒	553.8	546.0		
6. 其他牲畜副产品	3017.6	3017.6		
(二)猪的饲养	65016.4	43344.2	8133.1	4744.3
(三)家禽饲养	31173.7	31767.7	4951.7	5255.4
1. 肉禽	8592.4	7794.4	1672.6	1661.8
2. 禽蛋	22581.3	23973.3	3279.1	3593.5
(四)狩猎和捕捉动物	48.0	48.0		
(五)其他畜牧业	3343.7	14381.4	219.5	219.5
其中:蚕茧				
家兔	40.0	35.5		
四、渔业产值(淡水产品)	**3927.0**	**3352.1**	**28.0**	**32.4**
其中:养殖	3927.0	3352.1	28.0	32.4
鱼类	3927.0	3352.0	28.0	32.4
五、农林牧渔专业及辅助性活动	**42000.0**	**42000.0**	**5100.0**	**5029.6**

单位：万元

迎泽		杏花岭		尖草坪		万柏林	
按现行价格	按可比价格	按现行价格	按可比价格	按现行价格	按可比价格	按现行价格	按可比价格
				24.5	24.5	16.0	16.0
7201.0	5635.9	11356.0	7354.5	16058.1	9764.7	6851.5	5374.2
7201.0	5635.9	11356.0	7354.5	16055.0	9761.7	6851.5	5374.2
201.0	134.0	280.0	266.0	10005.0	8793.8	301.5	134.0
				3.1	3.1		
758.8	714.5	2665.2	2260.9	8798.3	8110.9	309.3	309.8
349.1	262.6	341.3	259.5	7534.7	6868.5	182.5	169.3
130.8	87.2	78.0	50.7	607.6	382.9	94.8	79.0
188.1	144.7	254.9	196.1	969.5	717.6	39.3	39.3
28.5	28.5	6.8	4.5	10.4	7.2		
				5937.3	5733.8	48.2	50.3
				5937.3	5733.8	48.2	50.3
1.7	2.2	1.6	8.2	9.9	27.0	0.3	0.7
1.7	2.2	1.6	8.2	9.9	27.0	0.3	0.7
52.5	52.5	1033.2	516.6	377.1	377.1	15.1	15.1
357.2	399.5	1290.7	1484.8	714.5	693.8	111.3	125.1
73.8	64.2	206.3	201.8	206.8	179.1	8.0	8.0
283.4	335.2	1084.4	1282.9	507.7	514.7	103.3	117.1
				171.9	171.6	0.4	0.4
67.2	61.1			183.4	172.9	21.0	18.6
67.2	61.1			183.4	172.9	21.0	18.6
67.2	61.1			183.4	172.9	21.0	18.6
537.0	537.0	1000.0	1000.0	3121.0	3121.0	500.0	500.0

7-9 农林牧渔业

Gross output value of farming forestry,

指标	晋源		清徐	
	按现行价格	按可比价格	按现行价格	按可比价格
农林牧渔业总产值	60069.3	70021.0	211987.2	164441.0
一、农业产值	36254.7	53307.5	131231.2	107401.7
（一）谷物及其他作物	1506.7	1460.2	23091.8	20174.6
1. 谷物	1040.6	1083.8	18066.9	15695.9
其中：小麦			36.3	40.9
稻谷	267.3	257.0		
玉米	675.2	726.0	13736.6	12031.5
2. 薯类	157.0	138.4	2111.3	1912.7
其中：马铃薯（土豆）	115.5	126.0	40.2	48.7
3. 油料	5.6	5.0	119.9	97.2
其中：花生	1.0	0.5	52.2	34.8
油菜籽				
4. 豆类	135.1	86.6	518.0	432.5
其中：大豆	130.5	82.0	514.0	428.4
5. 棉花			0.4	0.6
6. 生麻				
7. 甜菜				
8. 烟草				
9. 其他农作物	168.3	146.4	2275.3	2035.2
其中：青饲料（含青贮玉米）	44.2	44.2	16.0	12.0
（二）蔬菜、食用菌及花卉盆景园艺产品	33737.7	50848.1	89239.2	63615.0
1. 蔬菜（含菜用瓜）	20410.5	21473.0	88569.2	63049.7
2. 食用菌	1587.5	851.8	664.6	553.6
3. 花卉	11739.8	28526.3	5.3	10.5
4. 盆景园艺				
（三）水果、坚果、茶、饮料和香料作物	1010.3	999.1	18493.4	23033.2
1. 园林水果	998.8	997.6	18278.7	22852.8
其中：苹果	119.0	95.8	296.0	422.8
梨	305.8	205.4	6148.0	7685.0
红枣	102.3	102.3	351.9	351.9
2. 食用坚果	11.5	1.5	214.7	180.8
其中：核桃	11.5	1.5	214.7	180.8
板栗				
松子				
3. 茶及其他饮料				
其中：茶叶				
4. 香料原料				
其中：花椒				
八角				

总产值（二）
animal husbandry and fishery

阳曲		娄烦		古交	
按现行价格	按可比价格	按现行价格	按可比价格	按现行价格	按可比价格
124395.1	117736.4	58430.9	46862.9	50648.3	40647.0
69282.5	65052.8	27000.7	26792.0	21327.6	17753.1
39372.4	34269.6	15022.1	15864.5	9241.0	5022.8
22703.4	18110.3	2217.7	2289.2	1651.2	1683.5
16808.1	13376.1	775.5	660.5	624.3	792.4
10730.0	10577.7	10040.8	11385.7	5464.5	1457.2
10715.8	10560.6	10040.8	11385.7	5464.3	1457.1
95.0	91.0	367.3	315.7	114.2	99.7
1.1	0.8				
3089.1	3419.8	2108.2	1660.0	1073.7	914.7
2554.3	2924.3	1162.1	827.1	571.5	510.3
2754.8	2072.2	288.2	213.4	937.5	867.8
1274.5	484.3	125.3	125.3	789.8	715.5
22777.4	24691.0	4205.1	3217.4	8952.0	8797.1
19980.4	22374.5	2672.6	2136.7	8788.4	8658.5
2732.6	2246.8	1532.5	1080.6	160.0	135.2
64.4	68.6			3.6	3.6
2491.7	2114.3	2889.7	3094.9	1749.1	2273.1
1469.0	1262.1	1526.0	1620.9	644.2	190.1
233.9	311.8	75.1	64.2	26.4	16.5
326.8	361.2	97.9	78.9	17.5	6.8
98.5	65.7	60.9	66.9	17.1	5.8
968.7	837.8	1363.8	1474.2	1031.4	1190.3
968.7	837.8	1362.2	1472.6	1011.9	1170.8
				73.5	892.5
				73.5	892.5
54.0	14.4				
54.0	14.4				

7-9 续表 2-1

指标	晋源		清徐	
	按现行价格	按可比价格	按现行价格	按可比价格
（四）中草药材			406.9	578.9
二、林业产值	7929.6	2026.9	8880.6	2696.2
（一）林木的培育和种植	7800.0	1960.0	8801.0	2497.2
1. 育种育苗	3000.0	520.0	2001.0	1137.2
2. 造林				
3. 未成林、成林抚育管理面积				
（二）木材采运	129.6	66.9	79.6	198.9
其中：村及村以下	129.6	66.9	79.6	198.9
（三）林产品				
三、牧业产值	11780.2	10607.4	56143.4	38311.2
（一）牲畜饲养	5231.7	4845.1	15799.5	11644.7
1. 牛的饲养	1032.2	516.1	4368.1	4015.2
2. 羊的饲养	818.7	1125.0	7297.2	5540.4
3. 其他牲畜饲养			60.5	45.5
4. 奶产品	3375.6	3195.2	1921.3	1625.3
其中：生牛奶	3375.6	3195.2	1819.0	1527.9
5. 毛绒产品	5.2	8.7	202.5	225.9
其中：羊毛	5.2	8.7	39.6	63.0
山羊绒			162.9	162.9
6. 其他牲畜副产品			1950.0	192.3
（二）猪的饲养	2282.1	1600.6	29963.9	17062.7
（三）家禽饲养	4047.4	3932.2	8353.2	8824.4
1. 肉禽	1146.0	778.6	2785.2	2875.4
2. 禽蛋	2901.5	3153.6	5568.0	5949.4
（四）狩猎和捕捉动物			48.0	48.0
（五）其他畜牧业	218.9	229.5	1978.9	731.4
其中：蚕茧				
家兔				
四、渔业产值（淡水产品）	394.8	369.3	2100.0	2400.0
其中：养殖				
鱼类	394.8	369.3	2100.0	2400.0
五、农林牧渔专业及辅助性活动	3710.0	3710.0	13632.0	13632.0

单位：万元

阳曲		娄烦		古交	
按现行价格	按可比价格	按现行价格	按可比价格	按现行价格	按可比价格
4641.0	3977.9	4883.8	4615.2	1385.5	1660.1
15584.9	17940.7	16978.2	9022.9	9257.4	7010.5
15390.0	17804.2	16912.5	8967.4	9257.4	7010.5
3030.0	8155.9	2991.2	1300.5	1500.8	4335.5
3780.0	4486.8	7681.3	3767.0	1956.6	900.0
195.0	136.5	65.8	55.5		
195.0	136.5	65.8	55.5		
31660.3	27583.8	10178.5	6841.8	16821.8	12710.9
13085.9	12312.6	4640.1	3116.4	5673.8	4576.0
3240.2	1992.8	1866.8	1292.4	1251.6	834.4
6633.2	6222.8	2551.0	1668.0	4016.2	3346.9
108.0	28.8	109.9	64.3	30.4	16.2
2012.0	2912.1			133.7	132.5
2012.0	2912.1			133.7	132.5
92.5	156.2	112.4	91.9	174.3	178.6
52.0	121.2	27.4	31.9	4.7	103.4
40.5	35.0	85.0	60.0	169.6	75.2
1000.0	1000.0			67.5	67.5
12087.2	8332.0	4122.3	2159.3	6949.8	4054.0
6142.7	6704.5	1313.2	1464.7	3891.8	3774.4
671.2	573.6	204.5	203.1	1618.0	1327.9
5471.4	6130.6	1108.7	1261.7	2273.8	2446.5
344.6	234.7	103.0	101.4	306.5	306.5
38.6	24.3	1.3	1.5		
67.3	68.3	673.4	606.2	241.5	172.5
67.3	68.3	673.4	606.2	241.5	172.5
67.3	68.3	673.4	606.3	241.5	172.5
7800.0	7090.9	3600.0	3600.0	3000.0	3000.0

7-10 农林牧渔业中间消耗

Intermediate consumption in farming forestry, animal husbandry and fishery

单位：万元

指 标	太原市	小店区	迎泽区	杏花岭区	尖草坪区	万柏林区	晋源区	清徐县	阳曲县	娄烦县	古交市
农林牧渔业中间消耗总计	248809.90	30925.40	3252.40	6769.50	19736.60	3115.90	22125.20	76501.20	44932.40	21734.60	19305.30
农业中间消耗	112181.00	11402.90	49.50	728.30	7833.30	158.90	11980.10	42584.50	21564.80	8949.70	6927.90
林业中间消耗	44038.70	4445.00	2621.20	4465.20	6514.70	2600.40	3171.90	3472.20	6361.30	6358.60	3679.70
牧业中间消耗	73575.10	12952.60	331.90	1162.00	4019.10	140.90	5270.40	23880.20	13746.60	4719.00	7352.40
渔业中间消耗	1615.10	11.90	27.80		76.50	8.70	165.80	915.30	28.70	216.30	102.30
农林牧渔服务业中间消耗	17400.00	2113.00	222.00	414.00	1293.00	207.00	1537.00	5649.00	3231.00	1491.00	1243.00

7-11 林业渔业生产情况

Production of forestry and fishery

指 标	单位	合计	小店区	迎泽区	杏花岭	尖草坪	万柏林	晋源区	清徐县	阳曲县	娄烦县	古交市	太原市直
林业生产情况													
1. 当年造林面积	公顷	10260								5526	4134	600	
2. 零星植树	万株	1504	126	140	222	121	131	96	136	260	156	116	
3. 育苗面积	公顷	5009	467	67	140	667	67	400	667	1000	867	667	
4. 村及村以下木材采伐量	立方米	12022	1924					1296	4973	2437	1315		77
渔业生产情况													
1. 养殖面积	公顷	1157	5	167		10	13	45	291	37	31	32	526
2. 水产品产量	吨	2805	20	48		131	15	282	1500	46	481	173	110

第8篇

工业

Industry

资料整理、审核

李春宝　亢会明　高　宏　郭　瑞

张明敏　张　越　郭彦君　闫　琼

8-1 全市规模以上工业企业单位数
Number of industrial enterprises

单位：个

指　标	2020末	2019末
规模以上工业企业数	**622**	**527**
在总计中：国有及国有控股	157	148
（一）按轻重工业分		
轻工业	94	90
重工业	528	437
（二）按登记注册类型分		
国有企业	7	6
集体企业	7	10
股份合作企业	2	2
联营企业		
有限责任公司	199	188
股份有限公司	19	32
私营企业	366	269
其他企业		
港、澳、台商投资企业	4	4
外商投资企业	18	16
（三）按企业规模分		
大型企业	27	30
中型企业	79	77
小型企业	516	370
微型企业	65	50

8-2 全社会主要工业产品产量
Output of major industrial products

指　标	单位	2020	2019
原煤	万吨	4133.44	3572.83
洗煤	万吨	2934.50	2611.94
#洗精煤（用于炼焦）	万吨	1879.43	1638.73
生铁	万吨	963.64	1032.35
粗钢	万吨	1285.77	1307.56
钢材	万吨	1234.09	1242.00
焦炭	万吨	1039.35	1123.38
水泥	万吨	744.79	638.29
机制纸及纸板	万吨	1.00	1.40
白酒（折65度，商品量）	千升	16153.76	12372.69
饮料酒	千升	151097	142595.36
食醋	万吨	37.49	39.11
乳制品	万吨	19.87	16.40
软饮料	万吨	27.16	30.08

8-3 规模以上工业企业主要产品产量

Major industrial products output of industrial enterprises above designated size

指 标	单 位	2020	2019
原煤	万吨	4133.44	3572.83
洗煤	万吨	2934.50	2611.95
#洗精煤（用于炼焦）	万吨	1879.43	1638.73
发电量	亿千瓦小时	324.06	319.00
鲜、冷藏肉	吨		457.30
配混合饲料	万吨		2.97
白酒（折65度，商品量）	千升	16153.00	12372.69
啤酒	千升	134944.00	130222.67
饮料	万吨	27.16	30.08
卷烟	亿支	151.00	153.00
家具	万件	0.56	0.64
焦炭	万吨		1123.38
饮料酒	千升	151097.00	142595.36
单色印刷品	令	686951.00	867122.74
多色印刷品	对开色令	2967278.20	3773470.00
涂料（油漆）	万吨	2.32	4.52
橡胶轮胎外胎	万条	77.83	82.09
水泥	万吨	712.79	608.29
商品混凝土	万立方米	163.72	121.04
镁合金	吨	6016.00	4811.00
生铁	万吨	963.64	1032.35
粗钢	万吨	1285.77	1307.56
钢材	万吨	1234.09	1242.00
铁合金	万吨	0.12	0.16
金属镁	万吨	0.83	0.72
钕铁硼	吨	1440.00	1144.00
电站锅炉	蒸发量吨	15324	14962
金属切削机床	台	89	12
起重机	吨	43854.00	35330.00
采矿专用设备	吨	111379	87136
交流电动机	万千瓦	246	204
乳制品	万吨	19.87	16.40
食醋	万吨	37.49	39.11
粗苯	万吨	5.11	6.57
车轮	万吨	17.48	14.90
车轴	万吨	6.64	9.05
汽车	辆		1215
智能手机	万台	2261.35	1862.20
自来水生产量	亿立方米	4.00	4.03

8-4 规模以上工业主要产品生产能力
Production capacity of major products of industries above designated size

指 标	单 位	生产能力
原煤	吨	53150060
发电设备容量总计／发电量	万千瓦	721.95
卷烟	万支	1785000
移动通信手持机（手机）	台	26000000
焦炭	吨	17460000
水泥	吨	13200000
硅酸盐水泥熟料	吨	5742500
生铁	吨	10695000
粗钢	吨	14770000
钢材	吨	14682408.52
铁合金	吨	2350
金属切削机床	台	58
汽车	辆	20000

8-5 规模以上工业企业

Main economic indicators of

指 标	企业单位数（个）	亏损企业	工业总产值（当年价格）	年初存货	产成品
总 计	**622**	**118**	**34166939.6**	**4519425.9**	**1730361.9**
一、按登记注册类型分组：					
内资企业	600	116	24611885.5	3922190.4	1397557.2
国有企业	7	5	202841.2	35066.5	6707.1
中央企业	2	1	187042.4	21565.3	406.0
地方企业	5	4	15798.8	13501.2	6301.1
集体企业	7	1	28902.0	4768.8	2365.8
股份合作企业	2	0	4667.6	907.6	401.8
有限责任公司	199	57	11900826.8	1713178.8	624350.7
国有独资公司	21	7	1530790.9	143049.9	54162.8
其他有限责任公司	178	50	10370035.9	1570128.9	570187.9
股份有限公司	19	0	8526729.7	1712336.2	555795.9
私营企业	366	53	3947918.2	455932.5	207935.9
私营独资企业	8	3	29067.2	5531.7	3322.5
私营有限责任公司	326	47	3574575.4	397997.6	187675.7
私营股份有限公司	32	3	344275.6	52403.2	16937.7
港、澳、台商投资企业	4	1	7112642.9	477653.5	306773.1
合资经营企业（港或澳、台资）	3	1	7071216.3	472003.7	304649.9
港澳台商投资股份有限公司	1	0	41426.6	5649.8	2123.2
外商投资企业	18	1	2442411.2	119582.0	26031.6
中外合资经营企业	12	0	1313565.8	98744.3	18532.9
外资企业	6	1	1128845.4	20837.7	7498.7
二、在总计中：亏损企业	**118**	**118**	**4039171.2**	**629388.9**	**301531.8**
在总计中：国有控股企业	150	47	17558077.8	3078055.3	1055808.6
在总计中：轻工业	94	23	1769032.2	221692.3	81621.4
重工业	528	95	32397907.4	4297733.6	1648740.5
在总计中：大型企业	27	10	22570143.9	2883270.3	1104328.4
中型企业	79	18	5106274.7	885182.5	359400.1
小型企业	516	90	6490521.0	750973.1	266633.4
纯小型企业	451	80	5905395.1	723513.2	250730.7
微型企业	65	10	585125.9	27459.9	15902.7
三、按行业分组					
煤炭开采和洗选业	50	18	2847392.3	312093.1	183247.3

主要经济指标（一）
industrial enterprises above designated size（1）

单位：万元

资产总计	流动资产合计	应收账款	存货	产成品	长期股权投资	固定资产原价
69518624.8	**32742042.0**	**9229898.1**	**4870709.9**	**1691046.9**	**8633235.8**	**33405667.9**
59506186.6	23847297.6	5575404.8	4160537.0	1434987.3	8589507.2	31351333.7
612429.1	115052.4	39955.5	39679.6	14874.9	0.0	1026174.6
450827.2	79382.1	29189.2	22043.5	583.1	0.0	919910.4
161601.9	35670.3	10766.3	17636.1	14291.8	0.0	106264.2
22770.9	19278.6	6518.6	1893.0	136.6	5750.2	9233.4
7163.7	6416.3	4717.7	425.7	64.6	0.0	2570.7
39810255.0	14646607.9	2882117.0	1765961.1	611727.5	5597760.0	17277463.7
9584916.9	2141591.3	219419.1	132320.6	56814.1	3470746.3	2217229.5
30225338.1	12505016.6	2662697.9	1633640.5	554913.4	2127013.7	15060234.2
13940739.7	5657729.2	1034068.6	1863877.5	585820.6	2866239.1	11122225.5
5112828.2	3402213.2	1608027.4	488700.1	222363.1	119757.9	1913665.8
29511.7	23078.9	10690.8	5868.8	2925.7	0.0	12402.6
4455410.8	2974157.1	1420645.0	422045.2	201222.8	82652.7	1705345.5
627905.7	404977.2	176691.6	60786.1	18214.6	37105.2	195917.7
7511661.8	7129994.2	3245323.0	554567.1	226012.4	3748.6	641393.6
7420694.8	7110594.2	3243884.8	548284.6	222891.2	0.0	563913.9
90967.0	19400.0	1438.2	6282.5	3121.2	3748.6	77479.7
2500776.4	1764750.2	409170.3	155605.8	30047.2	39980.0	1412940.6
837334.4	625961.0	152851.2	130386.7	22530.9	22682.5	630512.8
1663442.0	1138789.2	256319.1	25219.1	7516.3	17297.5	782427.8
18686987.0	**6363423.9**	**1223566.2**	**612108.2**	**284205.6**	**1611696.8**	**10542151.6**
48539875.2	17679033.2	3377661.4	3218249.4	1086279.3	7951462.7	27130496.4
1985376.2	1156000.9	190419.2	239393.9	99699.9	32166.1	1036861.0
67533248.6	31586041.1	9039478.9	4631316.0	1591347.0	8601069.7	32368806.9
48845251.4	22627402.5	5870703.0	3045563.7	1019809.6	7916669.5	22788089.6
10859426.8	4724387.2	1040187.5	1031987.6	371903.6	423401.8	5719586.7
9813946.6	5390252.3	2319007.6	793158.6	299333.7	293164.5	4897991.6
9106046.5	4990073.9	2170318.7	737761.4	270674.1	287707.6	4443869.9
707900.1	400178.4	148688.9	55397.2	28659.6	5456.9	454121.7
14666601.9	4913891.1	844465.0	324807.3	166014.5	3300519.6	5760070.6

8-5 续表 1-1

指 标	企业单位数（个）	亏损企业	工业总产值（当年价格）	年初存货	产成品
石油和天然气开采业	2	2	15146.2	108.5	0.0
黑色金属矿采选业	5	0	49922.7	5973.0	4521.5
非金属矿采选业	1	0	7326.8	324.1	164.7
农副食品加工业	6	5	61109.2	4982.8	1308.8
食品制造业	17	5	558866.1	40610.2	14085.5
酒、饮料和精制茶制造业	6	0	182598.6	20743.7	10212.1
烟草制品业	1	0	493191.3	60355.0	18087.8
纺织服装、服饰业	1	0	14066.0	2533.7	0.0
木材加工和木、竹、藤、棕、草制品业	1	0	1639.8	112.2	0.0
家具制造业	3	0	7636.5	2341.5	124.4
造纸和纸制品业	4	1	14256.9	1955.5	817.1
印刷和记录媒介复制业	9	3	48998.5	8806.1	1439.2
文教、工美、体育和娱乐用品制造业	1	0	16860.0	190.3	73.8
石油、煤炭及其他燃料加工业	12	0	1664450.9	108810.5	15407.8
化学原料和化学制品制造业	25	2	652393.1	42144.8	20952.4
医药制造业	15	1	165138.1	32245.7	14443.5
橡胶和塑料制品业	12	1	143117.0	38850.3	26451.8
非金属矿物制品业	109	20	1155086.4	100087.5	45417.6
黑色金属冶炼和压延加工业	16	4	8152295.4	982728.9	321172.1
有色金属冶炼和压延加工业	12	2	236508.3	51490.5	5191.0
金属制品业	50	8	1017253.3	96735.1	31501.1
通用设备制造业	41	4	395271.3	169545.6	51402.1
专用设备制造业	62	6	1661594.2	1122268.0	412066.5
汽车制造业	8	2	337012.9	82241.1	46296.4
铁路、船舶、航空航天和其他运输设备制造业	17	3	884153.9	277816.6	69474.5
电气机械和器材制造业	38	9	486090.9	97839.7	40108.1
计算机、通信和其他电子设备制造业	25	4	8946289.6	588981.0	339330.3
仪器仪表制造业	22	1	219636.8	44928.2	5206.9
废弃资源综合利用业	2	0	27811.0	976.2	449.4
金属制品、机械和设备修理业	2	0	8874.1	1760.4	289.1
电力、热力生产和供应业	23	7	1394709.3	113634.1	115.7
燃气生产和供应业	19	7	2175658.0	97400.8	51003.4
水的生产和供应业	5	3	124584.2	7811.2	0.0

单位：万元

资产总计	流动资产合计	应收账款	存货	产成品	长期股权投资	固定资产原价
201551.7	57383.6	29992.0	2250.6	0.0	0.0	105645.9
63226.4	29662.6	3296.9	3505.3	2448.3	0.0	45514.8
12876.7	9928.3	6959.0	1406.8	903.2	0.0	5959.8
85933.9	40181.5	4419.0	10252.9	3656.6	6248.8	38928.5
507731.4	257277.6	50253.8	38784.1	14024.1	9363.7	300249.1
174297.2	98517.1	561.2	19413.1	11152.6	108.0	122267.5
523428.7	344190.6	15371.3	56617.6	19882.0	100.0	262440.1
4621.1	3619.2	−523.2	4079.1	0.0	0.0	592.3
4984.7	4597.9	2259.8	320.6	45.5	40.0	274.6
19279.2	8246.0	1739.9	2384.9	98.5	0.0	7978.4
12312.4	7604.4	3511.2	2215.2	1081.6	0.0	3440.2
121294.1	63293.1	8279.3	8092.5	2279.6	348.2	74961.7
12151.7	12010.5	2749.2	1190.7	83.7	0.0	1269.8
3606819.8	1740621.7	118599.8	241608.3	40524.9	339157.0	1822829.7
2429529.1	605621.8	106219.5	64833.4	34330.4	33018.8	1394400.2
227725.7	129851.4	16365.7	37702.1	18491.3	3008.6	114527.5
200160.7	84529.5	45585.1	29316.9	19324.5	3603.9	167397.7
1980227.4	1260999.0	849777.5	137700.7	48110.4	19634.0	850924.9
13637255.2	3496913.2	315952.4	1000166.7	343952.6	3593502.8	10496166.3
193385.6	116339.4	21099.8	52805.0	13785.1	360.0	119176.5
616340.7	420235.9	94601.5	109769.6	47813.2	25208.5	215466.9
638514.1	472564.8	104801.6	172628.4	40357.8	26943.8	133951.0
4869616.5	3518196.2	1021019.4	1218775.5	430611.1	565381.8	845014.4
390528.4	210074.9	158933.0	16598.4	8959.0	2819.5	174544.9
2143709.9	1300322.7	468588.6	274026.0	65977.6	99282.8	723488.0
902577.4	659280.2	278301.4	107183.2	38184.3	6719.4	137313.9
9886828.6	9150236.9	3898768.2	658950.8	259550.4	31996.0	1136176.6
592004.0	309818.0	147721.1	51058.3	8845.4	122093.8	124476.7
42916.0	7120.6	1966.1	648.0	227.3	0.0	49304.5
8496.2	5929.6	2121.7	1981.4	139.7	0.0	5340.2
5096742.1	1576503.2	332458.0	111313.4	622.4	52600.5	5365548.5
4991455.8	1621189.7	233296.8	95115.9	49569.3	367171.2	2309871.3
653500.5	205289.8	40386.5	13207.2	0.0	24005.1	490154.9

8-5 规模以上工业企业

Main economic indicators of

指 标	房屋和构筑物	机器设备	累计折旧	本年折旧	固定资产净额
总 计	9285345.3	17219254.5	14864075.9	1430225.3	17960776.8
一、按登记注册类型分组：					
内资企业	8898359.9	16021986.8	13762768.5	1286547.5	17148323.1
国有企业	211376.3	745602.2	568466.6	39474.8	452481.8
中央企业	186383.6	729930.7	552564.0	33319.2	362120.2
地方企业	24992.7	15671.5	15902.6	6155.6	90361.6
集体企业	5240.5	2920.4	5966.0	502.7	3267.3
股份合作企业	468.5	2102.2	1823.1	140.7	296.4
有限责任公司	5386395.6	6514851.2	6195186.4	752752.7	10738005.4
国有独资公司	506708.2	657592.9	891096.2	83215.0	1293170.9
其他有限责任公司	4879687.4	5857258.3	5304090.2	669537.7	9444834.5
股份有限公司	2833559.8	8143018.8	6273816.2	367461.5	4848070.2
私营企业	461319.2	613492.0	717510.2	126215.1	1106202.0
私营独资企业	629.2	1543.8	6160.6	435.5	6241.9
私营有限责任公司	355532.0	547975.9	656780.5	115288.5	963559.4
私营股份有限公司	105158.0	63972.3	54569.1	10491.1	136400.7
港、澳、台商投资企业	145874.3	307649.0	341186.6	53209.2	297664.7
合资经营企业（港或澳、台资）	93635.9	282407.7	317461.7	51877.3	243909.9
港澳台商投资股份有限公司	52238.4	25241.3	23724.9	1331.9	53754.8
外商投资企业	241111.1	889618.7	760120.8	90468.6	514789.0
中外合资经营企业	83397.0	341773.7	354571.5	46930.5	137910.7
外资企业	157714.1	547845.0	405549.3	43538.1	376878.3
二、在总计中：亏损企业	3473595.8	3349099.8	3944882.5	451381.6	6367947.2
在总计中：国有控股企业	7273278.1	14552241.7	12276740.6	1028550.5	14532123.3
在总计中：轻工业	363736.0	426126.9	422913.8	54005.6	607927.9
重工业	8921609.3	16793127.6	14441162.1	1376219.7	17352848.9
在总计中：大型企业	6394122.3	12296998.2	11172973.7	902050.6	11539243.7
中型企业	1805849.0	2707092.9	2022398.7	275307.3	3538683.1
小型企业	1085374.0	2215163.4	1668703.5	252867.4	2882850.0
纯小型企业	1076299.6	2178719.4	1632372.0	243553.1	2731920.0
微型企业	9074.4	36444.0	36331.5	9314.3	150930.0
三、按行业分组					
煤炭开采和洗选业	2831451.1	1779730.6	2664560.3	205451.5	3029378.3

主要经济指标（二）
industrial enterprises above designated size（2）

单位：万元

在建工程	无形资产	土地使用权	负债合计	流动负债合计	应付账款	所有者权益合计
2907506.8	3579791.9	1332920.0	49817044.4	37110281.1	11536485.8	19735933.7
2894604.5	3518293.1	1273972.3	42357206.0	29858432.8	7604272.9	17190499.5
16504.2	18817.2	5506.9	572742.6	93036.5	79610.0	39686.5
6614.9	620.2	0.0	437428.4	39535.6	73638.3	13398.8
9889.3	18197.0	5506.9	135314.2	53500.9	5971.7	26287.7
93.3	0.0	0.0	15156.1	12521.0	8774.5	7614.7
0.0	0.0	0.0	4098.6	4031.7	1759.2	3065.0
2529438.0	3179985.6	1155134.7	30356212.7	20003970.8	4652887.5	9488969.5
270580.3	835823.8	561157.6	6308590.4	4191878.3	371512.4	3276326.3
2258857.7	2344161.8	593977.1	24047622.3	15812092.5	4281375.1	6212643.2
212200.9	95465.0	19033.0	7939499.9	6688880.4	1427596.7	6001239.8
136368.1	224025.3	94297.7	3469496.1	3055992.4	1433645.0	1649924.0
84.7	106.0	106.0	27352.7	26762.1	3690.5	2159.0
126654.4	204640.6	81064.2	3211256.5	2827731.0	1353015.9	1250746.8
9629.0	19278.7	13127.5	230886.9	201499.3	76938.6	397018.2
6254.5	27730.4	27242.7	6469868.4	6464678.7	3596781.0	1041793.4
4051.5	17042.4	16984.2	6436469.5	6435436.4	3588873.2	984225.3
2203.0	10688.0	10258.5	33398.9	29242.3	7907.8	57568.1
6647.8	33768.4	31705.0	989970.0	787169.6	335431.9	1503640.8
3156.2	11004.8	8977.0	447545.9	349446.3	97732.9	382622.8
3491.6	22763.6	22728.0	542424.1	437723.3	237699.0	1121018.0
1396405.1	1701822.4	323121.7	17104335.7	10730413.4	2620702.5	1574942.5
2187265.9	2913202.2	1083380.5	35130529.1	23751282.0	4999191.4	13402551.2
72194.2	79622.2	71806.1	862685.1	766544.9	224280.5	1121777.2
2835312.6	3500169.7	1261113.9	48954359.3	36343736.2	11312205.3	18614156.5
1538179.8	2415433.8	888103.1	35777118.9	27185557.3	7529221.1	13068132.3
958172.0	781203.3	218301.1	7461254.7	5165157.9	1773365.4	3398171.7
411155.0	383154.8	226515.8	6578670.8	4759565.9	2233899.3	3269629.7
407846.4	379877.3	223736.9	6002203.7	4557343.8	2141238.3	3103838.5
3308.6	3277.5	2778.9	576467.1	202222.1	92661.0	165791.2
676915.2	1789760.3	239673.7	13208941.8	9083330.1	1713013.6	1459158.9

8-5 续表 2-1

指 标	房屋和构筑物	机器设备	累计折旧	本年折旧	固定资产净额
石油和天然气开采业	95593.7	7602.7	42808.2	6736.5	62699.3
黑色金属矿采选业	555.0	1645.2	24735.7	3740.9	20674.2
非金属矿采选业	222.8	5737.0	4192.2	469.3	1767.6
农副食品加工业	30068.6	7157.5	7427.6	563.9	31371.7
食品制造业	116326.6	104417.4	95903.6	14197.7	204345.5
酒、饮料和精制茶制造业	13988.4	55042.5	76144.9	3171.5	45638.0
烟草制品业	100011.9	143946.6	114357.9	17283.1	148082.1
纺织服装、服饰业	204.3	388.0	313.9	57.8	278.4
木材加工和木、竹、藤、棕、草制品业	0.0	226.7	23.3	21.6	251.3
家具制造业	5670.8	1843.1	4216.4	369.1	3762.0
造纸和纸制品业	898.3	1482.1	1978.3	251.5	1461.8
印刷和记录媒介复制业	9087.5	35112.1	42992.9	3007.6	30445.4
文教、工美、体育和娱乐用品制造业	0.0	0.0	1128.6	62.1	141.2
石油、煤炭及其他燃料加工业	642288.2	802842.2	760909.8	85968.4	858825.7
化学原料和化学制品制造业	572979.4	797463.2	148189.9	59994.9	1221908.0
医药制造业	60844.9	37271.1	42777.9	7648.5	71749.4
橡胶和塑料制品业	68655.0	92330.1	60386.4	8065.9	107010.0
非金属矿物制品业	225469.9	342381.6	318997.9	46049.4	515044.9
黑色金属冶炼和压延加工业	2505500.7	7913432.1	5880917.9	370460.2	4547272.2
有色金属冶炼和压延加工业	41967.2	62733.6	36697.5	6164.3	67367.7
金属制品业	67607.1	97499.3	76332.7	10541.2	121773.8
通用设备制造业	61633.8	56514.4	54980.9	7996.6	78008.1
专用设备制造业	329529.0	407535.6	386287.0	32498.8	449598.2
汽车制造业	69836.9	99789.1	55907.2	8610.2	118591.4
铁路、船舶、航空航天和其他运输设备制造业	134370.4	231605.5	187636.5	35804.4	458169.4
电气机械和器材制造业	56984.9	72862.5	21147.8	3621.4	99273.6
计算机、通信和其他电子设备制造业	180707.1	687482.0	665884.5	102189.0	468206.6
仪器仪表制造业	70653.3	20273.9	33159.3	7890.6	91286.8
废弃资源综合利用业	28273.5	20584.9	15832.9	2541.2	33471.6
金属制品、机械和设备修理业	1183.6	3075.3	2858.1	191.3	2482.1
电力、热力生产和供应业	620143.4	2378084.3	2214946.1	275728.9	3092139.0
燃气生产和供应业	250305.8	848741.2	593552.5	79579.8	1714036.0
水的生产和供应业	92332.2	102421.1	225889.3	23296.2	264265.5

单位：万元

在建工程	无形资产		负债合计	流动负债合计		所有者权益合计
		土地使用权			应付账款	
32554.7	1711.4	1711.3	171461.2	169103.0	162312.6	30090.5
5123.9	7464.3	0.0	40110.7	34610.7	19180.8	23115.7
147.0	1033.9	0.0	8523.7	8523.7	473.0	4353.1
2088.2	5709.8	5325.0	83796.3	58224.6	26790.9	2137.5
5831.1	21374.9	19967.0	209222.9	186959.3	42823.0	298508.4
23168.7	6973.0	6428.3	83732.6	83602.3	19815.3	90564.6
7599.4	21057.5	20184.4	115432.5	113432.5	56327.5	407996.1
0.0	723.5	723.5	3938.6	3898.6	–0.7	682.5
1.0	0.0	0.0	3786.3	3786.3	73.2	1198.4
0.0	0.0	0.0	6857.5	6477.5	1398.8	12421.7
575.1	2671.0	2111.6	8843.7	8454.7	3840.9	3468.7
22200.0	2791.4	1952.9	78960.7	64649.0	7960.6	41419.8
0.0	0.0	0.0	9544.3	9544.3	0.0	2607.4
436502.5	175845.6	47363.5	2103839.6	1526717.9	563834.1	1543547.1
422334.0	62213.2	10688.5	1892837.6	1303756.9	290537.8	536690.9
3998.5	10895.0	8000.8	115116.1	95688.8	25224.5	112609.7
1895.1	2841.0	2595.7	162250.0	159961.1	115000.5	37910.7
109078.9	49722.9	32798.9	1492070.3	1351779.7	889341.6	488155.1
194675.7	826260.2	552544.0	7919489.9	5839781.5	809090.5	5717765.3
4947.2	6587.3	6576.7	105088.7	101774.0	14705.4	88297.0
9427.4	32982.4	32710.2	319292.9	286725.6	86542.0	297047.8
20074.6	34813.4	25158.7	460418.4	417312.1	81249.2	178095.2
51647.8	102143.7	40088.9	3411995.2	2881957.5	804576.2	1455211.1
793.3	49905.8	49808.7	435988.2	417968.6	134710.1	–45459.9
37787.6	106599.9	49178.0	1026412.4	781853.2	301613.3	1117297.3
83068.3	44000.3	39390.7	575433.2	458130.9	257571.3	327144.0
15288.2	32628.7	30105.1	7417080.1	7378744.4	4143645.5	2469748.2
21558.1	21262.0	17272.0	270090.1	242384.2	72896.3	321913.8
152.9	2146.6	2131.6	3861.7	3861.7	465.7	39054.2
56.3	0.0	0.0	4887.0	4657.0	2525.5	3609.3
158244.1	50416.1	46359.4	3499231.2	1611343.0	494189.7	1593126.3
508951.3	45576.7	39357.4	4185768.3	2152523.3	251758.2	805687.6
50820.7	61680.1	2713.5	382740.7	258763.1	142998.9	270759.7

8-5　规模以上工业企业

Main economic indicators of

指　标	实收资本	国家资本	集体资本	法人资本	个人资本	港澳台资本	外商资本
总　计	12171807.3	5178543.7	205807.0	5011103.9	1018392.8	340864.6	417094.2
一、按登记注册类型分组：							
内资企业	11225873.9	5048996.1	204277.0	4956931.9	1013667.8	2000.0	0.0
国有企业	34778.6	778.6	0.0	34000.0	0.0	0.0	0.0
中央企业	120.0	120.0	0.0	0.0	0.0	0.0	0.0
地方企业	34658.6	658.6	0.0	34000.0	0.0	0.0	0.0
集体企业	2896.6	0.0	1383.6	1513.0	0.0	0.0	0.0
股份合作企业	2035.0	0.0	0.0	35.0	2000.0	0.0	0.0
有限责任公司	8787015.0	4802248.8	167947.3	3693338.0	123480.2	0.0	0.0
国有独资公司	1117603.4	1090829.3	0.0	26214.0	560.0	0.0	0.0
其他有限责任公司	7669411.6	3711419.5	167947.3	3667124.0	122920.2	0.0	0.0
股份有限公司	1556892.1	243397.8	0.0	887153.4	426340.7	0.0	0.0
私营企业	842256.6	2570.9	34946.1	340892.5	461846.9	2000.0	0.0
私营独资企业	894.0	0.0	0.0	40.0	854.0	0.0	0.0
私营有限责任公司	675104.1	2570.9	24588.9	255673.0	390271.1	2000.0	0.0
私营股份有限公司	166258.5	0.0	10357.2	85179.5	70721.8	0.0	0.0
港、澳、台商投资企业	349591.5	3000.0	0.0	9630.0	0.0	336961.5	0.0
合资经营企业（港或澳、台资）	339961.5	3000.0	0.0	0.0	0.0	336961.5	0.0
港澳台商投资股份有限公司	9630.0	0.0	0.0	9630.0	0.0	0.0	0.0
外商投资企业	596341.9	126547.6	1530.0	44542.0	4725.0	1903.1	417094.2
中外合资经营企业	184849.3	53376.6	1530.0	32875.0	4725.0	0.0	92342.7
外资企业	411492.6	73171.0	0.0	11667.0	0.0	1903.1	324751.5
二、在总计中：亏损企业	5195696.0	2901704.4	156216.5	2025708.3	110163.6	1903.1	0.0
在总计中：国有控股企业	9357327.1	5066977.7	160504.5	3670358.9	433194.1	0.0	26291.4
在总计中：轻工业	370269.2	33438.6	6304.2	190603.3	104253.0	2000.0	33670.1
重工业	11801538.1	5145105.1	199502.8	4820500.6	914139.8	338864.6	383424.1
在总计中：大型企业	6224877.0	2218227.6	148667.9	2843705.4	403874.4	311961.5	298440.0
中型企业	3741923.0	2540604.3	27031.2	1048012.5	75265.7	0.0	51009.2
小型企业	2205007.3	419711.8	30107.9	1119386.0	539252.7	28903.1	67645.0
纯小型企业	2057732.3	367113.3	20577.9	1067106.7	509758.6	27000.0	66175.0
微型企业	147275.0	52598.5	9530.0	52279.3	29494.1	1903.1	1470.0
三、按行业分组							
煤炭开采和洗选业	4160520.0	2228922.7	20457.6	1659939.4	251200.2	0.0	0.0

主要经济指标（三）
industrial enterprises above designated size（3）

单位：万元

营业收入	主营业务收入	营业成本	税金及附加	销售费用	管理费用	研发费用	财务费用
36543838.1	**35497031.3**	**31944104.4**	**553334.8**	**710916.0**	**1282191.0**	**602856.1**	**894315.7**
26705823.2	25852718.2	22508925.4	532516.7	642628.9	1174377.1	552719.6	924755.3
210359.6	207333.7	204780.4	2699.5	2441.0	6803.6	815.8	31210.9
189583.5	186561.1	189079.7	1896.5	500.2	1482.5	604.1	27007.7
20776.1	20772.6	15700.7	803.0	1940.8	5321.1	211.7	4203.2
36845.9	36845.9	34460.1	214.4	33.3	2058.2	15.5	32.9
5451.8	5260.4	4808.1	18.8	197.9	215.0	106.8	2.4
13991073.7	13386330.8	11709039.5	408243.5	293879.7	736503.6	204239.2	698036.1
2502705.1	2378549.5	2055227.3	27850.0	81710.6	143406.0	26540.7	151766.6
11488368.6	11007781.3	9653812.2	380393.5	212169.1	593097.6	177698.5	546269.5
8320395.8	8249402.1	7103070.6	87608.0	175730.4	240891.8	265332.4	159399.2
4141696.4	3967545.3	3452766.7	33732.5	170346.6	187904.9	82209.9	36073.8
34643.2	34636.7	31329.3	125.2	1958.1	820.0	0.0	794.9
3777046.9	3605357.1	3212231.2	30760.0	144427.5	164391.9	62375.0	31235.4
330006.3	327551.5	209206.2	2847.3	23961.0	22693.0	19834.9	4043.5
7162190.7	7148518.5	7067741.2	6851.9	2124.8	36336.8	6205.0	−35070.7
7128807.9	7115135.7	7045544.9	6205.9	1461.7	32234.3	4808.3	−35631.3
33382.8	33382.8	22196.3	646.0	663.1	4102.5	1396.7	560.6
2675824.2	2495794.6	2367437.8	13966.2	66162.3	71477.1	43931.5	4631.1
1515921.7	1387183.0	1278284.0	5374.4	58206.2	49004.8	9231.4	6470.7
1159902.5	1108611.6	1089153.8	8591.8	7956.1	22472.3	34700.1	−1839.6
4925111.2	4711138.3	4504644.7	109875.9	98798.8	357271.0	41589.1	491137.7
19190666.1	18717254.0	16157804.2	473595.5	410722.2	873129.9	412600.2	839306.4
1720460.3	1699761.5	1102293.4	238688.2	107230.1	108690.4	19603.7	6868.5
34823377.8	33797269.8	30841811.0	314646.6	603685.9	1173500.6	583252.4	887447.2
24307551.2	23858607.2	21826641.2	234354.4	338369.4	700863.1	421473.8	694091.0
5282950.8	5189408.2	4184176.3	274342.6	182138.0	275710.3	70490.9	91624.6
6953336.1	6449015.9	5933286.9	44637.8	190408.6	305617.6	110891.4	108600.1
6256082.4	6146560.4	5341774.7	42197.5	166956.0	284524.1	107432.7	96927.7
697253.7	302455.5	591512.2	2440.3	23452.6	21093.5	3458.7	11672.4
3699769.7	3480049.4	2943823.1	183445.1	50776.3	410943.0	44078.5	297659.9

8-5 续表 3-1

指 标	实收资本	国家资本	集体资本	法人资本	个人资本	港澳台资本	外商资本
石油和天然气开采业	44200.0	20000.0	0.0	0.0	24200.0	0.0	0.0
黑色金属矿采选业	3871.0	0.0	0.0	1501.0	2370.0	0.0	0.0
非金属矿采选业	270.0	0.0	0.0	0.0	270.0	0.0	0.0
农副食品加工业	8686.1	0.0	3667.0	4087.0	932.1	0.0	0.0
食品制造业	66994.8	1359.5	2637.2	40141.4	20856.7	2000.0	0.0
酒、饮料和精制茶制造业	55734.6	3800.0	0.0	20000.0	478.0	0.0	31456.6
烟草制品业	61319.6	0.0	0.0	61319.6	0.0	0.0	0.0
纺织服装、服饰业	500.0	0.0	0.0	0.0	500.0	0.0	0.0
木材加工和木、竹、藤、棕、草制品业	1000.0	0.0	0.0	0.0	1000.0	0.0	0.0
家具制造业	1465.0	0.0	0.0	0.0	1465.0	0.0	0.0
造纸和纸制品业	3259.2	0.0	0.0	540.0	2719.2	0.0	0.0
印刷和记录媒介复制业	19479.9	11558.8	0.0	7625.6	295.5	0.0	0.0
文教、工美、体育和娱乐用品制造业	500.0	0.0	0.0	0.0	500.0	0.0	0.0
石油、煤炭及其他燃料加工业	448400.0	20000.0	0.0	383700.0	16825.0	0.0	27875.0
化学原料和化学制品制造业	500146.6	260705.7	150974.5	60826.0	25426.8	0.0	2213.5
医药制造业	65363.8	6677.0	0.0	33678.6	25008.2	0.0	0.0
橡胶和塑料制品业	63105.8	30000.0	0.0	8565.1	24540.7	0.0	0.0
非金属矿物制品业	394215.9	132044.6	3500.0	147641.8	111029.4	0.0	0.0
黑色金属冶炼和压延加工业	1495408.1	752467.9	0.0	528817.4	212219.6	1903.1	0.0
有色金属冶炼和压延加工业	41136.0	3500.0	200.0	21713.5	15722.5	0.0	0.0
金属制品业	163268.9	40138.0	11460.1	54145.0	27525.7	0.0	30000.0
通用设备制造业	101538.7	28760.0	1082.0	46495.9	22033.0	0.0	3167.7
专用设备制造业	734803.1	12201.0	1580.0	621623.7	84028.4	0.0	15370.0
汽车制造业	36301.3	5165.7	0.0	27655.1	3480.5	0.0	0.0
铁路、船舶、航空航天和其他运输设备制造业	610465.0	278913.6	80.0	310954.4	11945.6	0.0	8571.4
电气机械和器材制造业	259204.1	15284.5	350.0	186074.4	57495.2	0.0	0.0
计算机、通信和其他电子设备制造业	954806.6	12124.0	0.0	302616.1	29665.0	311961.5	298440.0
仪器仪表制造业	113047.5	4072.9	0.0	88922.0	20052.5	0.0	0.0
废弃资源综合利用业	25207.0	0.0	0.0	207.0	0.0	25000.0	0.0
金属制品、机械和设备修理业	2960.0	0.0	0.0	2460.0	500.0	0.0	0.0
电力、热力生产和供应业	952240.9	632359.9	8000.0	293533.0	18348.0	0.0	0.0
燃气生产和供应业	648092.8	555286.0	0.0	88746.8	4060.0	0.0	0.0
水的生产和供应业	134295.0	123201.9	1818.6	7574.1	1700.0	0.0	0.0

单位：万元

营业收入	主营业务收入	营业成本	税金及附加	销售费用	管理费用	研发费用	财务费用
14738.9	14219.1	19351.0	146.0	0.0	1684.4	0.0	272.3
53808.9	53808.9	42489.4	2565.9	0.0	2226.4	0.0	303.6
8295.9	8295.9	5289.9	496.5	0.0	289.2	0.0	-2.6
59241.7	59241.7	55232.2	291.2	1514.7	2705.9	0.0	2729.7
552763.5	541986.3	431463.0	1943.5	36656.4	29777.8	4787.2	4118.0
184643.0	183114.1	122970.6	11992.6	23218.2	6399.7	224.1	-69.1
475532.3	475043.2	161182.8	221570.9	6441.4	27647.7	144.5	-3785.4
14066.0	14066.0	13656.4	10.8	188.2	98.1	0.0	-0.3
2000.2	2000.2	1569.2	1.1	5.9	165.0	0.0	-0.2
7639.9	7639.9	6189.5	38.4	252.7	1005.8	0.0	20.6
14843.4	14798.8	13994.9	61.7	201.0	433.7	0.0	98.2
60156.0	56603.8	46964.5	393.3	3022.4	8453.7	628.1	1324.4
28836.4	28836.4	26975.3	12.2	1083.2	429.1	0.0	-7.9
2064077.8	1718489.6	1630585.6	15278.5	72030.6	70457.1	6169.5	22890.1
622560.2	619246.0	498754.6	3687.5	23484.7	26855.3	11173.8	69539.3
136414.9	134401.9	64956.7	1643.5	27018.7	20657.0	8295.6	303.1
130018.6	128108.0	114259.1	1470.9	2638.1	6544.3	2245.5	861.0
1169510.2	1146997.1	1027161.6	6675.2	46409.7	49714.8	11742.3	18004.2
8897000.7	8773771.2	7816605.1	44522.5	161726.5	151781.2	242784.4	205411.0
259347.5	256376.4	228725.9	611.7	2903.9	6734.5	6606.5	7029.9
1005783.0	1003096.3	925016.3	2493.3	10991.1	29023.6	10350.0	1980.4
367514.3	364497.4	297441.8	2077.3	14690.5	25427.2	12840.5	6146.2
1647132.5	1609687.6	1370456.8	9238.7	51326.8	88932.0	65143.2	71515.0
488916.2	452744.2	450317.9	1685.7	8054.4	26461.0	4548.6	2524.9
903874.9	892416.6	694790.1	6059.4	20998.6	47926.0	38139.7	14138.6
554080.2	549465.1	493914.1	1285.6	11013.7	14486.7	15661.8	5462.7
9015076.9	8949431.2	8718217.1	16893.6	11666.4	85886.6	93796.5	-36923.2
248756.4	246760.0	174778.6	1439.3	12843.8	19136.0	14151.8	4550.6
26436.0	24559.0	12615.6	287.9	393.6	6664.6	242.6	12.9
8874.2	8520.0	7456.5	78.5	231.6	691.6	308.6	33.9
1429568.2	1362162.0	1360798.3	8480.3	1872.8	42723.6	5708.0	97871.6
2266688.4	2191199.3	2037661.1	4927.5	100467.4	51095.1	2881.6	92752.6
125871.2	125398.7	128439.8	1528.7	6792.7	18733.3	203.2	7549.7

8-5 规模以上工业企业

Main economic indicators of

指 标	利息费用	利息收入	资产减值损失	其他收益	投资收益	公允价值变动收益
总 计	1017881.3	188851.6	210053.0	249814.3	394984.9	14095.9
一、按登记注册类型分组：						
内资企业	925143.8	85326.3	207427.4	226192.9	377778.7	5483.6
国有企业	29788.1	22.6	846.0	3385.7	125.5	0.0
中央企业	25734.2	-13.1	846.0	3383.9	125.5	0.0
地方企业	4053.9	35.7	0.0	1.8	0.0	0.0
集体企业	34.8	3.1	0.0	0.0	0.0	0.0
股份合作企业	2.2	0.2	0.0	0.0	0.0	0.0
有限责任公司	689830.4	54587.5	127019.7	151995.9	252486.4	6243.1
国有独资公司	141655.1	15306.8	48377.4	40674.8	188488.0	0.0
其他有限责任公司	548175.3	39280.7	78642.3	111321.1	63998.4	6243.1
股份有限公司	178069.5	30526.3	76233.5	61552.0	118397.7	-405.8
私营企业	27418.8	186.6	3328.2	9259.3	6769.1	-353.7
私营独资企业	493.8	-8.6	0.0	2.0	0.0	0.0
私营有限责任公司	24332.1	128.8	2148.0	3661.7	4885.2	0.0
私营股份有限公司	2592.9	66.4	1180.2	5595.6	1883.9	-353.7
港、澳、台商投资企业	77816.6	93594.5	455.9	343.8	3670.7	8612.3
合资经营企业（港或澳、台资）	77165.1	93500.3	487.6	25.2	3670.7	8612.3
港澳台商投资股份有限公司	651.5	94.2	-31.7	318.6	0.0	0.0
外商投资企业	14920.9	9930.8	2169.7	23277.6	13535.5	0.0
中外合资经营企业	4815.3	-1326.2	2169.7	200.3	302.6	0.0
外资企业	10105.6	11257.0	0.0	23077.3	13232.9	0.0
二、在总计中：亏损企业	484715.4	5210.8	28092.5	53215.3	57596.8	0.0
在总计中：国有控股企业	855843.2	76995.5	146088.7	198384.6	364423.5	-211.5
在总计中：轻工业	8932.5	4478.5	9563.7	5516.3	837.7	0.0
重工业	1008948.8	184373.1	200489.3	244298.0	394147.2	14095.9
在总计中：大型企业	827956.1	156192.5	153818.0	147068.4	367941.5	14333.8
中型企业	93664.9	15706.2	37885.3	28703.4	14406.4	0.0
小型企业	96260.3	16952.9	18349.7	74042.5	12637.0	-237.9
纯小型企业	93053.8	16920.0	17655.4	73782.9	12740.1	-237.9
微型企业	3206.5	32.9	694.3	259.6	-103.1	0.0
三、按行业分组						
煤炭开采和洗选业	279585.3	17048.4	-3573.2	6518.2	114957.0	-10.2

主要经济指标（四）
industrial enterprises above designated size（4）

单位：万元

资产处置收益	营业利润	营业外收入	营业外支出	利润总额	所得税费用	应付职工薪酬	应交增值税	平均用工人数（万人）
-16981.8	**989761.6**	**120072.2**	**102825.2**	**1007032.1**	**214401.1**	**3102539.9**	**603833.8**	**29681.00**
-13187.4	760522.0	115969.5	97895.6	778618.4	178714.1	2446532.4	538403.2	22074.50
-2.4	-35728.9	1232.3	62.4	-34559.2	264.8	26827.6	4595.6	229.30
0.0	-28323.6	635.5	21.7	-27709.9	355.9	24659.1	5996.8	159.80
-2.4	-7405.3	596.8	40.7	-6849.3	-91.1	2168.5	-1401.2	69.50
0.0	31.2	691.0	74.6	647.9	45.1	4411.1	1488.4	90.00
0.0	102.6	85.2	8.3	179.4	3.9	306.6	130.2	8.00
-20918.5	205716.6	83853.7	75175.2	214418.9	126291.3	1482794.4	280040.3	13688.0
-2118.6	194592.8	12004.3	23481.2	183115.9	44974.9	198993.9	61516.7	1313.4
-18799.9	11123.8	71849.4	51694.0	31303.0	81316.4	1283800.5	218523.6	12374.6
7727.9	399401.2	4044.0	12285.4	391160.1	29167.4	741428.3	138276.0	4611.3
5.6	190999.3	26063.3	10289.7	206771.3	22941.6	190764.4	113872.7	3447.9
0.0	-382.2	315.0	16.3	-83.6	5.5	1695.6	1390.9	56.7
-9.8	138001.4	22054.7	8739.9	151314.5	15331.1	154390.6	97276.3	2928.7
15.4	53380.1	3693.6	1533.5	55540.4	7605.0	34678.2	15205.5	462.5
-377.7	89794.9	440.3	2235.9	87999.3	6979.6	472074.3	1551.0	5787.2
-377.7	85627.0	169.2	1317.4	84478.8	6451.6	468169.3	238.4	5705.6
0.0	4167.9	271.1	918.5	3520.5	528.0	3905.0	1312.6	81.6
-3416.7	139444.7	3662.4	2693.7	140414.4	28707.4	183933.2	63879.6	1819.3
0.0	107683.3	2999.2	1097.3	109586.0	21853.8	57571.0	33831.5	475.1
-3416.7	31761.4	663.2	1596.4	30828.4	6853.6	126362.2	30048.1	1344.2
2560.9	-593206.7	54905.0	44299.2	-582601.3	1422.7	814844.4	85390.9	7491.7
9104.0	450919.2	74641.4	62916.7	462644.2	131174.0	2008881.8	402376.4	14666.9
-22.7	133852.1	11171.3	7278.1	137744.9	27151.1	138777.0	69674.4	1657.6
-16959.1	855909.5	108900.9	95547.1	869287.2	187250.0	2963762.9	534159.4	28023.4
-2734.8	466628.6	58822.9	59302.5	466148.7	107850.2	2401184.3	353385.3	20977.0
-21803.1	187607.1	25711.9	29455.6	183864.2	53946.2	399039.5	99190.4	4329.8
7556.1	335525.9	35537.4	14067.1	357019.2	52604.7	302316.1	151258.1	4374.2
7554.6	292440.0	33693.0	13248.1	312885.2	52068.1	295265.6	132033.5	4077.8
1.5	43085.9	1844.4	819.0	44134.0	536.6	7050.5	19224.6	296.4
2085.8	-103833.9	38307.0	28878.1	-94405.2	31097.9	897637.5	186103.6	7.1

8-5 续表 4-1

指 标	利息费用	利息收入	资产减值损失	其他收益	投资收益	公允价值变动收益
石油和天然气开采业	260.6	0.0	0.0	950.2	0.0	0.0
黑色金属矿采选业	438.3	-55.5	0.0	0.0	0.0	0.0
非金属矿采选业	-0.8	2.0	0.0	0.0	0.0	0.0
农副食品加工业	2685.9	47.3	40.9	215.8	0.1	0.0
食品制造业	3869.9	120.3	77.7	3203.6	237.4	0.0
酒、饮料和精制茶制造业	188.1	196.7	604.2	282.6	0.0	0.0
烟草制品业	0.0	3791.1	7009.4	0.0	0.0	0.0
纺织服装、服饰业	0.0	-0.3	0.0	0.0	0.0	0.0
木材加工和木、竹、藤、棕、草制品业	0.0	0.2	0.0	0.0	0.0	0.0
家具制造业	0.0	0.1	0.0	2.7	0.0	0.0
造纸和纸制品业	95.9	0.7	0.0	18.3	0.0	0.0
印刷和记录媒介复制业	344.4	49.9	346.6	244.3	-70.9	0.0
文教、工美、体育和娱乐用品制造业	0.0	0.0	0.0	0.0	0.0	0.0
石油、煤炭及其他燃料加工业	18875.4	-639.4	40794.9	1973.5	405.0	0.0
化学原料和化学制品制造业	79321.8	-12445.9	3321.8	639.1	-28.3	0.0
医药制造业	603.9	225.8	611.8	1363.4	657.6	0.0
橡胶和塑料制品业	644.6	-9.5	423.5	131.6	0.0	0.0
非金属矿物制品业	14429.2	132.3	2482.7	4825.7	3465.9	-341.3
黑色金属冶炼和压延加工业	216422.1	30417.4	97179.3	13924.0	207306.5	-395.6
有色金属冶炼和压延加工业	7008.6	56.0	2559.7	1286.5	97.4	0.0
金属制品业	1852.4	596.0	2508.5	2816.5	322.9	194.3
通用设备制造业	5751.8	268.5	199.3	1649.3	18.4	0.0
专用设备制造业	85002.7	21403.8	13747.9	56076.7	24591.1	-12.4
汽车制造业	2386.3	26.8	3817.4	2902.4	14.8	0.0
铁路、船舶、航空航天和其他运输设备制造业	13129.1	1726.7	2222.6	4527.2	4843.7	0.0
电气机械和器材制造业	4281.4	4456.1	2176.3	2560.2	829.6	0.0
计算机、通信和其他电子设备制造业	82328.1	112070.3	13816.5	37550.2	21716.0	14545.3
仪器仪表制造业	4154.6	62.1	810.3	4388.9	2221.9	115.8
废弃资源综合利用业	0.0	-2.1	-554.1	0.0	0.0	0.0
金属制品、机械和设备修理业	33.1	1.0	-72.4	78.7	0.0	0.0
电力、热力生产和供应业	97100.5	3389.7	1465.5	69197.6	3829.6	0.0
燃气生产和供应业	91431.2	5522.1	18038.5	31292.6	7927.2	0.0
水的生产和供应业	5656.9	393.0	-2.6	1194.5	1642.0	0.0

单位：万元

资产处置收益	营业利润	营业外收入	营业外支出	利润总额	所得税费用	应付职工薪酬	应交增值税	平均用工人数（万人）
-50.0	-5814.8	1.9	11.0	-5824.0	0.0	1326.1	-432.3	0.0
0.0	6223.2	19.0	125.2	6116.9	1157.0	1278.9	4195.9	0.0
0.0	2222.9	65.0	5.5	2282.4	570.6	217.7	248.9	0.0
0.0	-3056.2	246.4	99.1	-2908.9	0.0	3602.4	1030.4	0.1
-24.5	47355.9	1586.3	2519.8	46422.3	6116.0	29179.1	8170.5	0.5
0.0	19585.1	726.1	537.9	19773.2	4436.5	30933.5	6208.8	0.2
0.0	55321.0	3146.1	2235.4	56231.7	14152.4	31590.9	41414.3	0.1
0.0	112.7	0.0	0.2	112.5	6.3	272.5	62.3	0.0
0.0	259.2	0.0	0.8	258.4	16.8	110.7	1.7	0.0
0.0	135.5	51.0	2.4	184.1	6.7	934.1	106.3	0.0
0.0	72.2	128.3	2.2	198.2	19.9	399.4	98.9	0.0
0.0	-803.6	1137.3	222.2	111.5	257.7	10788.5	1722.2	0.2
0.0	344.5	50.1	0.0	394.6	98.6	95.9	53.9	0.0
-22437.4	185813.2	7074.8	5067.9	187820.1	36989.2	48854.6	33864.4	0.8
83.6	-13564.4	1750.9	329.3	-12118.0	2242.1	41560.6	8394.6	0.6
0.0	14948.5	1938.9	1069.5	15817.9	1404.5	13289.9	6590.2	0.2
6.5	1714.0	839.3	145.4	2407.2	136.4	10617.8	3568.4	0.2
853.1	16117.7	6624.1	1478.0	21262.7	5434.8	73740.4	30899.8	1.2
36.2	397860.4	2999.7	29942.9	370916.8	36669.3	458878.9	109965.3	2.8
0.0	5559.6	800.2	504.4	5855.5	1078.5	11149.1	-1976.9	0.1
-63.8	26687.8	3248.4	1016.9	28919.3	4672.1	63227.2	9931.9	0.8
30.2	10389.1	2087.2	2241.1	10235.3	1460.9	41753.8	9266.1	0.6
994.6	60501.2	4839.5	4188.4	61152.5	4665.4	180632.9	45669.6	1.5
17.1	-5559.8	1522.2	14316.0	-18353.6	49.4	21065.4	16292.1	0.2
295.6	89265.7	10311.3	136.6	99441.1	14541.8	106255.2	23685.4	0.7
0.0	13469.1	1978.3	222.3	15225.3	2991.9	19116.0	4224.1	0.3
-3743.9	181789.3	3343.9	2682.8	182450.7	19710.8	718458.0	29754.5	9.0
40.8	27812.3	4427.4	123.9	32115.5	3485.5	27113.1	5916.1	0.3
-21.5	6751.3	38.1	0.0	6789.4	1497.7	3979.8	393.9	0.0
0.0	224.8	3.8	0.0	228.6	71.5	2170.8	361.9	0.0
6856.1	-9469.6	6248.9	3713.1	-6933.5	7142.4	120633.5	7978.0	1.0
-1940.3	-4135.1	6958.8	869.6	1954.2	12054.6	88955.1	8259.2	0.9
0.0	-34537.2	7572.0	137.3	-27102.6	165.9	42720.6	1809.8	0.3

8-5 规模以上工业企业

Main economic indicators of

指 标	期末用工人数（万人）	从业人员期末人数（万人）	从业人员平均人数（万人）	亏损企业亏损总额	利税总额	应交税金及附加
总 计	28874.60	28474.50	29134.50	582601.30	2164200.70	1371569.70
一、按登记注册类型分组：						
内资企业	22284.90	21904.50	21622.00	582412.80	1849538.30	1249634.00
国有企业	232.50	233.00	228.10	36985.40	-27264.10	7559.90
中央企业	161.60	161.60	159.80	30119.20	-19816.60	8249.20
地方企业	70.90	71.40	68.30	6866.20	-7447.50	-689.30
集体企业	93.70	90.70	93.60	44.00	2350.70	1747.90
股份合作企业	8.10	8.10	8.00	0.00	328.40	152.90
有限责任公司	14095.9	13763.7	13470.4	524535.1	902702.7	814575.1
国有独资公司	1301.5	1312.7	1330.6	47732.7	272482.6	134341.6
其他有限责任公司	12794.4	12451.0	12139.8	476802.4	630220.1	680233.5
股份有限公司	4448.1	4405.8	4444.9	0.0	617044.1	255051.4
私营企业	3406.6	3403.2	3377.0	20848.3	354376.5	170546.8
私营独资企业	29.9	29.8	27.4	193.5	1432.5	1521.6
私营有限责任公司	2907.1	2902.6	2886.3	18460.5	279350.8	143367.4
私营股份有限公司	469.6	470.8	463.3	2194.3	73593.2	25657.8
港、澳、台商投资企业	4808.0	4808.0	5787.0	37.0	96402.2	15382.5
合资经营企业（港或澳、台资）	4726.2	4726.2	5705.4	37.0	90923.1	12895.9
港澳台商投资股份有限公司	81.8	81.8	81.6	0.0	5479.1	2486.6
外商投资企业	1781.7	1762.0	1725.5	151.5	218260.2	106553.2
中外合资经营企业	391.2	371.5	381.3	0.0	148791.9	61059.7
外资企业	1390.5	1390.5	1344.2	151.5	69468.3	45493.5
二、在总计中：亏损企业	7372.3	7026.3	7245.0	582601.3	-387334.5	196689.5
在总计中：国有控股企业	14486.1	14126.1	14353.0	484135.5	1338616.1	1007145.9
在总计中：轻工业	1620.4	1622.7	1613.6	12717.9	446107.5	335513.7
重工业	27254.2	26851.8	27520.9	569883.4	1718093.2	1036056.0
在总计中：大型企业	20307.3	19898.1	20616.3	366548.4	1053888.4	695589.9
中型企业	4376.3	4364.9	4337.3	141549.9	557397.2	427479.2
小型企业	4191.0	4211.5	4180.9	74503.0	552915.1	248500.6
纯小型企业	4098.4	4117.8	4075.6	67543.1	487116.2	226299.1
微型企业	92.6	93.7	105.3	6959.9	65798.9	22201.5
三、按行业分组						
煤炭开采和洗选业	6.9	6.7	6.8	280861.1	275143.5	400646.6

主要经济指标（五）
industrial enterprises above designated size（5）

单位：万元

营业收入利润率（%）	资产负债率（%）	总资产贡献率（%）	人均营业收入（万元/人）	流动资产周转率（次/年）	每百元资产实现的营业收入（元）	产成品存货周转天数（天）	应收账款平均回收期（天）	成本费用利润率（%）
2.80	**71.70**	**4.30**	**1231.20**	**1.10**	**52.60**	**19.10**	**90.90**	**2.80**
2.90	71.20	4.50	1209.80	1.10	44.90	23.00	75.20	3.00
-16.40	93.50	0.40	917.40	1.80	34.30	26.10	68.40	-14.00
-14.60	97.00	1.30	1186.40	2.40	42.10	1.10	55.40	-12.70
-33.00	83.70	-2.10	298.90	0.60	12.90	327.70	186.60	-25.00
1.80	66.60	10.50	409.40	1.90	161.80	1.40	63.70	1.80
3.30	57.20	4.60	681.50	0.80	76.10	4.80	311.50	3.40
1.5	76.3	3.9	1022.1	1.0	35.1	18.8	74.2	1.6
7.3	65.8	4.2	1905.5	1.2	26.1	10.0	31.6	7.4
0.3	79.6	3.8	928.4	0.9	38.0	20.7	83.4	0.3
4.7	57.0	5.5	1804.3	1.5	59.7	29.7	44.7	4.9
5.0	67.9	7.5	1201.2	1.2	81.0	23.2	139.8	5.3
-0.2	92.7	6.6	611.0	1.5	117.4	33.6	111.1	-0.2
4.0	72.1	6.8	1289.7	1.3	84.8	22.6	135.4	4.2
16.8	36.8	12.1	713.5	0.8	52.6	31.3	192.8	19.9
1.2	86.1	1.1	1237.6	1.0	95.3	11.5	163.1	1.2
1.2	86.7	1.0	1249.4	1.0	96.1	11.4	163.8	1.2
10.5	36.7	6.6	409.1	1.7	36.7	50.6	15.5	12.2
5.2	39.6	8.9	1470.8	1.5	107.0	4.6	55.0	5.5
7.2	53.4	18.5	3190.7	2.4	181.0	6.3	36.3	7.8
2.7	**32.6**	**4.1**	**862.9**	**1.0**	**69.7**	**2.5**	**79.6**	**2.7**
-11.8	91.5	0.5	657.4	0.8	26.4	22.7	89.4	-10.6
2.4	72.4	4.4	1308.4	1.1	39.5	24.2	63.4	2.5
8.0	43.5	22.7	1037.9	1.5	86.7	32.6	39.8	10.2
2.5	72.5	3.8	1242.7	1.1	51.6	18.6	93.4	2.5
1.9	73.2	3.5	1158.8	1.1	49.8	16.8	86.9	1.9
3.5	68.7	5.9	1220.1	1.1	48.6	32.0	70.9	3.8
5.1	67.0	6.4	1589.6	1.3	70.9	18.2	120.1	5.4
5.0	65.9	6.2	1534.2	1.3	68.7	18.2	124.9	5.2
6.3	81.4	9.7	2352.4	1.7	98.5	17.4	76.8	6.8
-2.6	90.1	3.7	521388.1	0.8	25.2	20.3	82.2	-2.5

8-5 续表 5-1

指 标	期末用工人数（万人）	从业人员期末人数（万人）	从业人员平均人数（万人）	亏损企业亏损总额	利税总额	应交税金及附加
石油和天然气开采业	0.0	0.0	0.0	5824.0	-6110.3	-286.3
黑色金属矿采选业	0.0	0.0	0.0	0.0	12878.7	7918.8
非金属矿采选业	0.0	0.0	0.0	0.0	3027.8	1316.0
农副食品加工业	0.1	0.1	0.1	3072.8	-1587.3	1321.6
食品制造业	0.5	0.5	0.5	2799.8	56536.3	16230.0
酒、饮料和精制茶制造业	0.2	0.2	0.2	0.0	37974.6	22637.9
烟草制品业	0.1	0.1	0.1	0.0	319216.9	277137.6
纺织服装、服饰业	0.0	0.0	0.0	0.0	185.6	79.4
木材加工和木、竹、藤、棕、草制品业	0.0	0.0	0.0	0.0	261.2	19.6
家具制造业	0.0	0.0	0.0	0.0	328.8	151.4
造纸和纸制品业	0.0	0.0	0.0	24.4	358.8	180.5
印刷和记录媒介复制业	0.2	0.2	0.2	1779.6	2227.0	2373.2
文教、工美、体育和娱乐用品制造业	0.0	0.0	0.0	0.0	460.7	164.7
石油、煤炭及其他燃料加工业	0.6	0.6	0.7	0.0	236963.0	86132.1
化学原料和化学制品制造业	0.6	0.6	0.6	28108.7	-35.9	14324.2
医药制造业	0.2	0.2	0.2	686.3	24051.6	9638.2
橡胶和塑料制品业	0.2	0.2	0.2	16.5	7446.5	5175.7
非金属矿物制品业	1.2	1.2	1.2	11988.8	58837.7	43009.8
黑色金属冶炼和压延加工业	2.7	2.7	2.8	11792.2	525404.6	191157.1
有色金属冶炼和压延加工业	0.1	0.1	0.1	3544.7	4490.3	-286.7
金属制品业	0.8	0.7	0.8	1751.9	41344.5	17097.3
通用设备制造业	0.6	0.6	0.6	1268.8	21578.7	12804.3
专用设备制造业	1.6	1.6	1.6	8252.3	116060.8	59573.7
汽车制造业	0.2	0.2	0.2	53375.7	-375.8	18027.2
铁路、船舶、航空航天和其他运输设备制造业	0.7	0.6	0.7	4512.5	129185.9	44286.6
电气机械和器材制造业	0.3	0.3	0.2	4120.7	20735.0	8501.6
计算机、通信和其他电子设备制造业	8.5	8.5	9.0	5897.0	229098.8	66358.9
仪器仪表制造业	0.3	0.3	0.3	1766.7	39470.9	10840.9
废弃资源综合利用业	0.0	0.0	0.0	0.0	7471.2	2179.5
金属制品、机械和设备修理业	0.0	0.0	0.0	0.0	669.0	511.9
电力、热力生产和供应业	1.0	0.8	0.9	68536.0	9524.8	23600.7
燃气生产和供应业	0.8	0.9	0.9	54368.0	15140.9	25241.3
水的生产和供应业	0.3	0.3	0.3	28252.8	-23764.1	3504.4

单位：万元

营业收入利润率（%）	资产负债率（%）	总资产贡献率（%）	人均营业收入（万元/人）	流动资产周转率（次/年）	每百元资产实现的营业收入（元）	产成品存货周转天数（天）	应收账款平均回收期（天）	成本费用利润率（%）
-39.5	85.1	-2.9	851959.5	0.3	7.3	0.0	732.6	-27.3
11.4	63.4	21.2	1620750.0	1.8	85.1	20.7	22.1	13.6
27.5	66.2	23.5	1481410.7	0.8	64.4	61.5	302.0	40.9
-4.9	97.5	1.2	718081.2	1.5	68.9	23.8	26.9	-4.7
8.4	41.2	11.9	1178097.8	2.1	108.9	11.7	32.7	9.2
10.7	48.0	21.8	864838.4	1.9	105.9	32.6	1.1	12.9
11.8	22.1	60.3	5214170.0	1.4	90.8	44.4	11.6	29.3
0.8	85.2	4.0	1435306.1	3.9	304.4	0.0	-13.4	0.8
12.9	76.0	5.2	740814.8	0.4	40.1	10.4	406.7	14.9
2.4	35.6	1.7	412967.6	0.9	39.6	5.7	82.0	2.5
1.3	71.8	3.7	1099511.1	2.0	120.6	27.8	85.2	1.3
0.2	65.1	2.1	307703.3	1.0	49.6	17.5	49.5	0.2
1.4	78.5	3.8	10680148.1	2.4	237.3	1.1	34.3	1.4
9.1	58.3	7.1	2624383.7	1.2	57.2	8.9	20.7	10.4
-1.9	77.9	3.8	1130694.2	1.0	25.6	24.8	61.4	-1.9
11.6	50.6	10.7	620631.9	1.1	59.9	102.5	43.2	13.0
1.9	81.1	4.0	680369.4	1.5	65.0	60.9	126.2	1.9
1.8	75.3	3.7	1003354.7	0.9	59.1	16.9	261.6	1.8
4.2	58.1	5.2	3223667.8	2.5	65.2	15.8	12.8	4.3
2.3	54.3	5.9	1849839.5	2.2	134.1	21.7	29.3	2.3
2.9	51.8	6.9	1236821.2	2.4	163.2	18.6	33.9	3.0
2.8	72.1	4.2	628444.4	0.8	57.6	48.8	102.7	2.9
3.7	70.1	3.7	1064933.4	0.5	33.8	113.1	223.2	3.7
-3.8	111.6	0.5	2004576.5	2.3	125.2	7.2	117.0	-3.7
11.0	47.9	6.6	1265754.0	0.7	42.2	34.2	186.6	12.2
2.7	63.8	2.3	2154277.6	0.8	61.4	27.8	180.8	2.8
2.0	75.0	2.0	1006293.0	1.0	91.2	10.7	155.7	2.1
12.9	45.6	7.4	883681.7	0.8	42.0	18.2	213.8	14.2
25.7	9.0	17.4	602186.8	3.7	61.6	6.5	26.8	34.1
2.6	57.5	8.3	396169.6	1.5	104.4	6.7	86.1	2.6
-0.5	68.7	2.0	1488513.3	0.9	28.0	0.2	83.7	-0.5
0.1	83.9	2.0	2664811.2	1.4	45.4	8.8	37.1	0.1
-21.5	58.6	-2.8	371630.4	0.6	19.3	0.0	115.5	-16.8

8-6 国有控股工业企业

Main economic indicators of

指 标	企业单位数（个）	亏损企业	工业总产值（当年价格）	年初存货	产成品
总 计	150	47	17558077.8	3078055.3	1055808.6
煤炭开采和洗选业	16	10	2173847.0	240156.8	140400.7
石油和天然气开采业	1	1	10223.9	108.5	
食品制造业	1	1	2067.8	204.2	4.9
酒、饮料和精制茶制造业	2		74057.8	6953.4	1092.7
烟草制品业	1		493191.3	60355.0	18087.8
印刷和记录媒介复制业	4	1	28158.9	4947.8	961.4
石油、煤炭及其他燃料加工业	1		123051.4	2117.2	335.6
化学原料和化学制品制造业	4	2	368929.9	25378.3	12641.2
医药制造业	2		8980.7	1089.6	630.0
橡胶和塑料制品业	1		74530.1	21263.2	16566.2
非金属矿物制品业	15	4	253302.3	43749.7	22925.1
黑色金属冶炼和压延加工业	5	2	7295143.9	852731.1	246783.2
有色金属冶炼和压延加工业	3	2	142164.2	36746.2	3070.8
金属制品业	3		146908.1	32955.9	13473.9
通用设备制造业	7		249378.9	147720.7	40903.1
专用设备制造业	17	1	1351917.6	1054969.1	384259.7
汽车制造业	2	1	23509.0	7446.9	2370.6
铁路、船舶、航空航天和其他运输设备制造业	10	1	812609.8	261251.5	65619.2
电气机械和器材制造业	5	3	308842.3	67539.2	29831.8
计算机、通信和其他电子设备制造业	4	1	121491.1	21692.9	3056.4
仪器仪表制造业	7	1	34270.0	10153.8	1790.9
电力、热力生产和供应业	18	7	1178561.4	74678.8	
燃气生产和供应业	18	6	2166707.0	96203.0	51003.4
水的生产和供应业	3	3	116233.4	7642.5	

主要经济指标（一）
state-holding industrial enterprises（1）

单位：万元

资产总计	流动资产合计	应收账款	存货	产成品	长期股权投资	固定资产原价
48539875.2	**17679033.2**	**3377661.4**	**3218249.4**	**1086279.3**	**7951462.7**	**27130496.4**
13454165.5	4587726.5	744794.7	259420.8	131778.5	3287625.7	4999120.6
107040.5	33451.0	28878.0	136.7			105625.4
2335.1	1855.9	578.0	191.1	3.7	24.5	979.4
79088.0	37820.4	-3888.1	5783.6	1105.7		28329.1
523428.7	344190.6	15371.3	56617.6	19882.0	100.0	262440.1
104407.7	54079.2	6054.1	4331.8	715.2	348.2	61814.1
78972.6	12380.1	149.6	2195.1	340.6		248293.3
2205416.4	439775.1	21524.7	34644.4	19541.5	17941.7	1337906.1
22440.5	15431.1	2541.9	849.6	395.7		8741.8
118390.0	17929.7	4096.6	12700.4	8096.4		150324.8
526444.4	178385.3	67229.5	58354.5	24083.5	1639.9	353290.3
13221066.7	3340371.1	306152.9	878636.8	267767.3	3561527.0	10070634.8
132215.2	76858.0	12401.4	38637.4	5198.7	360.0	86140.6
245092.4	161031.7	13155.6	31907.4	16987.7	6398.3	90805.9
443023.4	334898.5	48335.1	153603.3	34351.7	21580.7	85166.9
4403190.8	3182568.6	892992.1	1152868.1	404263.3	553760.3	684801.3
27896.4	19637.2	9529.2	7350.2	4839.0	2786.4	14365.7
2032947.0	1213069.9	441154.8	255530.9	61552.5	88310.3	696539.3
640880.0	441414.9	170397.6	73721.4	27094.2	2950.0	103691.1
187971.3	119698.8	24238.9	27228.3	3879.4	1594.6	34396.6
89571.3	48493.4	12671.7	13790.5	4390.8	1370.0	38276.2
4309838.9	1204026.6	289622.5	42962.3	442.6	11968.8	4894689.7
4974766.9	1614517.3	232528.1	93841.8	49569.3	367171.2	2299888.1
609285.5	199422.3	37151.2	12945.4		24005.1	474235.2

8-6 国有控股工业企业

Main economic indicators of

指 标	房屋和构筑物	机器设备	累计折旧	本年折旧	固定资产净额
总 计	**7273278.1**	**14552241.7**	**12276740.6**	**1028550.5**	**14532123.3**
煤炭开采和洗选业	2527497.1	1589725.1	2492893.0	158236.0	2468823.4
石油和天然气开采业	95593.7	7582.2	42804.4	6732.7	62682.6
食品制造业		979.4	579.6	85.5	399.8
酒、饮料和精制茶制造业	5192.0	21779.6	15922.7	2309.0	12378.0
烟草制品业	100011.9	143946.6	114357.9	17283.1	148082.1
印刷和记录媒介复制业	9004.0	25280.5	37925.2	2158.4	23888.9
石油、煤炭及其他燃料加工业	9637.8	237540.6	181825.4	14066.2	66467.9
化学原料和化学制品制造业	561798.4	767556.7	123578.1	55311.9	1190477.0
医药制造业	5957.7	2019.9	4800.2	389.1	3941.6
橡胶和塑料制品业	63838.0	85166.2	53218.4	5834.6	97105.3
非金属矿物制品业	126062.4	132535.6	82158.7	11841.9	267698.0
黑色金属冶炼和压延加工业	2313115.9	7706500.1	5670564.9	327796.2	4333578.5
有色金属冶炼和压延加工业	31578.0	52480.1	19685.7	3972.2	51350.2
金属制品业	36229.9	32087.7	35749.2	3543.5	42258.9
通用设备制造业	46922.9	33768.3	30310.9	4879.1	54847.7
专用设备制造业	274669.7	334675.8	303411.4	23869.5	372280.7
汽车制造业	2850.1	11433.6	8128.2	1472.0	6237.4
铁路、船舶、航空航天和其他运输设备制造业	131879.3	222019.5	171154.9	34075.5	447732.5
电气机械和器材制造业	48695.0	54379.2	13190.8	1579.4	74864.6
计算机、通信和其他电子设备制造业	10566.9	23307.3	6442.2	1666.8	27954.4
仪器仪表制造业	22834.1	9942.9	5154.2	1474.2	33091.6
电力、热力生产和供应业	518805.3	2111340.8	2051451.1	248287.9	2784775.3
燃气生产和供应业	249002.2	847979.0	591351.7	79209.6	1707053.6
水的生产和供应业	81535.8	98215.0	220081.8	22476.2	254153.3

主要经济指标（二）
state-holding industrial enterprises（2）

单位：万元

在建工程	无形资产		负债合计	流动负债合计		所有者权益合计
		土地使用权			应付账款	
2187265.9	2913202.2	1083380.5	35130529.1	23751282.0	4999191.4	13402551.2
659786.7	1558859.4	231900.3	12350530.7	8340427.1	1536595.1	1103634.5
6763.5	1711.4	1711.3	103451.9	103101.3	101931.4	3588.6
	5.3		1081.6	502.9	150.9	1253.5
22036.4	6432.2	6428.3	43131.2	43049.2	11800.1	35956.8
7599.4	21057.5	20184.4	115432.5	113432.5	56327.5	407996.1
22163.2	2791.4	1952.9	67826.2	55510.5	2256.6	36581.4
124.6			13950.0	13950.0	2095.9	65022.6
417853.1	55897.0	7846.4	1782098.5	1195970.2	222677.7	423317.6
	1459.6	1448.8	3410.7	2387.0	1216.9	19029.7
514.2	1187.2	941.9	114757.4	114120.9	98954.9	3632.6
38661.9	31661.5	22316.5	332223.0	234951.6	99815.9	194221.3
182436.3	826169.3	552504.2	7488188.5	5590860.5	722526.0	5732878.4
54.0	3099.6	3090.9	67458.5	65027.5	4175.6	64756.8
4720.4	24838.9	24646.8	112166.2	103133.3	39291.3	132926.2
2973.0	24652.0	23381.5	336530.7	306796.5	41480.3	106492.5
34920.6	82970.1	23909.1	3126075.9	2625200.5	725664.5	1274705.5
	653.5	574.7	18081.7	17212.5	8089.5	9814.7
37570.1	105333.6	48835.5	979523.3	742679.9	285625.6	1053423.7
76087.6	38549.2	34056.9	450890.6	340764.1	196595.7	189989.4
1193.9	7031.9	6896.7	141112.1	111365.6	16321.8	46859.2
	6191.7	5506.9	44354.6	31613.5	7504.7	45216.7
117967.6	29943.2	26105.3	2906566.5	1207294.5	435144.5	1398887.8
506602.1	45330.1	39141.2	4174774.1	2141529.1	247555.5	799992.8
47237.3	37376.6		356912.7	250401.3	135393.5	252372.8

8-6 国有控股工业企业

Main economic indicators of

指 标							
	实收资本	国家资本	集体资本	法人资本	个人资本	港澳台资本	外商资本
总 计	9357327.1	5066977.7	160504.5	3670358.9	433194.1		26291.4
煤炭开采和洗选业	4004620.0	2228551.8		1585011.9	191056.3		
石油和天然气开采业	20000.0	20000.0					
食品制造业	50.0	29.5			20.5		
酒、饮料和精制茶制造业	23800.0	3800.0		20000.0			
烟草制品业	61319.6			61319.6			
印刷和记录媒介复制业	16785.9	11558.8		5131.6	95.5		
石油、煤炭及其他燃料加工业	40000.0	20000.0					20000.0
化学原料和化学制品制造业	442466.5	258579.1	150974.5	28405.3	4507.5		
医药制造业	18055.0	6677.0		11378.0			
橡胶和塑料制品业	30000.0	30000.0					
非金属矿物制品业	170575.8	131781.8		35772.9	3021.0		
黑色金属冶炼和压延加工业	1425092.7	752467.9		463629.4	208995.3		
有色金属冶炼和压延加工业	23677.5	3500.0		20177.5			
金属制品业	52000.0	20000.0		32000.0			
通用设备制造业	45562.6	21560.0		23762.5	240.0		
专用设备制造业	601900.6	12201.0	1530.0	575776.8	10922.8		1470.0
汽车制造业	7952.0	5165.7		2115.8	670.5		
铁路、船舶、航空航天和其他运输设备制造业	562015.0	278733.6		278460.0			4821.4
电气机械和器材制造业	152995.5	11967.8		140140.0	887.7		
计算机、通信和其他电子设备制造业	17624.0	12124.0		5100.0	400.0		
仪器仪表制造业	30477.8	3602.9		25897.8	977.0		
电力、热力生产和供应业	842061.9	559188.9	8000.0	267533.0	7340.0		
燃气生产和供应业	645092.8	552286.0		88746.8	4060.0		
水的生产和供应业	123201.9	123201.9					

主要经济指标（三）
state-holding industrial enterprises（3）

单位：万元

营业收入	主营业务收入	营业成本	税金及附加	销售费用	管理费用	研发费用	财务费用
19190666.1	18717254.0	16157804.2	473595.5	410722.2	873129.9	412600.2	839306.4
2910820.3	2723702.6	2261694.5	162703.1	28645.0	370545.7	43243.5	290955.4
10744.1	10224.3	15112.8	100.4		1674.6		11.7
2419.8	2254.0	1722.6	10.2	337.3	338.3	157.1	-2.4
73572.6	72653.0	49434.3	9683.3	159.5	3080.2	174.1	-195.5
475532.3	475043.2	161182.8	221570.9	6441.4	27647.7	144.5	-3785.4
39193.9	37930.3	28211.1	343.0	2771.1	7117.1		1212.1
123051.4	122853.4	90089.0	912.1	120.4	2354.5		194.3
360153.6	358743.0	286051.5	2830.2	9210.0	17791.4	1835.6	67046.3
10728.0	10725.2	1129.6	227.1	5945.7	2789.9	26.1	-164.2
76068.5	75795.2	68239.1	1329.4	898.8	3826.7	927.5	33.7
253444.1	252070.3	217465.9	1895.3	7733.0	17473.7	3534.4	8076.5
8040445.3	7932273.8	6998906.7	42696.4	157266.8	142615.7	236221.7	189776.7
169385.8	167253.6	146500.7	380.6	2291.2	3902.2	4945.3	5456.1
138708.2	137899.5	100968.4	691.4	3004.9	15136.5	5012.5	-752.6
220392.6	219072.8	178067.9	1266.0	8580.3	15816.6	8315.3	4321.4
1356677.5	1321674.9	1142786.3	7310.9	43159.2	66503.3	48947.8	67375.0
18966.9	18830.6	15357.5	111.6	745.8	1784.0	1427.2	417.1
840741.0	829333.4	653365.5	5570.7	19278.2	41475.5	34038.1	13297.6
360261.4	360145.6	333938.2	612.1	3227.1	4955.1	5635.2	4426.8
93600.6	84500.8	75811.3	226.4	1936.1	21516.9	7684.3	958.2
37144.3	36976.4	24441.6	326.3	1967.3	4445.5	2731.9	1474.9
1209340.2	1169952.9	1160465.6	6598.8	635.5	31952.3	4716.5	89650.9
2252773.8	2181302.7	2026166.2	4890.3	99574.9	50570.5	2881.6	92731.3
116499.9	116042.5	120695.1	1309.0	6792.7	17816.0		6790.5

8-6 国有控股工业企业

Main economic indicators of

指 标	利息费用	利息收入	资产减值损失	其他收益
总 计	855843.2	76995.5	146088.7	198384.6
煤炭开采和洗选业	274419.3	16924.2	-4310.4	6380.3
石油和天然气开采业				950.2
食品制造业			-6.2	29.0
酒、饮料和精制茶制造业		196.7	28.2	282.6
烟草制品业		3791.1	7009.4	
印刷和记录媒介复制业	274.5	41.8	321.2	238.2
石油、煤炭及其他燃料加工业				163.9
化学原料和化学制品制造业	77444.4	-12512.6	2051.0	239.3
医药制造业	3.1	222.6	55.9	
橡胶和塑料制品业		2.1	160.8	129.6
非金属矿物制品业	7759.5	282.4	1127.9	3074.5
黑色金属冶炼和压延加工业	200803.8	30360.9	97155.9	13686.6
有色金属冶炼和压延加工业	5499.9	33.9	2559.7	805.8
金属制品业	6.9	759.8	1603.0	726.2
通用设备制造业	4279.8	207.8	199.3	373.8
专用设备制造业	81998.1	21386.0	13130.4	55230.9
汽车制造业	364.7	3.2	254.8	534.1
铁路、船舶、航空航天和其他运输设备制造业	12511.1	1727.2	3775.2	4527.2
电气机械和器材制造业	3398.0	4450.2	2242.4	2304.8
计算机、通信和其他电子设备制造业	1145.1	300.1	4.4	21146.1
仪器仪表制造业	1191.7	-47.6	258.2	633.4
电力、热力生产和供应业	88460.2	2981.9	1465.5	55045.6
燃气生产和供应业	91395.4	5502.5	17002.1	31267.4
水的生产和供应业	4887.7	381.3		615.1

主要经济指标（四）
state-holding industrial enterprises（4）

单位：万元

投资收益	公允价值变动收益	资产处置收益	营业利润	营业外收入	营业外支出	利润总额	所得税费用	应付职工薪酬	应交增值税
364423.5	**-211.5**	**9104.0**	**450919.2**	**74641.4**	**62916.7**	**462644.2**	**131174.0**	**2008881.8**	**402376.4**
114621.7	-10.2	2078.6	-119586.6	37744.5	21765.7	-103608.1	29204.1	873751.7	164427.4
		-50.0	-5255.2	1.9	1.0	-5254.4		1044.3	-438.5
-3.0			-111.1	20.8		-90.3		238.3	68.6
			11491.0	111.1	128.8	11473.1	2865.8	6535.5	2858.2
			55321.0	3146.1	2235.4	56231.7	14152.4	31590.9	41414.3
54.9			-488.7	522.8	131.5	-97.4	249.8	8868.0	1357.2
			29545.0	310.0	22.2	29832.9	7419.3	3672.1	6513.4
-28.3		83.6	-26369.0	279.7	89.1	-26178.2	312.3	32071.6	2312.6
			717.8	275.6	9.5	984.0	0.8	1231.5	1304.5
		6.5	788.6	583.0	83.0	1288.6		7653.0	2328.9
1031.4		851.5	1095.3	668.6	276.5	1487.3	1242.2	24158.4	5312.7
207298.8	-395.6	36.2	396431.0	2209.7	29790.9	368849.9	36395.6	438704.3	101617.9
97.4			4254.0	20.3	161.4	4112.9	1029.4	7218.5	-3572.9
255.2	194.3	-63.8	14155.8	1372.9	542.7	14986.0	2271.6	31024.5	1481.3
15.3		30.2	4245.8	481.2	177.6	4549.4	729.7	25612.6	5181.8
24566.8		989.2	50330.9	1544.8	3481.3	48394.3	1492.7	148347.6	36846.7
			-597.2	32.1	11.2	-576.4	33.1	3831.5	538.1
4843.7		295.6	79606.6	9432.6	87.5	88952.3	13072.6	95705.4	20323.1
835.0			8364.3	137.3	48.6	8453.0	2294.2	10321.4	611.1
-338.9		-62.8	6207.2	390.0	8.8	6588.5	979.9	7331.7	25.4
275.6		-2.3	2405.4	185.0	59.4	2530.9	286.3	9447.6	-6.7
1328.7		6856.1	-22914.1	1708.1	2798.3	-24004.2	5127.7	110680.0	1974.0
7927.2		-1944.6	-4072.3	6932.4	869.0	1991.2	12014.3	88240.7	8118.4
1642.0			-34646.3	6530.9	137.3	-28252.8	0.2	41600.7	1778.9

8-6 国有控股工业企业

Main economic indicators of

指 标	平均用工人数（万人）	期末用工人数（万人）	从业人员期末人数（万人）	从业人员平均人数（万人）	亏损企业亏损总额	利税总额
总 计	14.7	14.5	14.1	14.4	484135.5	1338616.1
煤炭开采和洗选业	6.4	6.2	6.0	6.1	266034.0	223522.4
石油和天然气开采业					5254.4	-5592.5
食品制造业					90.3	-11.5
酒、饮料和精制茶制造业	0.1	0.1	0.1	0.1		24014.6
烟草制品业	0.1	0.1	0.1	0.1		319216.9
印刷和记录媒介复制业	0.1	0.2	0.2	0.1	1738.0	1602.8
石油、煤炭及其他燃料加工业						37258.4
化学原料和化学制品制造业	0.4	0.4	0.4	0.4	28108.7	-21035.4
医药制造业						2515.6
橡胶和塑料制品业	0.1	0.1	0.1	0.1		4946.9
非金属矿物制品业	0.3	0.3	0.3	0.3	6602.6	8695.3
黑色金属冶炼和压延加工业	2.4	2.4	2.4	2.4	9843.5	513164.2
有色金属冶炼和压延加工业	0.1	0.1	0.1	0.1	3544.7	920.6
金属制品业	0.2	0.2	0.2	0.2		17158.7
通用设备制造业	0.3	0.3	0.3	0.3		10997.2
专用设备制造业	1.1	1.1	1.2	1.2	1563.9	92551.9
汽车制造业		0.1			1182.4	73.3
铁路、船舶、航空航天和其他运输设备制造业	0.6	0.6	0.5	0.5	4057.0	114846.1
电气机械和器材制造业	0.1	0.1	0.1	0.1	3147.9	9676.2
计算机、通信和其他电子设备制造业	0.1	0.1	0.1	0.1	81.6	6840.3
仪器仪表制造业	0.1	0.1	0.1	0.1	1766.7	2850.5
电力、热力生产和供应业	0.9	0.9	0.7	0.8	68536.0	-15431.4
燃气生产和供应业	0.8	0.8	0.9	0.9	54331.0	14999.9
水的生产和供应业	0.3	0.3	0.3	0.3	28252.8	-25164.9

主要经济指标（五）
state-holding industrial enterprises（5）

单位：万元

应交税金及附加	营业收入利润率（%）	资产负债率（%）	总资产贡献率（%）	人均营业收入（万元/人）	流动资产周转率（次/年）	每百元资产实现的营业收入（元）	产成品存货周转天数（天）	应收账款平均回收期（天）	成本费用利润率（%）
1007145.9	**2.4**	**72.4**	**4.4**	**1308433.7**	**1.1**	**39.5**	**24.2**	**63.4**	**2.5**
356334.6	-3.6	91.8	3.6	454361.3	0.6	21.6	21.0	92.1	-3.5
-338.1	-48.9	96.6	-5.2	910516.9	0.3	10.0		967.6	-31.3
78.8	-3.7	46.3	-0.5	384095.2	1.3	103.6	0.8	86.0	-3.5
15407.3	15.6	54.5	30.1	895043.8	1.9	93.0	8.1	-19.0	21.8
277137.6	11.8	22.1	60.3	5214170.0	1.4	90.8	44.4	11.6	29.3
1950.0	-0.2	65.0	1.8	263932.0	0.7	37.5	9.1	55.6	-0.2
14844.8	24.2	17.7	47.2	4574401.5	9.9	155.8	1.4	0.4	32.2
5455.1	-7.3	80.8	3.1	948521.5	0.8	16.3	24.6	21.5	-6.9
1532.4	9.2	15.2	10.2	468471.6	0.7	47.8	126.1	85.3	10.1
3658.3	1.7	96.9	4.2	574101.9	4.2	64.3	42.7	19.4	1.7
8450.2	0.6	63.1	3.1	972167.6	1.4	48.1	39.9	95.5	0.6
180709.9	4.6	56.6	5.2	3368572.3	2.4	60.8	13.8	13.7	4.8
-2162.9	2.4	51.0	4.8	2866088.0	2.2	128.1	12.8	26.4	2.5
4444.3	10.8	45.8	6.7	585761.0	0.9	56.6	60.6	34.1	12.1
7177.5	2.1	76.0	3.4	652821.7	0.7	49.7	69.4	79.0	2.1
45650.3	3.6	71.0	3.5	1195521.2	0.4	30.8	127.4	237.0	3.5
682.8	-3.0	64.8	1.6	397628.9	1.0	68.0	113.4	180.9	-2.9
38966.4	10.6	48.2	6.2	1423778.2	0.7	41.4	33.9	188.9	11.7
3517.4	2.3	70.4	1.3	2917096.4	0.8	56.2	29.2	170.3	2.4
1231.7	7.0	75.1	4.1	1552248.8	0.8	49.8	18.4	93.2	6.1
605.9	6.8	49.5	4.6	383326.1	0.8	41.5	64.7	122.8	7.2
13700.5	-2.0	67.4	1.6	1416089.2	1.0	28.1	0.1	86.2	-1.9
25023.0	0.1	83.9	2.0	2673598.1	1.4	45.3	8.8	37.2	0.1
3088.1	-24.3	58.6	-3.4	356159.9	0.6	19.1		114.8	-18.6

8-7 集体工业企业

Main economic indicators of

指 标	企业单位数（个）	亏损企业	工业总产值（当年价格）	年初存货	产成品
总 计	7	1	28902.0	4768.8	2365.8
有色金属冶炼和压延加工业	2		14966.0	109.5	
金属制品业	3	1	9750.5	992.9	345.8
通用设备制造业	2		4185.5	3666.4	2020.0

8-7 集体工业企业

Main economic indicators of

指 标	累计折旧	本年折旧	固定资产净额	在建工程	无形资产	土地使用权	负债合计
总 计	5966.0	502.7	3267.3	93.3			15156.1
有色金属冶炼和压延加工业	1058.7	51.8	563.3	26.3			7734.7
金属制品业	1603.3	171.7	893.5	67.0			2922.9
通用设备制造业	3304.0	279.2	1810.5				4498.5

主要经济指标（一）
collective industrial enterprises（1）

单位：万元

资产总计	流动资产合计	应收账款	存货	产成品	长期股权投资	固定资产原价	房屋和构筑物	机器设备
22770.9	19278.6	6518.6	1893.0	136.6	5750.2	9233.4	5240.5	2920.4
11892.1	11282.3	2049.6	196.6			1622.1	221.3	872.2
4923.9	3963.1	1517.3	746.2	128.3	5750.2	2496.8	959.6	1061.7
5954.9	4033.2	2951.7	950.2	8.3		5114.5	4059.6	986.5

主要经济指标（二）
collective industrial enterprises（2）

单位：万元

流动负债合计	应付账款	所有者权益合计	实收资本	国家资本	集体资本	法人资本	个人资本	港澳台资本	外商资本	营业收入
12521.0	8774.5	7614.7	2896.6		1383.6	1513.0				36845.9
7734.6	6917.6	4157.3	213.0		200.0	13.0				14698.4
2922.9	237.8	2001.0	1801.6		301.6	1500.0				13750.6
1863.5	1619.1	1456.4	882.0		882.0					8396.9

8-7 集体工业企业

Main economic indicators of

指 标	主营业务收入	营业成本	税金及附加	销售费用	管理费用	研发费用	财务费用	利息费用
总 计	36845.9	34460.1	214.4	33.3	2058.2	15.5	32.9	34.8
有色金属冶炼和压延加工业	14698.4	14373.9	93.9		494.1		-5.4	
金属制品业	13750.6	12385.7	86.9		1122.3		-1.8	-0.9
通用设备制造业	8396.9	7700.5	33.6	33.3	441.8	15.5	40.1	35.7

8-7 集体工业企业

Main economic indicators of

指 标	应付职工薪酬	应交增值税	平均用工人数（万人）	期末用工人数（万人）	从业人员期末人数（万人）	从业人员平均人数（万人）	亏损企业亏损总额	利税总额
总 计	4411.1	1488.4	0.1	0.1	0.1	0.1	44.0	2350.7
有色金属冶炼和压延加工业	450.1	771.0						1241.6
金属制品业	2983.3	518.6	0.1	0.1	0.1	0.1	44.0	779.0
通用设备制造业	977.7	198.8						330.1

主要经济指标（三）
collective industrial enterprises（3）

单位：万元

利息收入	资产减值损失	其他收益	投资收益	公允价值变动收益	资产处置收益	营业利润	营业外收入	营业外支出	利润总额	所得税费用
3.1						31.2	691.0	74.6	647.9	45.1
5.4						–258.1	660.1	25.4	376.7	26.2
–2.3						157.3	22.9	6.9	173.5	18.1
						132.0	8.0	42.3	97.7	0.8

主要经济指标（四）
collective industrial enterprises（4）

单位：万元

应交税金及附加	营业收入利润率（%）	资产负债率（%）	总资产贡献率（%）	人均营业收入（万元/人）	流动资产周转率（次/年）	每百元资产实现的营业收入（元）	产成品存货周转天数（天）	应收账款平均回收期（天）	成本费用利润率（%）
1747.9	1.8	66.6	10.5	409398.9	1.9	161.8	1.4	63.7	1.8
891.1	2.6	65.0	10.4	1013682.8	1.3	123.6		50.2	2.5
623.6	1.3	59.4	15.8	244238.0	3.5	279.3	3.7	39.7	1.3
233.2	1.2	75.5	6.1	437338.5	2.1	141.0	0.4	126.5	1.2

8-8 私营工业企业

Main economic indicators of

指 标	企业单位数（个）	亏损企业	工业总产值（当年价格）	年初存货	产成品
总 计	366	53	3947918.2	455932.5	207935.9
煤炭开采和洗选业	31	7	601929.5	64944.5	35854.8
黑色金属矿采选业	5		49922.7	5973.0	4521.5
非金属矿采选业	1		7326.8	324.1	164.7
农副食品加工业	4	3	27179.8	1244.4	1244.4
食品制造业	8	2	359661.5	24094.8	7650.1
酒、饮料和精制茶制造业	1		7774.1	880.1	798.4
纺织服装、服饰业	1		14066.0	2533.7	
家具制造业	3		7636.5	2341.5	124.4
造纸和纸制品业	4	1	14256.9	1955.5	817.1
印刷和记录媒介复制业	4	2	17748.2	3563.1	304.4
文教、工美、体育和娱乐用品制造业	1		16860.0	190.3	73.8
石油、煤炭及其他燃料加工业	3		82274.3	3940.7	1620.8
化学原料和化学制品制造业	15		235166.6	14088.9	6180.2
医药制造业	9	1	113905.0	21204.6	9707.8
橡胶和塑料制品业	10	1	59053.8	12872.4	8609.6
非金属矿物制品业	85	16	794896.8	46140.6	19156.6
黑色金属冶炼和压延加工业	8		145971.3	39163.8	25551.2
有色金属冶炼和压延加工业	6		77554.8	13763.9	1331.3
金属制品业	35	6	180621.3	41362.9	13281.5
通用设备制造业	25	4	92574.7	9941.6	4379.5
专用设备制造业	37	3	258167.8	41553.1	17587.0
汽车制造业	5		284105.7	35162.7	21250.2
铁路、船舶、航空航天和其他运输设备制造业	3	1	39956.9	9275.8	1764.7
电气机械和器材制造业	28	4	134096.7	18125.2	9483.3
计算机、通信和其他电子设备制造业	16	2	171209.9	23904.3	12662.6
仪器仪表制造业	13		78552.4	12300.6	3411.2
金属制品、机械和设备修理业	2		8874.1	1760.4	289.1
电力、热力生产和供应业	3		66574.1	3326.0	115.7

主要经济指标（一）
private industrial enterprises（1）

单位：万元

资产总计	流动资产合计				长期股权投资	固定资产原价	
		应收账款	存货	产成品			房屋和构筑物
5112828.2	**3402213.2**	**1608027.4**	**488700.1**	**222363.1**	**119757.9**	**1913665.8**	**461319.2**
835697.0	293014.5	96204.9	53093.8	24193.6	12893.9	507550.9	115279.8
63226.4	29662.6	3296.9	3505.3	2448.3		45514.8	555.0
12876.7	9928.3	6959.0	1406.8	903.2		5959.8	222.8
15910.6	13910.3	4063.0	3722.3	3607.6	285.0	1798.5	269.8
301701.7	184264.0	26544.3	24630.9	8012.7	1366.2	157149.9	56494.5
8753.4	7509.6	-1983.2	1418.4	1387.8		1728.7	1181.3
4621.1	3619.2	-523.2	4079.1			592.3	204.3
19279.2	8246.0	1739.9	2384.9	98.5		7978.4	5670.8
12312.4	7604.4	3511.2	2215.2	1081.6		3440.2	898.3
15159.8	7946.1	1849.3	3429.4	1358.6		11858.8	
12151.7	12010.5	2749.2	1190.7	83.7		1269.8	
100974.7	77312.2	12134.8	4731.7	2985.1	4600.0	75581.1	6852.6
165861.7	123639.5	64513.2	22165.1	9258.0	7577.1	37366.0	7132.7
159868.5	89886.6	7470.3	25377.4	13101.3	2328.1	76206.1	39679.0
62504.7	55000.3	34634.6	12690.6	9379.9	663.9	10734.2	2101.6
1239290.3	984137.4	734324.4	67558.0	21171.4	11733.6	373868.9	54369.8
74185.9	65229.3	4697.8	46100.8	28984.1		26208.4	60.0
43857.6	26041.6	6367.0	12811.4	8006.6		27797.4	8448.9
183136.0	141544.7	61105.7	49041.4	25510.5	10748.8	45822.8	5880.1
142385.3	103223.8	46014.7	9731.8	2194.0	5170.8	26845.9	5457.0
358782.3	266739.8	104798.3	40438.7	16310.7	11591.5	106855.4	41865.6
282722.7	183273.0	149403.8	9248.2	4120.0	33.1	75992.7	26745.2
78389.2	59056.8	18507.7	9851.7	2289.9	10972.5	20110.6	2491.1
185197.1	164926.9	79773.8	20469.8	9960.9	3669.4	17061.1	530.7
215389.3	170788.6	63069.5	37619.4	21238.8	14952.0	30083.6	8834.3
160770.4	112955.3	61779.7	16349.5	4356.8	4504.5	44124.3	33327.9
8496.2	5929.6	2121.7	1981.4	139.7		5340.2	1183.6
349326.3	194812.3	12899.1	1456.4	179.8	16667.5	168825.0	35582.5

8-8 私营工业企业

Main economic indicators of

指 标	机器设备	累计折旧	本年折旧	固定资产净额	在建工程
总 计	613492.0	717510.2	126215.1	1106202.0	136368.1
煤炭开采和洗选业	135345.6	122412.2	32358.5	356411.0	6683.8
黑色金属矿采选业	1645.2	24735.7	3740.9	20674.2	5123.9
非金属矿采选业	5737.0	4192.2	469.3	1767.6	147.0
农副食品加工业	1395.6	472.7	188.5	1212.0	63.5
食品制造业	26789.1	51743.5	9922.6	105406.4	524.3
酒、饮料和精制茶制造业	419.0	563.4	226.1	1165.3	
纺织服装、服饰业	388.0	313.9	57.8	278.4	
家具制造业	1843.1	4216.4	369.1	3762.0	
造纸和纸制品业	1482.1	1978.3	251.5	1461.8	575.1
印刷和记录媒介复制业	9793.6	4237.7	670.8	6097.7	36.8
文教、工美、体育和娱乐用品制造业		1128.6	62.1	141.2	
石油、煤炭及其他燃料加工业	26327.8	20119.0	750.9	15948.0	
化学原料和化学制品制造业	27734.2	12779.2	3834.2	24586.7	4316.4
医药制造业	29305.2	24401.8	4945.5	51804.2	3155.8
橡胶和塑料制品业	4245.0	5000.0	1821.8	5734.0	1380.9
非金属矿物制品业	146631.0	175326.3	27479.2	186094.4	28330.0
黑色金属冶炼和压延加工业	206.4	17497.2	1446.5	7226.5	210.9
有色金属冶炼和压延加工业	7483.9	15599.8	1901.6	12191.1	3147.9
金属制品业	20941.9	18911.7	3177.4	22349.0	1208.6
通用设备制造业	13583.0	13833.7	1708.0	12058.6	17101.6
专用设备制造业	33193.3	59386.4	5843.6	47468.3	12967.7
汽车制造业	44410.6	21353.9	6832.5	54638.8	793.3
铁路、船舶、航空航天和其他运输设备制造业	4110.7	13111.0	797.5	6999.5	6.9
电气机械和器材制造业	11522.0	6120.0	1033.3	10751.2	3563.5
计算机、通信和其他电子设备制造业	12335.3	11589.5	2387.5	18170.9	7341.6
仪器仪表制造业	3838.9	9304.6	1755.6	34819.6	12.6
金属制品、机械和设备修理业	3075.3	2858.1	191.3	2482.1	56.3
电力、热力生产和供应业	39709.2	74323.4	11991.5	94501.5	39619.7

主要经济指标（二）
private industrial enterprises（2）

单位：万元

无形资产	土地使用权	负债合计	流动负债合计	应付账款	所有者权益合计	实收资本	国家资本
224025.3	**94297.7**	**3469496.1**	**3055992.4**	**1433645.0**	**1649924.0**	**842256.6**	**2570.9**
109731.2	7287.4	534404.2	442670.9	138527.6	302792.1	110800.0	370.9
7464.3		40110.7	34610.7	19180.8	23115.7	3871.0	
1033.9		8523.7	8523.7	473.0	4353.1	270.0	
		12643.1	9153.3	3264.5	3267.4	3019.1	
5078.2	4918.8	95759.8	85586.1	15350.9	205941.8	31087.6	1330.0
		6600.0	6600.0	2055.6	2153.4		
723.5	723.5	3938.6	3898.6	-0.7	682.5	500.0	
		6857.5	6477.5	1398.8	12421.7	1465.0	
2671.0	2111.6	8843.7	8454.7	3840.9	3468.7	3259.2	
		9977.0	8024.1	5381.5	4269.3	2194.0	
		9544.3	9544.3		2607.4	500.0	
2002.2	2002.2	96173.4	27829.7	19264.3	10811.0	5100.0	
5439.3	1985.1	90732.1	87846.6	57402.7	75129.5	45315.0	
6278.4	4390.4	93856.6	77324.6	14290.5	66012.1	32211.8	
1098.0	1098.0	36288.1	35961.9	13675.6	26216.6	25556.8	
13115.7	9378.1	1056043.5	1014302.4	742414.9	183245.0	142815.6	
8.3		61848.8	61848.8	11679.3	12336.9	7554.5	
3487.7	3485.8	28288.6	27405.0	3381.1	15569.1	14145.5	
1159.7	1106.1	111663.9	108332.0	34363.0	71472.1	47643.0	
2989.9	635.6	100989.1	90252.0	30478.5	41395.9	32828.4	
15698.4	15360.3	210668.4	181686.1	58850.6	148113.2	84773.5	
34235.2	34216.9	290991.6	273841.2	126390.6	-8268.9	10170.0	
1076.1	342.5	28508.2	21007.8	6333.4	49880.9	38080.0	
1258.7	1238.4	82243.5	81743.9	43555.5	102953.4	80185.3	400.0
2619.1	287.2	90560.9	84457.0	37143.4	124828.1	50981.1	
4977.6	2055.5	69251.9	64964.9	21065.6	91518.4	33962.2	470.0
		4887.0	4657.0	2525.5	3609.3	2960.0	
1878.9	1674.3	279297.9	188987.6	21357.6	70028.3	31008.0	

8-8 私营工业企业

Main economic indicators of

指 标	集体资本	法人资本	个人资本	港澳台资本	外商资本	营业收入
总 计	34946.1	340892.5	461846.9	2000.0		4141696.4
煤炭开采和洗选业	20457.6	29867.5	60103.9			720629.5
黑色金属矿采选业		1501.0	2370.0			53808.9
非金属矿采选业			270.0			8295.9
农副食品加工业		2087.0	932.1			26218.1
食品制造业		8281.4	19476.2	2000.0		349692.2
酒、饮料和精制茶制造业						7101.5
纺织服装、服饰业			500.0			14066.0
家具制造业			1465.0			7639.9
造纸和纸制品业		540.0	2719.2			14843.4
印刷和记录媒介复制业		1994.0	200.0			17744.5
文教、工美、体育和娱乐用品制造业			500.0			28836.4
石油、煤炭及其他燃料加工业			5100.0			133750.8
化学原料和化学制品制造业		25437.7	19877.3			213391.0
医药制造业		14703.6	17508.2			89375.2
橡胶和塑料制品业		1016.1	24540.7			44343.3
非金属矿物制品业	3500.0	62003.5	77312.1			802563.9
黑色金属冶炼和压延加工业		6300.0	1254.5			137733.9
有色金属冶炼和压延加工业		1523.0	12622.5			73263.3
金属制品业	10558.5	13377.0	23707.4			173553.1
通用设备制造业		12472.1	20356.3			87600.3
专用设备制造业		31104.4	53669.1			245027.8
汽车制造业		7360.0	2810.0			400094.6
铁路、船舶、航空航天和其他运输设备制造业	80.0	27903.6	10096.4			31369.0
电气机械和器材制造业	350.0	34827.8	44607.5			145387.6
计算机、通信和其他电子设备制造业		21716.1	29265.0			137601.9
仪器仪表制造业		14416.7	19075.5			97532.7
金属制品、机械和设备修理业		2460.0	500.0			8874.2
电力、热力生产和供应业		20000.0	11008.0			71357.5

主要经济指标（三）
private industrial enterprises（3）

单位：万元

主营业务收入	营业成本	税金及附加	销售费用	管理费用	研发费用	财务费用	利息费用
3967545.3	**3452766.7**	**33732.5**	**170346.6**	**187904.9**	**82209.9**	**36073.8**	**27418.8**
688286.6	632967.3	15215.6	21899.5	29930.8	835.0	5273.5	3732.7
53808.9	42489.4	2565.9		2226.4		303.6	438.3
8295.9	5289.9	496.5		289.2		−2.6	−0.8
26218.1	24715.3	9.7	987.3	722.3		121.1	110.0
349511.7	264099.2	925.7	28148.3	21780.8	2815.1	2696.5	2250.1
7101.5	2314.1	1546.1	1360.1	857.6		339.8	339.6
14066.0	13656.4	10.8	188.2	98.1		−0.3	
7639.9	6189.5	38.4	252.7	1005.8		20.6	
14798.8	13994.9	61.7	201.0	433.7		98.2	95.9
15457.0	15868.3	32.8	251.3	1115.9	628.1	115.6	69.9
28836.4	26975.3	12.2	1083.2	429.1		−7.9	
70926.0	109059.5	772.2	7929.7	5667.1		1665.3	1623.5
211817.4	173269.8	619.0	11474.6	7068.0	7712.3	2269.5	1683.1
87569.4	38682.4	1078.9	19448.7	15439.0	5974.2	393.7	519.1
43006.9	37592.1	115.1	1575.8	2342.2	913.9	512.4	334.5
781953.0	719208.2	4114.2	35435.1	25580.4	6090.2	8270.7	5226.1
136389.9	121759.8	198.7	3651.1	2340.1	6031.4	227.0	171.5
72424.4	66129.6	136.0	601.6	2222.0	1539.5	1529.1	1508.7
172677.3	156201.9	418.6	2766.4	7328.1	3052.9	1522.7	766.5
86637.8	70637.7	415.8	3584.6	5626.0	3270.0	1601.6	1211.5
243294.6	190551.5	1627.9	6714.8	17834.0	13710.1	3011.2	1912.5
385171.2	352345.9	892.4	2576.5	7381.8	2114.7	1247.1	1155.3
31318.4	17080.1	395.8	1232.1	3777.6	2679.0	469.7	481.6
144696.5	122455.2	396.7	5414.6	7393.2	6481.6	660.2	599.3
135223.5	105637.1	561.3	3981.2	5803.2	9244.2	780.2	285.1
96165.1	61943.6	615.3	8688.1	9241.7	7817.6	1880.8	1783.4
8520.0	7456.5	78.5	231.6	691.6	308.6	33.9	33.1
45733.1	54196.2	380.7	668.5	3279.2	991.5	1040.6	1088.3

8-8 私营工业企业

Main economic indicators of

指　标	利息收入	资产减值损失	其他收益	投资收益	公允价值变动收益	资产处置收益
总　计	**186.6**	**3328.2**	**9259.3**	**6769.1**	**−353.7**	**5.6**
煤炭开采和洗选业	124.3	717.4	119.7	335.3		
黑色金属矿采选业	−55.5					
非金属矿采选业	2.0					
农副食品加工业	19.6	40.9	215.8	0.1		
食品制造业	263.9	115.6	575.3	240.4		−13.9
酒、饮料和精制茶制造业						
纺织服装、服饰业	−0.3					
家具制造业	0.1		2.7			
造纸和纸制品业	0.7		18.3			
印刷和记录媒介复制业	11.7	25.4	6.1	−125.8		
文教、工美、体育和娱乐用品制造业						
石油、煤炭及其他燃料加工业	0.1					
化学原料和化学制品制造业	4.8	1186.7	399.8			
医药制造业	−9.2	547.5	1140.7	657.6		
橡胶和塑料制品业	−11.6	262.7	2.0			
非金属矿物制品业	−145.1	647.4	1430.3	2142.3	−341.3	1.6
黑色金属冶炼和压延加工业	2.1		30.0			
有色金属冶炼和压延加工业	16.7		480.7			
金属制品业	6.1	197.0	44.3	44.7		
通用设备制造业	7.6		47.9	3.1		
专用设备制造业	−31.6	632.6	303.7	20.7	−12.4	5.4
汽车制造业	0.9		198.4	14.8		3.3
铁路、船舶、航空航天和其他运输设备制造业	−13.9	−1464.0				
电气机械和器材制造业	−45.4	−432.3	255.4	26.8		
计算机、通信和其他电子设备制造业	−38.6	386.6	2298.4	1738.7		
仪器仪表制造业	41.3	537.1	1611.1	671.7		9.2
金属制品、机械和设备修理业	1.0	−72.4	78.7			
电力、热力生产和供应业	34.9			998.7		

主要经济指标（四）
private industrial enterprises（4）

单位：万元

营业利润	营业外收入	营业外支出	利润总额	所得税费用	应付职工薪酬	应交增值税	平均用工人数（万人）
190999.3	26063.3	10289.7	206771.3	22941.6	190764.4	113872.7	3.4
14244.3	531.8	3349.6	11426.5	3947.4	14659.1	19397.0	0.5
6223.2	19.0	125.2	6116.9	1157.0	1278.9	4195.9	
2222.9	65.0	5.5	2282.4	570.6	217.7	248.9	
-161.8	128.3	8.4	-41.8		626.7	-38.1	
29912.6	565.3	1243.0	29234.8	1835.3	14747.2	5566.7	0.2
683.7	1.2		684.9	112.5	514.4	657.5	
112.7		0.2	112.5	6.3	272.5	62.3	
135.5	51.0	2.4	184.1	6.7	934.1	106.3	
72.2	128.3	2.2	198.2	19.9	399.4	98.9	
-412.5	604.9	90.7	101.7	7.0	742.1	256.8	
344.5	50.1		394.6	98.6	95.9	53.9	
8657.0	52.5	69.2	8640.3	153.4	1777.6	5594.8	
10190.1	1032.6	121.2	11101.9	1444.7	7824.1	4751.0	0.1
9608.4	860.9	708.9	9760.4	933.7	9211.2	3573.5	0.1
1030.9	128.2	61.6	1096.8	122.6	2612.9	1019.3	0.1
6445.7	4323.0	991.1	9776.6	2409.7	42259.8	22789.9	0.8
3555.1	369.3	62.5	3861.5	250.6	2997.4	773.7	0.1
1585.7	69.8	317.6	1337.9	22.9	3382.9	820.0	0.1
2153.2	1091.2	381.2	2862.9	363.1	12099.4	2824.9	0.3
2514.7	1314.3	1880.5	1948.5	216.6	6669.0	2585.7	0.1
11262.6	2968.6	238.0	13993.6	2551.4	22798.6	8476.2	0.3
33752.6	759.3	95.9	34416.1	16.3	7700.8	15754.0	0.1
7198.5	706.3	47.0	7857.8	826.1	6928.0	2823.5	0.1
3300.4	1005.4	143.3	4162.6	473.1	6594.3	2947.2	0.1
15243.7	1463.1	45.6	16661.3	1854.8	7446.4	3058.2	0.1
9099.5	4185.9	44.8	13240.4	1358.5	11998.9	4926.6	0.1
224.8	3.8		228.6	71.5	2170.8	361.9	
11799.1	3584.2	254.1	15129.3	2111.3	1804.3	186.2	

8-8 私营工业企业

Main economic indicators of

指 标	期末用工人数（万人）	从业人员期末人数（万人）	从业人员平均人数（万人）	亏损企业亏损总额	利税总额
总 计	3.4	3.4	3.4	20848.3	354376.5
煤炭开采和洗选业	0.5	0.5	0.5	6925.0	46039.1
黑色金属矿采选业					12878.7
非金属矿采选业					3027.8
农副食品加工业				205.7	−70.2
食品制造业	0.2	0.2	0.2	1886.5	35727.2
酒、饮料和精制茶制造业					2888.5
纺织服装、服饰业					185.6
家具制造业					328.8
造纸和纸制品业				24.4	358.8
印刷和记录媒介复制业				41.6	391.3
文教、工美、体育和娱乐用品制造业					460.7
石油、煤炭及其他燃料加工业					15007.3
化学原料和化学制品制造业	0.1	0.1	0.1		16471.9
医药制造业	0.1	0.1	0.1	686.3	14412.8
橡胶和塑料制品业	0.1	0.1	0.1	16.5	2231.2
非金属矿物制品业	0.8	0.8	0.8	5386.2	36680.7
黑色金属冶炼和压延加工业	0.1	0.1	0.1		4833.9
有色金属冶炼和压延加工业	0.1	0.1	0.1		2293.9
金属制品业	0.2	0.2	0.2	1577.6	6106.4
通用设备制造业	0.1	0.1	0.1	1268.8	4950.0
专用设备制造业	0.3	0.3	0.3	1743.7	24097.7
汽车制造业	0.1	0.1	0.1		51062.5
铁路、船舶、航空航天和其他运输设备制造业	0.1	0.1	0.1	191.5	11077.1
电气机械和器材制造业	0.1	0.1	0.1	106.0	7506.5
计算机、通信和其他电子设备制造业	0.1	0.1	0.1	788.5	20280.8
仪器仪表制造业	0.1	0.1	0.1		18782.3
金属制品、机械和设备修理业					669.0
电力、热力生产和供应业	0.1	0.1			15696.2

主要经济指标（五）
private industrial enterprises（5）

单位：万元

应交税金及附加	营业收入利润率（%）	资产负债率（%）	总资产贡献率（%）	人均营业收入（万元/人）	流动资产周转率(次/年)	每百元资产实现的营业收入(元)	产成品存货周转天数（天）	应收账款平均回收期（天）	成本费用利润率（%）
170546.8	5.0	67.9	7.5	1201222.9	1.2	81.0	23.2	139.8	5.3
38560.0	1.6	63.9	5.9	1462316.4	2.5	86.2	13.8	48.1	1.7
7918.8	11.4	63.4	21.2	1620750.0	1.8	85.1	20.7	22.1	13.6
1316.0	27.5	66.2	23.5	1481410.7	0.8	64.4	61.5	302.0	40.9
-28.4	-0.2	79.5	0.1	1106248.9	1.9	164.8	52.5	55.8	-0.2
8327.7	8.4	31.7	12.5	1443815.9	1.9	115.9	10.9	27.3	9.1
2316.1	9.6	75.4	36.9	1075984.8	0.9	81.1	215.9	-100.5	14.1
79.4	0.8	85.2	4.0	1435306.1	3.9	304.4		-13.4	0.8
151.4	2.4	35.6	1.7	412967.6	0.9	39.6	5.7	82.0	2.5
180.5	1.3	71.8	3.7	1099511.1	2.0	120.6	27.8	85.2	1.3
296.6	0.6	65.8	3.0	528110.1	2.2	117.0	30.8	37.5	0.6
164.7	1.4	78.5	3.8	10680148.1	2.4	237.3	1.1	34.3	1.4
6520.4	6.5	95.2	16.5	3694773.5	1.7	132.5	9.9	32.7	6.9
6814.7	5.2	54.7	10.9	1647806.9	1.7	128.7	19.2	108.8	5.5
5586.1	10.9	58.7	9.3	643450.0	1.0	55.9	121.9	30.1	12.2
1257.0	2.5	58.1	4.1	862710.1	0.8	70.9	89.8	281.2	2.6
29313.8	1.2	85.2	3.4	1004083.4	0.8	64.8	10.6	329.4	1.2
1223.0	2.8	83.4	6.7	2455149.7	2.1	185.7	85.7	12.3	2.9
978.9	1.8	64.5	8.6	1150130.3	2.8	167.0	43.6	31.3	1.9
3606.6	1.6	61.0	3.7	654176.8	1.2	94.8	58.8	126.8	1.7
3218.1	2.2	70.9	4.3	750645.2	0.8	61.5	11.2	189.1	2.3
12655.5	5.7	58.7	7.3	814587.1	0.9	68.3	30.8	154.0	6.0
16662.7	8.6	102.9	18.5	4387002.2	2.2	141.5	4.2	134.4	9.4
4045.4	25.0	36.4	14.8	360563.2	0.5	40.0	48.3	212.4	31.1
3817.0	2.9	44.4	4.4	1400651.3	0.9	78.5	29.3	197.5	2.9
5474.3	12.1	42.0	9.6	1092946.0	0.8	63.9	72.4	165.0	13.3
6900.4	13.6	43.1	12.8	689764.5	0.9	60.7	25.3	228.0	14.8
511.9	2.6	57.5	8.3	396169.6	1.5	104.4	6.7	86.1	2.6
2678.2	21.2	80.0	4.8	1976662.0	0.4	20.4	1.2	65.1	25.1

8-9 外商投资和港澳台商

Main economic indicators of industrial enterprises

指 标	企业单位数（个）	亏损企业	工业总产值（当年价格）	年初存货	产成品	资产总计
总 计	22	2	9555054.1	597235.5	332804.7	10012438.2
食品制造业	3		181511.9	9628.8	3135.2	166911.3
酒、饮料和精制茶制造业	2		96357.9	12100.8	8297.8	83849.0
石油、煤炭及其他燃料加工业	3		414439.8	10864.1	2785.1	299238.3
化学原料和化学制品制造业	1		18047.0			19533.3
黑色金属冶炼和压延加工业	1	1	2422.1	553.6	553.6	1261.6
金属制品业	1		609213.4	14139.2	3784.8	105640.5
通用设备制造业	2		23045.9	3595.3	2695.1	14683.2
专用设备制造业	2		21171.3	7221.6	3191.7	26000.2
铁路、船舶、航空航天和其他运输设备制造业	2		177532.6	56745.3	1054.0	339918.1
计算机、通信和其他电子设备制造业	2		7845269.6	479653.6	306858.0	8637078.6
废弃资源综合利用业	1		22311.0	976.2	449.4	41248.8
电力、热力生产和供应业	1		134780.6	559.2		260386.4
燃气生产和供应业	1	1	8951.0	1197.8		16688.9

8-9 外商投资和港澳台商

Main economic indicators of industrial enterprises

指 标	在建工程	无形资产	土地使用权	负债合计	流动负债合计	应付账款
总 计	12902.3	61498.8	58947.7	7459838.4	7251848.3	3932212.9
食品制造业	2925.1	13074.8	12645.3	91464.8	80961.6	23945.3
酒、饮料和精制茶制造业	1132.3	540.8		32732.5	32684.2	5484.6
石油、煤炭及其他燃料加工业	124.6	3781.9	3781.9	169330.8	115146.3	20826.8
化学原料和化学制品制造业	15.7	0.6		3129.2	3129.2	1584.9
黑色金属冶炼和压延加工业	11.6			973.0	973.0	
金属制品业	2490.0	5195.1	5195.1	46170.2	38083.0	3633.6
通用设备制造业		1142.6	1141.6	5935.0	5935.0	3292.1
专用设备制造业	75.9			7422.6	7422.6	3353.2
铁路、船舶、航空航天和其他运输设备制造业	393.3	1506.8		188738.9	152911.0	62711.3
计算机、通信和其他电子设备制造业	3105.2	22914.5	22901.7	6724733.0	6723699.9	3796568.7
废弃资源综合利用业	152.9	2146.6	2131.6	2690.6	2690.6	413.4
电力、热力生产和供应业	126.5	10948.5	10934.3	175523.6	77217.7	6196.3
燃气生产和供应业	2349.2	246.6	216.2	10994.2	10994.2	4202.7

投资工业企业主要经济指标（一）
with Hong Kong, Macao, Taiwan and foreign funds（1）

单位：万元

流动资产合计	应收账款	存货	产成品	长期股权投资	固定资产原价	房屋和构筑物	机器设备	累计折旧	本年折旧	固定资产净额
8894744.4	3654493.3	710172.9	256059.6	43728.6	2054334.2	386985.4	1197267.7	1101307.4	143677.8	812453.7
48883.8	14415.1	9157.4	3851.6	3748.6	133002.4	55475.4	72667.5	39038.4	3587.3	93964.0
51417.9	6185.4	11600.6	8598.1		90165.5	6697.0	31841.3	58344.2	498.6	31365.1
203499.1	4545.7	19441.2	3591.2	520.5	405053.5	61197.7	270181.3	275846.5	41786.1	66534.4
16060.3	6165.5	4567.0	2649.0		12730.3			9344.3	449.3	3386.0
1177.9		813.5	813.5		1705.4		1705.4	1633.3	7.7	72.0
56701.1	522.0	22887.6	3702.5		53693.1	15864.2	37266.0	12657.5	2457.5	41035.6
9834.5	780.9	2666.8	2015.7		5689.0	4192.5	1055.6	2068.8	303.0	3620.2
17636.9	3924.5	6769.4	2567.6		27688.4	6335.1	21183.0	19401.0	957.1	8287.4
299921.4	136141.8	67461.0	2075.6	22162.0	87408.9		12541.5	8690.5	1195.4	3816.5
8123963.8	3456127.0	562383.8	225977.3	15092.0	917176.1	161191.3	515460.2	586716.4	75933.4	328717.4
6443.8	1826.1	637.8	217.5		47937.4	28073.7	19417.6	15456.1	2407.7	32481.3
52531.5	23090.6	512.7		2205.5	262101.0	46654.9	213186.1	69909.6	13724.5	192191.4
6672.4	768.7	1274.1			9983.2	1303.6	762.2	2200.8	370.2	6982.4

投资工业企业主要经济指标（二）
with Hong Kong, Macao, Taiwan and foreign funds（2）

单位：万元

所有者权益合计	实收资本	国家资本	集体资本	法人资本	个人资本	港澳台资本	外商资本	营业收入	主营业务收入	营业成本
2545434.2	945933.4	129547.6	1530.0	54172.0	4725.0	338864.6	417094.2	9838014.9	9644313.1	9435179.0
75446.5	21990.0			21990.0				175350.2	165227.7	145269.6
51116.5	31456.6						31456.6	99044.1	98909.0	66880.9
122741.9	71500.0	20000.0		18900.0	4725.0		27875.0	612553.6	486160.3	495604.6
16404.1	4340.1	2126.6					2213.5	14898.0	14881.6	11979.5
288.6	1903.1					1903.1		5216.5	5216.5	5088.0
59470.3	50000.0	20000.0					30000.0	609295.7	608330.7	594569.9
8748.1	3399.7			232.0			3167.7	23734.0	23725.3	18930.3
18577.6	26200.0		1530.0	9300.0			15370.0	20583.8	20132.7	13710.4
151179.2	23571.4	11250.0		3750.0			8571.4	178648.5	177880.9	113390.6
1912345.6	610401.5					311961.5	298440.0	7937891.7	7887075.8	7820727.8
38558.1	25000.0					25000.0		21019.6	21012.8	8025.4
84862.9	73171.0	73171.0						125864.6	125863.2	129507.1
5694.8	3000.0	3000.0						13914.6	9896.6	11494.9

8-9 外商投资和港澳台商

Main economic indicators of industrial enterprises

指 标	税金及附加	销售费用	管理费用	研发费用	财务费用	利息费用
总 计	**20818.1**	**68287.1**	**107813.9**	**50136.5**	**-30439.6**	**92737.5**
食品制造业	824.8	5897.4	6104.3	1396.7	1287.2	1465.2
酒、饮料和精制茶制造业	744.6	21510.8	2252.3	50.0	-210.8	-151.5
石油、煤炭及其他燃料加工业	2767.1	26101.2	36683.5		2018.4	1090.3
化学原料和化学制品制造业	86.7	1660.1	812.7	162.8	-47.6	
黑色金属冶炼和压延加工业	1.3	42.6	236.8		0.3	
金属制品业	756.6	3759.0	1577.5	436.2	1027.0	980.1
通用设备制造业	152.9	1826.3	941.5	142.1	-4.3	0.5
专用设备制造业	198.3	891.5	2069.2	1337.1	54.2	89.6
铁路、船舶、航空航天和其他运输设备制造业	943.2	4400.2	5749.2	7153.2	3503.1	2655.0
计算机、通信和其他电子设备制造业	12842.2	911.9	42762.5	39215.8	-45466.4	79060.5
废弃资源综合利用业	248.0	393.6	6152.2	242.6	15.0	
电力、热力生产和供应业	1215.2		1947.6		7363.0	7512.0
燃气生产和供应业	37.2	892.5	524.6		21.3	35.8

8-9 外商投资和港澳台商

Main economic indicators of industrial enterprises

指 标	应付职工薪酬	应交增值税	平均用工人数（万人）	期末用工人数（万人）	从业人员期末人数（万人）	从业人员平均人数（万人）
总 计	**656007.5**	**65430.6**	**7.6**	**6.6**	**6.6**	**7.5**
食品制造业	9393.5	1617.1	0.1	0.2	0.2	0.1
酒、饮料和精制茶制造业	23602.6	2694.0	0.1	0.1	0.1	0.1
石油、煤炭及其他燃料加工业	13728.7	21352.7	0.2	0.1	0.1	0.1
化学原料和化学制品制造业	410.3	550.9				
黑色金属冶炼和压延加工业	94.4	11.2				
金属制品业	4184.4	662.3	0.1	0.1		
通用设备制造业	1130.8	59.4				
专用设备制造业	3485.2	1018.0				
铁路、船舶、航空航天和其他运输设备制造业	12512.1	7225.2	0.1	0.1	0.1	0.1
计算机、通信和其他电子设备制造业	580109.3	24409.6	6.9	6.0	6.0	6.9
废弃资源综合利用业	2537.1	94.8				
电力、热力生产和供应业	4104.7	5594.6				
燃气生产和供应业	714.4	140.8				

投资工业企业主要经济指标（三）
with Hong Kong, Macao, Taiwan and foreign funds（3）

单位：万元

利息收入	资产减值损失	其他收益	投资收益	公允价值变动收益	资产处置收益	营业利润	营业外收入	营业外支出	利润总额	所得税费用
103525.3	2625.6	23621.4	17206.2	8612.3	-3794.4	229239.6	4102.7	4929.6	228413.7	35687.0
-164.4	-31.7	2597.8			-10.6	17188.9	571.9	925.1	16835.6	3977.3
	576.0					7240.3	577.4	407.1	7410.7	1448.5
-1389.3		163.9				49542.7	977.6	617.9	49902.5	12150.8
50.5						243.7	116.2	111.8	248.6	70.8
						-152.5	1.0		-151.5	
-168.1	197.3					6972.2	379.6	21.2	7330.6	1832.7
-9.0						1745.1	95.3	128.0	1712.5	390.9
46.4	-21.1	36.4				2380.8	164.5	93.4	2451.8	541.8
141.5	1417.5		302.6			42394.2	984.0	28.8	43349.6	6119.6
104848.1	5.3	6646.1	15463.2	8612.3	-3766.6	93847.6	168.7	1944.0	92072.4	8026.8
	-554.1				-21.5	6475.4	33.6		6509.0	1474.7
150.0		14152.0	1440.4			1424.0	6.5	651.7	778.9	-387.2
19.6	1036.4	25.2			4.3	-62.8	26.4	0.6	-37.0	40.3

投资工业企业主要经济指标（四）
with Hong Kong, Macao, Taiwan and foreign funds（4）

单位：万元

亏损企业亏损总额	利税总额	应交税金及附加	营业收入利润率（%）	资产负债率（%）	总资产贡献率（%）	人均营业收入（万元/人）	流动资产周转率（次/年）	每百元资产实现的营业收入（元）	产成品存货周转天数（天）	应收账款平均回收期（天）	成本费用利润率（%）
188.5	314662.4	121935.7	2.3	74.5	3.0	1293369.5	1.1	98.3	9.8	133.7	2.4
	19277.5	6419.2	9.6	54.8	12.5	1203501.7	3.6	105.1	9.5	29.6	10.5
	10849.3	4887.1	7.5	39.0	12.8	862002.6	1.9	118.1	46.3	22.5	8.2
	74022.3	36270.6	8.1	56.6	25.6	3058180.7	3.0	204.7	2.6	2.7	8.9
	886.2	708.4	1.7	16.0	4.3	555895.5	0.9	76.3	79.6	149.0	1.7
151.5	-139.0	12.5	-2.9	77.1	-11.0	2898055.6	4.4	413.5	57.6		-2.8
	8749.5	3251.6	1.2	43.7	9.4	11994009.8	10.7	576.8	2.2	0.3	1.2
	1924.8	603.2	7.2	40.4	13.2	3596060.6	2.4	161.6	38.3	11.8	7.8
	3668.1	1758.1	11.9	28.5	14.3	748501.8	1.2	79.2	67.4	68.6	13.6
	51518.0	14288.0	24.3	55.5	15.9	3161920.4	0.6	52.6	6.6	274.3	32.3
	129324.2	45278.6	1.2	77.9	1.2	1143310.7	1.0	91.9	10.4	156.7	1.2
	6851.8	1817.5	31.0	6.5	16.6	1449627.6	3.3	51.0	9.8	31.3	43.9
	7588.7	6422.6	0.6	67.4	5.7	12339666.7	2.4	48.3		66.0	0.6
37.0	141.0	218.3	-0.3	65.9	0.9	1739325.0	2.1	83.4		19.9	-0.3

8-10 大中型工业企业

Main economic indicators of large

指 标	企业单位数（个）	亏损企业	工业总产值（当年价格）	年初存货	产成品
总 计	**106**	**28**	**27676418.6**	**3768452.8**	**1463728.5**
煤炭开采和洗选业	19	10	2282820.3	260452.2	153609.7
农副食品加工业	1	1	29074.6	3738.4	64.4
食品制造业	6	1	279616.8	15285.8	3881.9
酒、饮料和精制茶制造业	3		139306.2	16192.6	8454.9
烟草制品业	1		493191.3	60355.0	18087.8
印刷和记录媒介复制业	2	1	17285.1	3806.0	952.3
石油、煤炭及其他燃料加工业	5		1119555.2	94006.5	12401.2
化学原料和化学制品制造业	4	2	478859.4	26288.9	12078.0
医药制造业	2		56639.7	10934.0	5874.2
橡胶和塑料制品业	1		74530.1	21263.2	16566.2
非金属矿物制品业	6	1	205339.0	21632.6	9508.7
黑色金属冶炼和压延加工业	4	2	7920806.9	924672.4	290350.2
有色金属冶炼和压延加工业	1	1	71953.0	11270.1	1740.5
金属制品业	5		786356.3	51391.2	17237.4
通用设备制造业	3		244494.3	146594.6	40609.1
专用设备制造业	9		1278143.6	1034393.3	375240.4
汽车制造业	3	1	76230.5	50982.1	31809.7
铁路、船舶、航空航天和其他运输设备制造业	10	1	836193.3	266157.7	64004.5
电气机械和器材制造业	1		65131.9	36668.8	28345.6
计算机、通信和其他电子设备制造业	3		8643776.9	540398.5	321761.7
仪器仪表制造业	3		37131.1	9303.5	1989.3
电力、热力生产和供应业	5	2	768873.4	69806.9	
燃气生产和供应业	7	3	1664233.9	85240.7	49160.8
水的生产和供应业	2	2	106875.8	7617.8	

主要经济指标（一）
and medium-sized industrial enterprises（1）

单位：万元

资产总计	流动资产合计	应收账款	存货	产成品	长期股权投资	固定资产原价	房屋和构筑物	机器设备
59704678.2	**27351789.7**	**6910890.5**	**4077551.3**	**1391713.2**	**8340071.3**	**28507676.3**	**8199971.3**	**15004091.1**
14010991.2	4682775.5	767513.0	280842.2	144027.2	3288315.7	5333010.6	2736225.5	1698673.1
55730.7	13591.1	223.6	3514.0	49.0	5963.8	37114.6	29798.8	5746.5
296871.6	107557.0	21353.6	15675.9	4956.5	3892.8	217081.4	111338.3	97007.6
122533.3	66704.9	-3021.0	14529.4	8678.2		71632.9	5192.0	21779.6
523428.7	344190.6	15371.3	56617.6	19882.0	100.0	262440.1	100011.9	143946.6
79390.8	39794.4	4634.3	3276.7	707.7	348.2	42381.3	2424.7	13738.9
3197001.3	1506933.3	43342.5	222984.3	26549.7	334557.0	1276105.4	605557.6	503247.6
2257943.7	468482.2	34933.9	40108.2	22525.9	17941.7	1362104.8	564504.2	789049.6
91753.6	50940.1	1358.9	13613.7	7063.2	1028.1	46666.7	20814.1	22765.7
118390.0	17929.7	4096.6	12700.4	8096.4		150324.8	63838.0	85166.2
297343.3	153001.0	95847.6	22166.5	9573.9	4029.3	169349.1	55527.9	91847.3
13290360.3	3277638.7	305688.2	934006.5	306858.9	3593502.0	10363358.6	2492244.4	7823055.5
63760.6	27275.7	6753.8	11297.6	3495.4		66726.7	19287.5	46070.7
360646.4	233643.2	12216.6	55912.7	20747.1	8429.5	137160.9	40531.6	66779.5
413858.4	310999.4	40669.3	150886.3	34176.8	21579.0	85273.1	47507.5	33884.1
4261019.7	3069402.1	821808.5	1130188.9	398394.0	551263.4	687960.3	276706.5	343357.6
112015.9	25771.8	6671.1	8412.5	6361.4	2786.4	107490.1	43803.0	62170.2
2084921.3	1251304.3	450381.3	259613.5	59337.7	99282.8	709403.3	134370.4	226106.9
176126.8	100571.8	30588.5	43159.1	25799.2	2750.0	64691.5	36085.7	28605.8
9469986.2	8846973.3	3806430.4	592064.7	234368.4	15092.0	1071157.2	161191.3	651686.7
84067.1	63172.6	34971.1	12458.4	1580.2	2922.5	16482.0	8570.5	2189.4
3210784.1	1033996.1	160055.6	96671.2		21758.7	3673128.5	364011.8	1401222.2
4567111.8	1464016.7	214179.0	83953.0	48484.4	340523.3	2082538.4	198892.3	747782.8
558641.4	195124.2	34822.8	12898.0		24005.1	474094.0	81535.8	98211.0

8-10 大中型工业企业

Main economic indicators of large

指 标	累计折旧	本年折旧	固定资产净额	在建工程	无形资产
总 计	**13195372.4**	**1177357.9**	**15077926.8**	**2496351.8**	**3196637.1**
煤炭开采和洗选业	2572332.6	180045.1	2723273.8	667408.1	1746645.1
农副食品加工业	6954.9	375.4	30159.7	446.5	5709.8
食品制造业	62477.5	7251.9	154603.9	3449.4	18151.1
酒、饮料和精制茶制造业	44138.9	2309.0	27009.5	22093.1	6952.6
烟草制品业	114357.9	17283.1	148082.1	7599.4	21057.5
印刷和记录媒介复制业	27483.5	1567.1	14897.8	22072.5	1468.6
石油、煤炭及其他燃料加工业	511251.1	69913.2	764854.3	436377.9	173843.4
化学原料和化学制品制造业	128818.6	57575.1	1209435.2	420652.1	57972.9
医药制造业	14721.7	2693.5	31945.0	835.6	953.1
橡胶和塑料制品业	53218.4	5834.6	97105.3	514.2	1187.2
非金属矿物制品业	49184.8	8089.8	119298.2	16010.5	4787.6
黑色金属冶炼和压延加工业	5819482.6	362043.2	4477384.6	152394.3	813002.1
有色金属冶炼和压延加工业	16847.1	3143.7	34774.9	40.4	1652.8
金属制品业	49906.4	6075.9	83819.0	7230.3	21461.4
通用设备制造业	30357.4	4954.9	54915.6	1321.3	23483.7
专用设备制造业	316106.8	24135.4	371514.5	29931.1	79954.2
汽车制造业	37935.8	2498.0	69508.0	793.3	15606.6
铁路、船舶、航空航天和其他运输设备制造业	180391.5	34636.1	454109.8	37577.0	106402.7
电气机械和器材制造业	6423.0	558.3	55268.5	8797.2	5607.3
计算机、通信和其他电子设备制造业	647461.3	97928.7	421953.6	6752.7	22914.5
仪器仪表制造业	4304.0	741.0	12177.9		3640.7
电力、热力生产和供应业	1741458.5	193498.5	1926443.7	129508.1	26279.6
燃气生产和供应业	539760.8	71751.0	1541295.2	486222.3	37902.6
水的生产和供应业	219997.3	22455.4	254096.7	38324.5	

主要经济指标（二）
and medium-sized industrial enterprises（2）

单位：万元

土地使用权	负债合计	流动负债合计	应付账款	所有者权益合计	实收资本	国家资本	集体资本	法人资本
1106404.2	43238373.6	32350715.2	9302586.5	16466304.0	9966800.0	4758831.9	175699.1	3891717.9
237466.4	12733441.6	8721417.6	1554295.8	1277549.2	4092253.1	2226322.7	20457.6	1646887.6
5325.0	58775.4	36693.5	21547.8	-3044.7	3667.0		3667.0	
17564.1	152118.5	136944.4	36352.5	144753.2	37554.6			29078.4
6428.3	74448.8	74366.8	16335.0	48084.5	32112.8	3800.0		20000.0
20184.4	115432.5	113432.5	56327.5	407996.1	61319.6			61319.6
630.1	53601.8	47376.1	-1886.0	25789.0	13431.6	8500.0		4931.6
45361.3	1781369.9	1467213.1	535528.6	1415631.3	391500.0			371900.0
7846.4	1817164.7	1231036.4	253087.7	440778.8	447466.5	258579.1	150974.5	33405.3
	53618.9	42754.3	3195.6	38134.8	10733.6			10733.6
941.9	114757.4	114120.9	98954.9	3632.6	30000.0	30000.0		
4688.2	210367.4	186928.8	103964.3	86975.9	76267.4	53589.5		17362.9
539547.0	7703671.7	5754947.8	789138.0	5586688.8	1395980.7	752467.9		434517.4
1651.1	32830.0	31490.3	1420.6	30930.6	3064.3			3064.3
21269.3	177867.3	149196.9	45582.8	182779.1	71075.8	40138.0	600.0	
23381.5	316430.2	286701.1	35997.8	97428.2	24944.5	20000.0		4944.5
20871.1	3042585.0	2549935.7	675565.8	1218434.7	573702.3			560012.3
15591.8	147937.8	147068.6	6301.5	-35922.0	24626.9	1661.3		22195.1
49178.0	993522.6	749181.4	282191.4	1091398.7	588578.4	273097.0		300563.6
5602.6	120269.7	66617.0	33694.4	55857.1	5030.0	4280.0		
22901.7	7177575.4	7175740.7	4086581.2	2292410.8	880401.5			270000.0
1493.8	26191.6	25513.2	9898.2	57875.5	17708.0	765.0		12051.7
25252.3	2170704.0	1103637.7	323312.9	1040080.0	494230.4	478230.4		6000.0
33227.9	3841749.2	1918304.5	203470.1	725362.6	583949.1	500199.1		82750.0
	321942.2	220095.9	131728.1	236699.2	107201.9	107201.9		

8-10　大中型工业企业

Main economic indicators of large

指　标				营业收入	主营业务收入
	个人资本	港澳台资本	外商资本		
总　计	**479140.1**	**311961.5**	**349449.2**	**29590502.0**	**29048015.4**
煤炭开采和洗选业	198585.1			3000933.8	2814475.1
农副食品加工业				29028.4	29028.4
食品制造业	8476.2			259675.6	249220.6
酒、饮料和精制茶制造业			8312.8	145591.2	144536.5
烟草制品业				475532.3	475043.2
印刷和记录媒介复制业				27839.9	27051.3
石油、煤炭及其他燃料加工业	11725.0		7875.0	1429411.9	1423704.3
化学原料和化学制品制造业	4507.5			458212.8	456734.3
医药制造业				45147.2	43503.2
橡胶和塑料制品业				76068.5	75795.2
非金属矿物制品业	5315.0			202545.4	202080.5
黑色金属冶炼和压延加工业	208995.3			8678033.1	8556976.2
有色金属冶炼和压延加工业				73240.6	72565.5
金属制品业	337.8		30000.0	776868.4	775626.8
通用设备制造业				213932.6	212192.4
专用设备制造业	13690.0			1220360.2	1187304.6
汽车制造业	770.5			111669.3	88977.3
铁路、船舶、航空航天和其他运输设备制造业	10096.4		4821.4	856403.5	844998.4
电气机械和器材制造业	750.0			47057.7	47057.7
计算机、通信和其他电子设备制造业		311961.5	298440.0	8772829.0	8718673.7
仪器仪表制造业	4891.3			40584.9	40584.9
电力、热力生产和供应业	10000.0			815614.9	785641.8
燃气生产和供应业	1000.0			1726778.5	1669558.6
水的生产和供应业				107142.3	106684.9

主要经济指标（三）
and medium-sized industrial enterprises（3）

单位：万元

营业成本	税金及附加	销售费用	管理费用	研发费用	财务费用			资产减值损失
						利息费用	利息收入	
26010817.5	**508697.0**	**520507.4**	**976573.4**	**491964.7**	**785715.6**	**921621.00**	**171898.70**	**191703.30**
2316814.3	169533.7	28895.0	389297.3	44078.4	287896.6	278201.00	17018.10	-3589.90
26545.2	279.4	524.2	1938.8		2552.2	2519.50	27.70	
199551.7	1591.2	16808.8	10763.5	4017.9	2452.9	2409.80	-134.00	84.80
92889.6	10246.3	21029.2	4626.1	174.1	-277.4		196.70	604.20
161182.8	221570.9	6441.4	27647.7	144.5	-3785.4		3791.10	7009.40
20294.4	262.9	2720.2	5291.2		1051.5	94.50	9.00	23.10
1131395.8	11765.5	48210.9	51104.1	6169.5	15943.5	16091.40	-661.40	37677.90
367177.4	3061.8	14022.7	19305.2	5730.3	68190.3	78515.20	-12514.90	2040.30
16881.4	640.9	10198.8	8852.6	3904.5	109.4	199.10	36.20	440.70
68239.1	1329.4	898.8	3826.7	927.5	33.7		2.10	160.80
166078.8	1110.1	20231.9	9278.0	4718.2	4951.5	3862.00	84.30	673.10
7620877.9	44143.7	156721.2	146669.7	233558.5	205059.9	207676.00	21914.20	96707.60
65246.8	120.6	1388.5	1587.9	3515.6	3997.8	4017.00	19.90	976.40
723177.5	1529.2	7120.8	16744.8	5448.7	364.2	987.00	588.70	2243.90
174777.0	1343.5	7435.5	14537.2	7972.2	4285.3	4274.40	211.00	-80.80
1019604.2	7031.8	39698.1	61285.1	47676.2	67339.2	82329.20	21287.20	12856.40
115833.7	906.0	7709.8	19036.1	3292.1	1356.3	1306.80	24.80	3712.30
657507.9	5855.2	20110.3	43183.6	36489.7	13809.5	12992.70	1726.60	2308.50
41798.6	231.9	1449.9	1916.4	2261.4	232.8	255.90	26.30	
8528087.7	16023.1	4892.8	56862.2	76504.0	-38806.6	80759.50	111790.80	9388.70
25329.7	318.1	3827.1	2893.0	2894.9	490.5	451.80	-3.00	167.60
819230.1	4298.2	1237.3	27147.9	660.0	57727.0	59185.60	2649.00	1372.20
1539627.7	4257.8	92141.5	35828.2	1826.5	85258.7	81744.60	3449.50	16926.10
112668.2	1245.8	6792.7	16950.1		5482.2	3748.00	358.80	

8-10 大中型工业企业
Main economic indicators of large

指 标	其他收益	投资收益	公允价值变动收益	资产处置收益	营业利润
总 计	**175771.8**	**382347.9**	**14333.8**	**-24537.9**	**654235.7**
煤炭开采和洗选业	6533.1	114636.3	-10.2	2085.8	-108747.2
农副食品加工业					-2811.4
食品制造业	3173.1	213.5		-9.6	27781.8
酒、饮料和精制茶制造业	282.6				16581.5
烟草制品业					55321.0
印刷和记录媒介复制业	116.7	54.9			-1631.9
石油、煤炭及其他燃料加工业	1412.7	405.0		-22442.2	106520.8
化学原料和化学制品制造业	495.8	-28.3		83.6	-20765.2
医药制造业	1102.6	61.3			5282.8
橡胶和塑料制品业	129.6			6.5	788.6
非金属矿物制品业	1777.1				-2718.5
黑色金属冶炼和压延加工业	12410.1	207298.8	-395.6	36.2	393643.9
有色金属冶炼和压延加工业	590.8				-3002.3
金属制品业	2699.8	249.5	194.3	-63.8	23318.9
通用设备制造业		15.3		32.1	3710.1
专用设备制造业	54736.5	24319.2		1010.1	47014.4
汽车制造业	2589.8			13.8	-37573.7
铁路、船舶、航空航天和其他运输设备制造业	4526.8	4843.7		295.6	86804.9
电气机械和器材制造业	772.7	835.0			774.5
计算机、通信和其他电子设备制造业	14105.7	20478.1	14545.3	-3681.1	165325.1
仪器仪表制造业	956.1	682.1		3.1	6305.1
电力、热力生产和供应业	37288.9	1390.5		42.2	-57337.2
燃气生产和供应业	29745.1	5251.0		-1950.2	-16321.7
水的生产和供应业	326.2	1642.0			-34028.6

主要经济指标（四）
and medium–sized industrial enterprises（4）

单位：万元

营业外收入	营业外支出	利润总额	所得税费用	应付职工薪酬	应交增值税	平均用工人数（万人）	期末用工人数（万人）	从业人员期末人数（万人）
84534.8	**88758.1**	**650012.9**	**161796.4**	**2800223.8**	**452575.7**	**25.3**	**24.7**	**24.3**
37879.8	27298.3	–98166.0	28772.2	886162.3	163138.5	6.9	6.6	6.5
118.1	88.6	–2781.9		2753.7	1068.5	0.1	0.1	0.1
909.6	2111.2	26580.1	5459.2	20262.3	6355.8	0.3	0.3	0.3
237.3	352.9	16465.8	3714.4	28758.0	5576.1	0.2	0.2	0.2
3146.1	2235.4	56231.7	14152.4	31590.9	41414.3	0.1	0.1	0.1
491.6	18.6	–1158.9	144.3	6113.1	757.5	0.1	0.1	0.1
3581.9	4448.8	105653.8	26863.8	41919.0	9136.7	0.6	0.6	0.6
312.0	168.8	–20621.8	1168.1	35578.0	4440.0	0.4	0.4	0.4
168.3	305.4	5145.7	434.7	5847.1	2279.2	0.1	0.1	0.1
583.0	83.0	1288.6		7653.0	2328.9	0.1	0.1	0.1
295.4	140.2	–2563.2	244.4	20903.6	6149.2	0.2	0.2	0.2
2383.9	29852.9	366174.8	36398.1	449128.2	107969.4	2.6	2.6	2.6
20.3	0.3	–2982.3	93.4	2783.9	–4448.9			
1489.2	529.5	24278.6	4172.3	42654.6	3825.5	0.4	0.4	0.4
147.9	53.7	3804.3	698.1	26393.0	5633.5	0.3	0.3	0.3
2170.9	3574.2	45611.2	676.9	145507.8	35514.5	1.1	1.1	1.2
1265.9	14239.3	–50547.1	35.4	15361.3	2022.7	0.2	0.2	0.1
10070.6	126.5	96749.7	13837.3	97585.4	22639.2	0.6	0.6	0.6
	8.7	765.8	115.5	4581.3	432.4	0.1	0.1	0.1
377.0	1944.0	163758.2	16805.4	701538.3	26073.4	8.8	8.3	8.3
1031.6	31.9	7304.9	632.9	9305.5	3027.9	0.1	0.1	0.1
5076.4	145.0	–52405.8	273.1	99391.6	–4871.4	0.8	0.9	0.7
6247.1	863.6	–10938.2	7104.5	78119.7	9416.2	0.7	0.7	0.8
6530.9	137.3	–27635.1		40332.2	2696.6	0.3	0.3	0.3

8-10 大中型工业企业
Main economic indicators of large

指 标	从业人员平均人数（万人）	亏损企业亏损总额	利税总额	应交税金及附加	营业收入利润率（%）
总 计	**25.0**	**508098.3**	**1611285.6**	**1123069.1**	**2.2**
煤炭开采和洗选业	6.6	273846.6	234506.2	361444.4	-3.3
农副食品加工业	0.1	2781.9	-1434.0	1347.9	-9.6
食品制造业	0.3	1534.5	34527.1	13406.2	10.2
酒、饮料和精制茶制造业	0.2		32288.2	19536.8	11.3
烟草制品业	0.1		319216.9	277137.6	11.8
印刷和记录媒介复制业	0.1	1738.0	-138.5	1164.7	-4.2
石油、煤炭及其他燃料加工业	0.6		126556.0	47766.0	7.4
化学原料和化学制品制造业	0.4	28108.7	-13120.0	8669.9	-4.5
医药制造业	0.1		8065.8	3354.8	11.4
橡胶和塑料制品业	0.1		4946.9	3658.3	1.7
非金属矿物制品业	0.2	5665.2	4696.1	7503.7	-1.3
黑色金属冶炼和压延加工业	2.6	11573.7	518287.9	188511.2	4.2
有色金属冶炼和压延加工业		2982.3	-7310.6	-4234.9	-4.1
金属制品业	0.4		29633.3	9527.0	3.1
通用设备制造业	0.3		10781.3	7675.1	1.8
专用设备制造业	1.2		88157.5	43223.2	3.7
汽车制造业	0.2	52193.3	-47618.4	2964.1	-45.3
铁路、船舶、航空航天和其他运输设备制造业	0.6	4057.0	125244.1	42331.7	11.3
电气机械和器材制造业	0.1		1430.1	779.8	1.6
计算机、通信和其他电子设备制造业	8.8		205854.7	58901.9	1.9
仪器仪表制造业	0.1		10650.9	3978.9	18.0
电力、热力生产和供应业	0.8	54251.0	-52979.0	-300.1	-6.4
燃气生产和供应业	0.8	41731.0	2735.8	20778.5	-0.6
水的生产和供应业	0.3	27635.1	-23692.7	3942.4	-25.8

主要经济指标（五）

and medium-sized industrial enterprises（5）

单位：万元

资产负债率（%）	总资产贡献率（%）	人均营业收入（万元/人）	流动资产周转率（次/年）	每百元资产实现的营业收入（元）	产成品存货周转天数（天）	应收账款平均回收期（天）	成本费用利润率（%）
72.4	**4.0**	**1169270.8**	**1.1**	**49.6**	**19.3**	**84.1**	**2.3**
90.9	3.5	436715.4	0.6	21.4	22.4	92.1	-3.2
105.5	1.9	524925.9	2.1	52.1	0.7	2.8	-8.8
51.2	12.5	798510.5	2.4	87.5	8.9	29.6	11.4
60.8	26.2	832901.6	2.2	118.8	33.6	-7.5	13.9
22.1	60.3	5214170.0	1.4	90.8	44.4	11.6	29.3
67.5	-0.1	236935.3	0.7	35.1	12.6	59.9	-3.9
55.7	4.5	2518787.5	0.9	44.7	8.4	10.9	8.4
80.5	3.5	1050464.9	1.0	20.3	22.1	27.4	-4.3
58.4	9.0	628791.1	0.9	49.2	150.6	10.8	12.9
96.9	4.2	574101.9	4.2	64.3	42.7	19.4	1.7
70.7	2.8	847470.3	1.3	68.1	20.8	170.4	-1.2
58.0	5.3	3281540.2	2.6	65.3	14.5	12.7	4.4
51.5	-5.2	1897424.9	2.7	114.9	19.3	33.2	-3.9
49.3	8.3	1884688.0	3.3	215.4	10.3	5.7	3.2
76.5	3.6	618659.9	0.7	51.7	70.4	68.4	1.8
71.4	3.5	1076060.5	0.4	28.6	140.7	242.4	3.7
132.1	-41.4	595569.6	4.3	99.7	19.8	21.5	-34.3
47.7	6.5	1332923.7	0.7	41.1	32.5	189.3	12.5
68.3	0.9	610346.3	0.5	26.7	222.2	234.0	1.6
75.8	1.8	1002505.9	1.0	92.6	9.9	156.2	1.9
31.2	13.2	388372.2	0.6	48.3	22.5	310.2	20.6
67.6	0.1	991147.0	0.8	25.4		70.6	-5.8
84.1	1.8	2313476.0	1.2	37.8	11.3	44.7	-0.6
57.6	-3.6	337775.2	0.5	19.2		117.0	-19.5

第9篇

交通运输和邮电

Transportation, Post and Telecommunications

资料整理、审核

刘 阳 陈 娟

9-1　民用汽车拥有量
Number of civil motor vehicles

单位：辆

指　标	2020	2019	比 2019 年增长（%）
总　计	1845105	1720014	7.3
一、汽车	1794427	1683723	6.6
# 载客汽车	1644335	1545098	6.4
载货汽车	141712	131508	7.8
其他汽车	8380	7117	17.7
# 个人汽车	1585272	1490429	6.4
二、电车	78	97	-19.6
三、摩托车	25864	13715	88.6
四、拖拉机	7881	7941	-0.8
五、挂车	16835	14419	16.8
六、其他类型	20	119	-83.2

9-2　公路运输线路长度
Length of highway transport routes

单位：公里

指标	2020	2019
公路线路里程	**7243.08**	**7620.51**
#等级公路	7217.20	7518.72
#晴雨通车里程	7224.63	7564.97
#高速公路	292.75	286.89
小 店 区	696.39	977.63
迎 泽 区	168.22	168.36
杏花岭区	256.46	269.51
尖草坪区	667.55	663.78
万柏林区	510.37	511.29
晋 源 区	562.87	624.33
清 徐 县	1288.16	1341.82
阳 曲 县	1258.41	1209.99
娄 烦 县	809.83	836.85
古 交 市	1024.83	1016.95
每百平方公里平均里程	**103.65**	**109.06**

9–3　旅客运输量
Passenger traffic

指　标	2020	2019	比 2019 年增长（%）
旅客发送量总计（万人）			
铁路	1822.31	3096.38	–41.2
民航	901.32	1400.26	–35.6

9–4　货物运输量
Freight traffic

指　标	2020	2019	比 2019 年增长（%）
货物运输量总计（万吨）			
铁路	4125.93	3886.57	6.2
民航	5.08	5.76	–11.9

9–5　公路通车里程
Lenth of highways

单位：万吨

指　标	单　位	2020	比 2019 年增长（%、百分点）
公路通车里程	**公里**	**7243.08**	**–5.0**
按隶属关系分			
国道	公里	624.72	
省道	公里	258.73	2.3
县公路	公里	991.30	–0.4
乡公路	公里	1697.53	–0.2
村道	公里	3576.72	–9.5
专用公路	公里	94.08	–1.0
按等级分			
等级里程	公里	7217.20	–4.0
高速	公里	292.75	2.0
一级	公里	245.75	7.2
二级	公里	940.51	0.2
三级	公里	1307.87	1.5
四级	公里	4430.32	–7.2
等外里程	公里	25.88	–74.6
等级公路占总里程比重	%	99.6	1.0
按铺装质量分			
有铺装路面里程	公里	6720.923	7.7
占总里程比重	%	92.8	13.3
简易铺装路面里程	公里	320.98	–52.9
占总里程比重	%	4.4	–50.5
未铺装路面里程	公里	201.17	–71.1
占总里程比重	%	2.8	–69.6
百平方公里公路网密度	公里	103.65	–5.0

9-6 公路绿化里程
Lengh of afforest highways

指　标	单　位	2020	比 2019 年增长（%、百分点）
公路绿化里程	**公里**	**2910.808**	**27.3**
国道	公里	412.609	0.0
省道	公里	173.144	3.5
县公路	公里	977.387	46.9
乡公路	公里	843.847	38.1
村道	公里	421.907	21.2
专用公路	公里	81.914	–0.2
县级以下公路绿化率	**%**	**36.56**	**–36.0**
县公路	%	98.60	33.1
乡公路	%	49.71	0.8
村道	%	11.80	–74.0
专用公路	%	87.07	–9.6

9-7 乡镇、村通公路、通油路情况
Traffic connection of towns, townships and villages

指　标	单位	数量
乡镇总数	**个**	**52**
通油路乡镇数	个	52
乡镇通油路率	%	100
行政村总数	**个**	**636**
通公路行政村数	个	636
行政村通公路率	%	100
通硬化路行政村数	个	636
行政村通油路率	%	100

9-8 2020年太原局铁路线路里程
Length of railways of Taiyuan Bureau in 2020

线路名称	起始地点	营业里程（公里）	延展里程（公里）
京包	郭磊庄	155.5	434.552
太焦	修文	190.7	273.479
南同蒲	榆次客	478.29	1368.013
侯西	侯马站	76.597	218.007
侯月	侯马北	150.29	434.396
太中	太原南	219.645	516.548
瓦日	瓦塘	499.779	1097.522
北同蒲	大同	334.65	1140.946
京原	灵丘	174.744	258.65
石太	赛鱼	105.24	526.809
口泉	平旺	9.73	100.496
宁岢	宁武	95.371	170.199
忻河	忻州	39.942	58.138
兰村	太原北六场	12.657	18.583
太北Ⅰ-Ⅵ场联	太原北一场		1.957
介西	介休	46.907	150.868
二峰山	翼城东	4.323	7.485
礼垣	礼元	44.28	53.43
大秦	韩家岭	652	1826.737
韩原	薛孤		11.229
韩原	韩家岭	153.309	320.257
太兴	太原北六场	164.297	340.94
吕临	173线路所	37.981	46.019
朔准	店坪南	212.396	263.345
西南环	皇后园	57.854	165.359
秦皇岛进出港	与北京局分界	0.3	9.96
湖大	湖东	21.762	64.803
孝柳	孝西	115.968	191.56
大秦津山上联	王岭线路所2#岔		
大秦四期煤码头	柳村站	7.64	68.514
秦东联络	秦东上联线路所	14.42	79.89
大秦津蓟上联	蓟县西	5.098	5.098
大秦津蓟下联	蓟县西		5.103
义万联	义棠		5.294
皇太联络	皇后园		5.767
太北Ⅴ-Ⅵ场联	太原北		1.562
榆联	榆次客	1.8	0.848
介休洗选	义棠		15.419
洗选介西	介休工业		1.767
南联	东信号所	1.228	1.228
龙联	与北京局分界	1.9	10.293
大包下发	大西二场		5.713
大包上引	大同北		3.43
薛梅	薛孤		8.782
大同北环	大西二场		15.681
同蒲大秦上联	西韩岭线路所	0.228	6.909
同蒲大秦下联	西韩岭线路所	5.75	5.813
云岗大秦上联	小站线路所		20.848
云岗大秦下联	云岗		18.998
汾太疏解	太原北六场		3.791
茶高联	茶坞	5.946	2.947
大段上联	大石庄	5.876	6.652

9-8 续表 1

线路名称	起始地点	营业里程(公里)	延展里程(公里)
大段下联	大石庄	5.545	6.26
大秦三期煤码头	柳村站		67.057
侯北南环	侯马北		3.113
榆次联 1	榆次客		1.237
榆次联 2	榆次客		3.245
东港	滦南	49.278	164.651
高曲联	高显		17.055
迁曹	迁安北	121.2	287.816
迁曹	迁安北站		7.404
京唐港	葡萄线路所	9.112	18
滦菱	与北京局分界	7.932	18.325
滦菱	与北京局分界		1.291
太原南立折	鸣李		1.953
曹港	阎武营线路所	3.133	3.213
燕大上行联络	大同东		0.757
古大联络	大同东		19.282
白彪疏解	白彪线路所		8.029
货联	榆编Ⅳ场		21.646
义万疏解	四公里线所		1.824
石太动车	太原南		4.854
大西动车	太原南		4.852
太南动车走行	太原南		49.847
运城北动车走行左	运城北		2.73
运城北动车走行右	运城北		3.621
侯西联络	侯马北	4.029	7.796
白文疏解	白文东		4.143
白文北疏解	白文东		4.189
吕临货联	173 线路所		5.307
吕临客联	西属巴	5.513	2.212
曹西	曹妃甸北	18.388	231.827
北东联络	陡泉右线路所		1.411
东北联络	三交东		5.776
东南联络	陡泉左线路所		1.224
岗樊联络	岗上线路所	4.427	9.207
太北Ⅳ – Ⅵ场联	太原北		2.713
西三下联	西张	5.028	5.439
西三上联	西张		4.116
太善村下联	太善村线路所	2.678	2.818
太善村上联	太善村线路所		3.422
大同南动走左	大同南		17.658
大同南动走右	大同南		0.905
刘家堡疏解	刘家堡线路所	4.237	10.319
石太客专	东凌井 – 太原东	10.5	20.967
石太客专	长风街线路所	3.613	9.536
大西高速	樊家庄线路所	524.372	1128.237
大西高速	西涧河线路所	11.257	98.396
郑太客专	鸣李	8.457	29.62
郑太客专	襄垣东	163.827	339.802
张大客专	怀安	133.923	284.075
云岗	大西四场		0.924
玉门沟	太原西	12.934	64.526
中鼎联络	榆编Ⅱ场	14.244	6.879

9-9　邮电局（所）邮电线路及通信工具拥有量
Amount of telecommunication lines and communication tools owned by post and telecommunication office

指　标	单　位	2020	2019	比 2019 年增长 %
邮路总条数	条	361	347	4.0
邮路总长度	公里	113021	89482.8	26.3
函件	万件	411.24	520.62	-21.0
包裹	万件	5.12	4.02	27.4
快递	万件	22600.00	14256.42	58.7
汇兑业务	万笔	7.71	12.45	-38.1
订销报纸	万份	9673.4	9232.75	4.8
订销杂志	万份	338.21	360.56	-6.2
软交换接入设备容量	门	817224	829938	-1.5
IMS 网络	门	170000	372000	-54.3

9-10　邮电业务量
Volume of post and telecommunication services

指　标	单　位	2020	2019	比 2019 年增长 %
邮电业务总量	**万元**	**6520856**	**5102438**	**27.8**
邮政业务总量	万元	572000	425000	34.6
电信业务总量	万元	5948856	4677438	27.2
全市电话用户	**户**	**9794343**	**9114985**	**7.5**
固定电话用户	户	677201	769075	-11.9
# 公用电话	户	10367	144313	-92.8
移动电话用户	户	9117142	8345910	9.2
#3G 用户	户	13	58133	-100.0
4G 用户	户	6181148	6879429	-10.2
互联网用户	**户**	**2440022**	**2240860**	**8.9**
# 宽带用户	户	2417750	2218562	9.0

第10篇

国内外贸易和旅游

Domestic and Foreign Trade, Tourism

资料整理、审核

李红令　陶姝钰　董永新　刘嘉信

刘文婷　张　媛　郭亚斐

10-1　社会消费品零售总额
Total retail sales of consumer goods

单位：万元

指　标	2020	2019	比上年增长 %
社会消费品零售额	16551130.7	17690124.7	-6.4
一、按销售地区分			
城镇	15745176.4	16821372.7	-6.4
# 城区	12255314	12950940.3	-5.4
乡村	805954.3	868752.0	-7.2
二、消费形态分			
餐饮收入	841673	1056100.6	-20.3
商品零售	15709457.7	16634024.1	-5.6

10-2　限额以上连锁零售餐饮业经营情况
Management of chain enterprises above designated size in retail trade and catering service

指　标	单　位	总计	直营店	加盟店
门店总数	个	4253	1948	2305
营业面积	平方米	1404052	1179216	224836
从业人员	人	30827	20456	10371
销售额	万元	2269913	1926222	343692
# 零售额	万元	2260522	1916831	343692
比 2019 年增长速度				
门店总数	%	4.2	2.7	5.5
营业面积	%	5.2	-0.4	49.2
从业人员	%	-5.2	-8.7	2.6
销售额	%	-15.8	-20.0	19.7
# 零售额	%	-15.8	-20.1	19.7

10-3　限额以上批发零售业

Purchase, sale and inventory of corporation enterprises

指　标	法人企业数（个）	从业人员期末人数（人）	商品购进额	进口
总计	**1333**	**78491**	**46508481.5**	**963120.7**
一、批发业	**730**	**33382**	**39497304.6**	**783186.4**
农、林、牧、渔产品批发	7	1938	36391.3	
谷物、豆及薯类批发	3	92	21686.6	
种子批发	2	156	9416.7	
棉、麻批发	1	6	2506.1	
林业产品批发	1	1684	2781.9	
食品、饮料及烟草制品批发	69	5353	1459301.6	
米、面制品及食用油批发	5	169	90547.7	
糕点、糖果及糖批发	1			
果品、蔬菜批发	5	823	297570.4	
肉、禽、蛋、奶及水产品批发	11	321	44677.9	
盐及调味品批发	7	475	62827.4	
营养和保健品批发	2	94	9810.7	
酒、饮料及茶叶批发	21	1154	270169.4	
烟草制品批发	1	750	449844.1	
其他食品批发	16	1567	233854.0	
纺织、服装及家庭用品批发	32	2251	1382119.1	
服装批发	11	1424	97972.3	
鞋帽批发	2	92	10376.7	
化妆品及卫生用品批发	1	18	6102.9	
厨具卫具及日用杂品批发	2	69	9270.2	
家用视听设备批发	4	285	117594.8	
日用家电批发	12	363	1140802.2	
文化、体育用品及器材批发	25	929	690064.2	
文具用品批发	10	243	225055.0	
体育用品及器材批发	3	111	47092.1	
图书批发	4	368	168784.8	
首饰、工艺品及收藏品批发	7	202	249027.3	
乐器批发	1	5	105.0	
医药及医疗器材批发	117	9661	3763387.4	14427.1

法人企业商品购进、销售和库存
in wholesale and retail trade above designated size

单位：万元

商品销售额	批发额		零售额	期末商品库存额
		出口		
49592847.4	40903839.0	212982.8	8685935.1	2605940.6
41298391.9	40433617.7	212982.8	861700.9	1676710.4
117925.0	117925.0			78688.9
19566.2	19566.2			11334.3
17282.4	17282.4			17556.0
2986.6	2986.6			
78089.8	78089.8			49798.6
1825690.3	1657098.5	323.5	166904.4	221239.6
106421.3	97411.3		9010.0	5743.7
310852.0	308800.6		2051.4	15487.2
47117.0	43803.0		1626.6	986.5
83342.3	77935.3		5407.0	2759.9
14974.0	14974.0			563.0
339672.8	325042.0	323.5	14630.8	159396.4
655813.6	655813.6			21644.7
267497.3	133318.7		134178.6	14658.2
1403053.4	1108459.0	9718.8	294590.9	94739.0
109317.9	108710.3		607.6	37342.9
11202.6	10774.9		427.7	280.6
5171.1	5171.1			1904.5
10291.2	10291.2	4963.9		743.4
122951.2	122784.3		166.9	49591.7
1144119.4	850727.2	4754.9	293388.7	4875.9
726112.0	715057.2	55908.7	11054.8	53917.6
236368.1	232994.7		3373.4	18650.2
55908.7	55908.7	55908.7		708.8
176254.9	173728.6		2526.3	10394.3
257042.3	251965.2		5077.1	24105.3
538.0	460.0		78.0	59.0
4173232.7	4043129.2	848.5	130103.5	388524.3

10–3　续表 1

指　标	法人企业数（个）	从业人员期末人数（人）	商品购进额	进口
西药批发	41	6037	2835165.9	14100.9
中药批发	22	1625	318447.7	
医疗用品及器材批发	54	1999	609773.8	326.2
矿产品、建材及化工产品批发	323	9514	30764193.3	682527.1
煤炭及制品批发	129	5528	18108165.3	92356.8
石油及制品批发	23	1059	2129076.8	
非金属矿及制品批发	1	17	2513.6	
金属及金属矿批发	97	1458	5101738.9	580583.8
建材批发	36	589	936162.6	6571.7
化肥批发	8	245	3742894.1	66.3
其他化工产品批发	29	618	743642.0	2948.5
机械设备、五金产品及电子产品批发	144	3496	1291292.2	21643.6
农业机械批发	1	20	2099.9	
汽车及零配件批发	42	602	363933.1	
摩托车及零配件批发	2	33	14383.7	
五金产品批发	15	272	73206.6	
电气设备批发	4	58	17908.6	
计算机、软件及辅助设备批发	19	667	176620.8	
通讯设备批发	8	264	145484.3	
其他机械设备及电子产品批发	53	1580	497655.2	21643.6
贸易经纪与代理	4	21	74453.2	64588.6
贸易代理	4	21	74453.2	64588.6
其他批发业	9	219	36102.3	
再生物资回收与批发	5	131	23754.2	
宠物食品用品批发	1	35	4383.7	
互联网批发	1	4	331.9	
其他未列明批发业	2	49	7632.5	
内资企业	722	31965	38073707.8	181961.2
国有企业	4	903	811937.8	
集体企业	2	169	9535.0	
有限责任公司	158	14216	24773552.3	150505.2
国有独资公司	22	1629	2353513.7	693.4
其他有限责任公司	136	12587	22420038.6	149811.8
股份有限公司	9	2417	4080315.3	
私营企业	549	14260	8398367.4	31456.0
私营有限责任公司	540	13866	8343341.4	31456.0

商品销售额	批发额	出口	零售额	期末商品库存额
3104763.3	3002066.0	844.5	102697.3	282118.0
364736.2	357495.2		7241.0	43836.2
703733.2	683568.0	4.0	20165.2	62570.1
31500838.2	31435873.4	40029.8	64099.2	663034.8
18468306.1	18435949.2	6429.8	32287.5	274469.4
2188974.2	2169155.2		19819.0	86768.4
2372.8	2372.8	2342.4		1037.2
5213065.9	5211713.8	14713.7	555.9	216956.7
1025709.5	1025709.5	2823.1		39131.1
3755149.6	3752943.1	331.7	2206.5	28125.1
847260.1	838029.8	13389.1	9230.3	16546.9
1434738.7	1239365.4	30512.1	194856.5	172187.5
1997.8	1997.8			105.8
381886.6	268821.8		113064.8	34708.4
14589.3	14075.6		513.7	2652.9
89371.0	82313.9	6982.2	7057.1	5110.6
19236.9	19236.9			869.5
179182.7	167028.9		12153.8	26604.2
169242.2	163746.5		4978.9	19466.0
579232.2	522144.0	23529.9	57088.2	82670.1
75650.0	75650.0	75641.4		96.7
75650.0	75650.0	75641.4		96.7
41151.6	41060.0		91.6	4282.0
25181.5	25181.5			2670.5
5405.5	5314.1		91.4	537.5
260.4	260.2		0.2	90.6
10304.2	10304.2			983.4
39825922.5	38961148.3	212982.8	861700.9	1525148.0
1021165.6	1021165.6			22134.0
15315.1	15315.1			1508.1
25438152.8	25234357.0	49343.3	202035.5	822639.6
2406183.7	2398421.6	1771.4	7762.1	31541.9
23031969.1	22835935.4	47571.9	194273.4	791097.7
4443427.4	4299418.7		144008.7	93419.0
8907861.6	8390891.9	163639.5	515656.7	585447.3
8843378.1	8333559.4	163639.5	508505.7	577449.8

10-3　续表 2

指　标	法人企业数（个）	从业人员期末人数（人）	商品购进额	进口
私营股份有限公司	9	394	55026.0	
港、澳、台商投资企业	5	888	1378733.8	580506.7
与港澳台商合资经营企业	3	282	1326710.4	580506.7
港澳台商独资企业	2	606	52023.4	
外商投资企业	3	529	44863.0	20718.5
中外合资经营企业	3	529	44863.0	20718.5
国有控股	106	12201	26379011.7	730962.8
集体控股	4	395	745647.0	
私人控股	602	18168	9797545.1	52223.6
港澳台商控股	4	829	67525.6	
其他	14	1789	2507575.2	
独立门店	423	16555	16132741.8	673319.9
连锁总店（总部）	1	67	4162.8	
连锁加盟店	1	8	11298.5	
其他	305	16752	23349101.5	109866.5
大型	17	10308	8764764.5	
中型	219	16615	23497793.6	714812.5
小型	364	5677	5461466.2	61485.8
微型	130	782	1773280.3	6888.1
城镇	687	31397	38713579.6	783109.3
其中：城区	562	25805	23332715.1	658335.1
乡村	43	1985	783725.0	77.1
港商投资	5	888	1378733.8	580506.7
澳商投资	3	675	54998.5	
二、零售业	**603**	**45109**	**7011176.9**	**179934.3**
综合零售	42	11076	1101468.1	
百货零售	20	2236	320029.6	
超级市场零售	19	8733	751462.8	
便利店零售	2	65	10038.4	
其他综合零售	1	42	19937.3	
食品、饮料及烟草制品专门零售	64	2983	448919.8	
粮油零售	10	193	11940.8	
糕点、面包零售	1	150	5464.3	
果品、蔬菜零售	8	222	18214.1	
肉、禽、蛋、奶及水产品零售	4	622	36129.0	
营养和保健品零售	2	34	2301.1	
酒、饮料及茶叶零售	25	892	150066.0	
烟草制品零售	3	104	6532.5	
其他食品零售	11	766	218272.0	

商品 销售额	批发额	出口	零售额	期末商品库存额
64483.5	57332.5		7151.0	7997.5
1422885.2	1422885.2			144401.7
1347371.4	1347371.4			124440.9
75513.8	75513.8			19960.8
49584.2	49584.2			7160.7
49584.2	49584.2			7160.7
27334564.5	27208116.9	48498.8	126447.6	766446.4
755384.4	755384.4			22219.0
10457822.9	9738666.9	164484.0	717773.6	822429.3
94356.7	94356.7			36567.9
2656263.4	2637092.8		17479.7	29047.8
17079944.1	16618513.8	68648.4	460844.1	928742.9
4557.4	3505.3		1052.1	1190.2
11410.4	11410.4			345.8
24202480.0	23800188.2	144334.4	399804.7	746431.5
9544806.3	9321386.8		223419.5	340762.8
24162025.8	23966617.4	75234.0	195408.4	938244.4
5763980.1	5659342.5	129225.0	104637.6	265862.0
1827579.7	1486271.0	8523.8	338235.4	131841.2
40459789.9	39707332.8	212982.8	749383.8	1633958.2
24712903.3	24058291.9	134218.8	651538.1	1326653.2
838602.0	726284.9		112317.1	42752.2
1422885.2	1422885.2			144401.7
81041.4	81041.4			36554.7
8294455.5	470221.3		7824234.2	929230.2
1323723.1	6173.4		1317549.7	236813.1
487495.5			487495.5	191469.0
806987.6			806987.6	44583.7
13385.2			13385.2	752.3
15854.8	6173.4		9681.4	8.1
479111.7	42369.1		436742.6	52523.8
12552.4	3533.6		9018.8	2835.2
6267.5			6267.5	56.1
19552.1			19552.1	240.6
42554.9	2495.0		40059.9	501.5
2787.7	2112.1		675.6	1205.1
172299.6	31697.9		140601.7	29713.4
8064.6			8064.6	1156.6
215032.9	2530.5		212502.4	16815.3

10–3　续表 3

指　标	法人企业数（个）	从业人员期末人数（人）	商品购进额	进口
纺织、服装及日用品专门零售	62	4926	349510.3	4577.7
纺织品及针织品零售	1	135	19460.1	
服装零售	37	3193	217247.5	276.4
鞋帽零售	4	629	11367.1	
化妆品及卫生用品零售	9	575	49728.6	4301.3
厨具卫具及日用杂品零售	2	113	16667.2	
钟表、眼镜零售	4	202	28608.8	
自行车等代步设备零售	2	37	4346.8	
其他日用品零售	3	42	2084.2	
文化、体育用品及器材专门零售	30	962	91048.2	17.0
文具用品零售	3	22	2784.0	
体育用品及器材零售	4	46	12519.0	17.0
图书、报刊零售	5	372	27803.4	
音像制品、电子和数字出版物零售	1	9	276.8	
珠宝首饰零售	7	408	32625.9	
工艺美术品及收藏品零售	1	16	1638.1	
乐器零售	6	71	9815.0	
照相器材零售	1	4	1485.9	
其他文化用品零售	2	14	2100.1	
医药及医疗器材专门零售	36	8577	222036.2	
西药零售	28	8145	192384.7	
中药零售	5	381	20407.4	
动物用药品零售	1	11	4838.4	
医疗用品及器材零售	2	40	4405.7	
汽车、摩托车、零配件和燃料及其他动力销售	239	12480	3760957.1	175339.6
汽车新车零售	174	9172	3087100.5	175339.6
汽车零配件零售	11	233	19350.7	
摩托车及零配件零售	7	102	18121.2	
机动车燃油零售	45	2925	626555.9	
机动车燃气零售	2	48	9828.8	
家用电器及电子产品专门零售	67	2106	460583.8	
日用家电零售	20	1266	264500.6	
计算机、软件及辅助设备零售	22	371	66262.7	
通信设备零售	19	388	118246.0	
其他电子产品零售	6	81	11574.5	
五金、家具及室内装饰材料专门零售	35	361	47430.4	

商品销售额	批发额	出口	零售额	期末商品库存额
600698.6	45335.8		555362.8	109195.3
25426.5			25426.5	12376.2
444228.2	21118.4		423109.8	82516.1
15100.1			15100.1	1532.9
50509.4	8197.2		42312.2	6995.5
17369.2	10307.8		7061.4	1449.7
39647.5	4110.3		35537.2	1487.5
4579.4	769.6		3809.8	1993.4
3838.3	832.5		3005.8	844.0
109615.4	4328.4		105287.0	24742.0
3647.5			3647.5	251.1
16349.2	1536.4		14812.8	1164.8
28511.5	183.6		28327.9	7449.2
1810.4	736.6		1073.8	639.8
41591.2			41591.2	9935.4
2135.0	347.2		1787.8	1160.0
11730.7			11730.7	4097.6
1581.9			1581.9	34.3
2258.0	1524.6		733.4	9.8
483508.0	1452.0		482056.0	93548.9
447855.9			447855.9	86824.7
23677.8	1452.0		22225.8	5967.2
4946.2			4946.2	345.9
7028.1			7028.1	411.1
4006264.2	233587.2		3772677.0	353654.3
3310656.5	166461.1		3144195.4	324787.4
25016.6	8368.4		16648.2	3897.5
19354.6	1624.0		17730.6	4633.5
640198.8	57133.7		583065.1	20279.2
11037.7			11037.7	56.7
704396.7	81198.2		623198.5	35464.2
461604.2	9765.9		451838.3	18066.3
76955.0	23594.5		53360.5	7527.0
152281.1	45162.1		107119.0	7334.7
13556.4	2675.7		10880.7	2536.2
54121.6	4978.9		49142.7	7607.6

10–3　续表 4

指　标	法人企业数（个）	从业人员期末人数（人）	商品购进额	进口
五金零售	11	82	13447.8	
灯具零售	1	7	1794.4	
家具零售	6	113	6001.0	
木质装饰材料零售	3	10	2855.5	
陶瓷、石材装饰材料零售	4	92	8378.0	
其他室内装饰材料零售	10	57	14953.7	
货摊、无店铺及其他零售业	28	1638	529223.0	
互联网零售	25	1404	503359.1	
生活用燃料零售	1	190	22708.5	
其他未列明零售业	2	44	3155.4	
内资企业	591	42905	6411793.7	151802.5
国有企业	7	232	14040.9	
集体企业	12	361	18687.8	
股份合作企业	1	243	16708.2	
有限责任公司	102	13302	1917477.0	78050.8
国有独资公司	5	460	37373.2	
其他有限责任公司	97	12842	1880103.8	78050.8
股份有限公司	6	1102	192271.9	
私营企业	461	27646	4252433.7	73751.7
私营独资企业	6	65	11020.3	
私营有限责任公司	446	22378	3682250.3	73751.7
私营股份有限公司	9	5203	559163.1	
其他企业	2	19	174.2	
港、澳、台商投资企业	7	998	212540.3	28131.8
与港澳台商合资经营企业	1	167	94138.1	28131.8
港澳台商独资企业	6	831	118402.2	
外商投资企业	5	1206	386842.9	
中外合资经营企业	1	82	3803.2	
外资企业	4	1124	383039.7	
国有控股	30	7040	489384.8	9463.8
集体控股	19	1127	130427.7	4562.6
私人控股	523	33779	5539514.3	135798.6
港澳台商控股	7	998	212540.3	28131.8
外商控股	5	1206	386842.9	
其他	19	959	252466.9	1977.5
独立门店	466	25205	4348758.2	179917.3
连锁总店（总部）	33	10154	1235904.1	
连锁直营店	9	6616	660854.0	
连锁加盟店	4	98	6466.8	
其他	91	3036	759193.8	17.0
大型	22	20422	1971309.7	

商品销售额	批发额	出口	零售额	期末商品库存额
16677.6			16677.6	1265.5
1911.6			1911.6	11.1
6731.2			6731.2	3219.7
3210.1	751.5		2458.6	554.0
10380.9	1417.8		8963.1	311.6
15210.2	2809.6		12400.6	2245.7
533016.2	50798.3		482217.9	15681.0
505815.5	37674.4		468141.1	13894.8
24507.9	13123.9		11384.0	23.7
2692.8			2692.8	1762.5
7726686.2	436695.3		7289990.9	895231.5
16761.9			16761.9	526.0
26145.9	712.0		25433.9	1536.2
16869.1			16869.1	
2674392.2	123719.2		2550673.0	192277.8
40026.2			40026.2	7825.1
2634366.0	123719.2		2510646.8	184452.7
227014.0			227014.0	10183.6
4764873.1	312264.1		4452609.0	690704.8
11721.0			11721.0	468.6
4184521.0	309351.5		3875169.5	665969.1
568631.1	2912.6		565718.5	24267.1
630.0			630.0	3.1
240448.9	15.9		240433.0	18374.7
101373.4			101373.4	7177.3
139075.5	15.9		139059.6	11197.4
327320.4	33510.1		293810.3	15624.0
4253.0			4253.0	679.1
323067.4	33510.1		289557.3	14944.9
806126.4	46728.1		759398.3	67229.8
140958.5	1059.2		139899.3	17795.1
6473182.2	374056.6		6099125.6	785801.9
240448.9	15.9		240433.0	18374.7
327320.4	33510.1		293810.3	15624.0
306419.1	14851.4		291567.7	24404.7
5116786.1	301588.5		4815197.6	741128.3
1653771.2	49387.2		1604384.0	97848.6
682896.9			682896.9	25753.7
6639.3	769.6		5869.7	2855.9
834362.0	118476.0		715886.0	61643.7
2465906.9	33510.1		2432396.8	164308.7

10–3　续表 5

指　标	法人企业数（个）	从业人员期末人数（人）	商品购进额	进口
中型	150	17337	3323848.5	146054.4
小型	264	6526	1209815.9	20544.2
微型	167	824	506202.8	13335.7
有店铺零售	545	43065	6418402.0	179917.3
食杂店	4	56	6166.5	
便利店	4	684	206426.2	
超市	22	2377	165954.9	
大型超市	10	7318	671460.3	
仓储会员店	1	10	459.7	
百货店	27	2156	300885.7	
专业店	277	18664	2250134.3	57369.2
专卖店	169	9665	2624647.8	122548.1
家居建材商店	9	164	14124.4	
购物中心	11	1544	130571.5	
厂家直销中心	11	427	47570.7	
无店铺零售	58	2044	592774.9	17.0
邮购	1	18	1563.0	
网上商店	28	1450	507766.2	
电话购物	1	20	1419.8	
其他	28	556	82025.9	17.0
有店铺零售	552	43298	6467647.0	179917.3
食杂店	4	56	6166.5	
便利店	6	751	217894.9	
超市	25	2472	177505.2	
大型超市	11	7341	672116.2	
仓储会员店	1	10	459.7	
百货店	28	2157	301564.8	
专业店	283	18937	2338901.3	57369.2
专卖店	179	10330	2661188.1	122548.1
家居建材商店	10	192	14883.3	
购物中心	13	1582	132137.6	
厂家直销中心	16	498	82897.2	
无店铺零售	66	2299	664743.6	17.0
邮购	1	18	1563.0	
网上商店	32	1615	552585.1	
电话购物	1	20	1419.8	
其他	35	765	126991.3	17.0
城镇	579	44686	6962674.7	179934.3
其中：城区	490	39337	5752219.5	137794.2
乡村	24	423	48502.2	
港商投资	6	942	206663.4	28131.8
澳商投资	3	769	101500.7	
台商投资	1	56	5876.9	

商品销售额	批发额	出口	零售额	期末商品库存额
3915372.6	180449.8		3734922.8	507823.7
1385524.8	176852.6		1208672.2	210585.0
527651.2	79408.8		448242.4	46512.8
7684643.2	411610.6		7273032.6	901344.6
6921.5	648.0		6273.5	1795.8
200588.3	2025.3		198563.0	12059.9
173944.9			173944.9	18635.3
737173.6			737173.6	56656.4
607.2			607.2	169.6
475340.3	6603.1		468737.2	167423.9
2906324.1	218256.8		2688067.3	249277.0
2811135.9	166868.1		2644267.8	337292.2
16860.0	2495.2		14364.8	2324.8
300190.8	463.1		299727.7	39996.1
55556.6	14251.0		41305.6	15713.6
609812.3	58610.7		551201.6	27885.6
2001.9			2001.9	316.4
511438.3	38354.8		473083.5	15940.2
1553.7			1553.7	118.6
94818.4	20255.9		74562.5	11510.4
7736327.3	412603.0		7323724.3	905596.7
6921.5	648.0		6273.5	1795.8
212061.5	2025.3		210036.2	15121.6
186307.5	680.4		185627.1	21986.7
737797.7	312.0		737485.7	56808.3
607.2			607.2	169.6
476015.9	6603.1		469412.8	167475.2
2994386.0	229026.4		2765359.6	259210.6
2872959.7	168492.1		2704467.6	343850.0
17680.4	2495.2		15185.2	2524.5
301902.2	463.1		301439.1	40052.5
95195.1	14563.0		80632.1	23038.0
686599.7	68934.4		617665.3	35742.1
2001.9			2001.9	316.4
561068.6	48678.5		512390.1	17927.1
1553.7			1553.7	118.6
140361.5	30563.7		109797.8	20032.3
8244569.0	461690.5		7782878.5	923037.5
6985687.2	372040.9		6613646.3	834293.4
49886.5	8530.8		41355.7	6192.7
234417.7	15.9		234401.8	16949.4
121287.5			121287.5	9713.1
6031.2			6031.2	1425.3

10-4 限额以上住宿业和

Management of chain enterprises above designated size in hotel and

指 标	法人企业数（个）	从业人员期末人数（人）	营业额
总计	**357**	28093	465916.5
一、住宿业	126	10045	145131.1
旅游饭店	71	7462	106511.1
旅游饭店	71	7462	106511.1
一般旅馆	53	2542	37475.3
经济型连锁酒店	16	522	10217.1
其他一般旅馆	37	2020	27258.2
其他住宿业	2	41	1144.7
其他住宿业	2	41	1144.7
内资企业	126	10045	145131.1
国有企业	12	3362	39779.3
集体企业	3	11	237.0
有限责任公司	22	3323	46212.3
国有独资公司	3	1020	10512.5
其他有限责任公司	19	2303	35699.8
私营企业	89	3349	58902.5
私营独资企业	3	170	3679.8
私营有限责任公司	86	3179	55222.7
国有控股	24	5780	73100.7
集体控股	3	11	237.0
私人控股	96	3801	65221.2
其他	3	453	6572.2
独立门店	104	9317	128564.7
连锁直营店	1	89	3010.5
连锁加盟店	18	453	11174.3
其他	3	186	2381.6
大型	1	785	14662.0
中型	12	4617	57439.8
小型	97	4575	70521.0
微型	16	68	2508.3
五星	4	1975	26563.5
四星	9	891	14044.0
三星	17	1833	20134.9
二星	4	137	1727.0
其他	92	5209	82661.7
城镇	125	9976	144425.9
城区	111	9154	129214.3
乡村	1	69	705.2

餐饮业经营情况（一）
catering service（1）

单位：万元

客房收入	其中：通过公共网络实现的客房收入	其中：通过非自营平台实现的客房收入	餐费收入
100235.0	10210.9	4546.4	336342.0
79781.5	8511.6	3968.5	43811.3
55334.2	5396.7	1829.2	36238.5
55334.2	5396.7	1829.2	36238.5
23305.0	3090.9	2139.3	7570.4
8059.7	1302.4	1014.6	1200.9
15245.3	1788.5	1124.7	6369.5
1142.3	24.0		2.4
1142.3	24.0		2.4
79781.5	8511.6	3968.5	43811.3
14701.5	817.2	798.1	20408.4
159.4	0.2		66.7
19616.4	456.9	33.9	14750.5
3249.7	206.5		4780.3
16366.7	250.4	33.9	9970.2
45304.2	7237.3	3136.5	8585.7
2865.3			796.1
42438.9	7237.3	3136.5	7789.6
26102.4	1042.2	798.1	31564.4
159.4	0.2		66.7
50806.7	7435.3	3136.5	9233.2
2713.0	33.9	33.9	2947.0
64861.9	5084.5	2917.1	43410.5
3010.5			
10655.5	3408.0	1051.4	71.8
1253.6	19.1		329.0
4877.6	457.0	457.0	8787.6
21522.1	1379.4	1273.9	22856.4
50994.8	6399.5	2237.6	12132.5
2387.0	275.7		34.8
11004.7	791.9	791.9	13569.9
5893.9	3.2		3113.8
8611.8	756.2	241.0	7190.9
1322.9	316.9	316.7	232.2
52948.2	6643.4	2618.9	19704.5
79696.6	8511.6	3968.5	43699.1
69916.5	6646.6	2415.3	39998.9
84.9			112.2

10-4　续表 1-1

指　标	法人企业数（个）	从业人员期末人数（人）	营业额
二、餐饮业	**231**	**18048**	**320785.4**
正餐服务	221	12218	215839.9
正餐服务	221	12218	215839.9
快餐服务	4	5654	100771.3
快餐服务	4	5654	100771.3
饮料及冷饮服务	3	87	2671.4
其他饮料及冷饮服务	3	87	2671.4
其他餐饮业	3	89	1502.8
小吃服务	2	39	718.8
其他未列明餐饮业	1	50	784.0
内资企业	228	12636	227757.2
国有企业	5	247	2097.4
股份合作企业	1	42	367.9
有限责任公司	36	2714	50820.3
国有独资公司	1	172	1850.6
其他有限责任公司	35	2542	48969.7
私营企业	186	9633	174471.6
私营独资企业	14	404	4559.0
私营有限责任公司	170	9186	168478.8
私营股份有限公司	2	43	1433.8
港、澳、台商投资企业	1	1179	28036.7
港澳台商独资企业	1	1179	28036.7
外商投资企业	2	4233	64991.5
外资企业	2	4233	64991.5
国有控股	11	1075	13028.4
私人控股	212	11262	209209.5
港澳台商控股	1	1179	28036.7
外商控股	2	4233	64991.5
其他	5	299	5519.3
独立门店	194	10708	177869.5
连锁总店（总部）	6	5630	98457.0
连锁直营店	6	207	6327.9
连锁加盟店	2	176	1558.4
其他	23	1327	36572.6
大型	2	5393	92710.0
中型	25	5103	92187.7
小型	173	7319	127952.9
微型	31	233	7934.8
城镇	231	18048	320785.4
其中：城区	197	16633	296372.7
港商投资	1	1179	28036.7

客房收入	其中：通过公共网络实现的客房收入	其中：通过非自营平台实现的客房收入	餐费收入
20453.5	**1699.3**	**577.9**	**292530.7**
20453.5	1699.3	577.9	188724.8
20453.5	1699.3	577.9	188724.8
			99631.7
			99631.7
			2671.4
			2671.4
			1502.8
			718.8
			784.0
20453.5	1699.3	577.9	200642.1
540.0	53.8		1486.2
100.3			208.0
4536.1	243.8		45241.7
776.3	42.1		957.5
3759.8	201.7		44284.2
15277.1	1401.7	577.9	153706.2
208.2			4247.4
15068.9	1401.7	577.9	148025.0
			1433.8
			26897.1
			26897.1
			64991.5
			64991.5
4442.7	191.6		8081.2
15910.5	1507.7	577.9	187201.5
			26897.1
			64991.5
100.3			5359.4
18810.8	1643.1	577.9	153254.6
			97017.1
			6267.8
326.9			1231.5
1315.8	56.2		34759.7
			91570.4
9082.4	1083.1	573.3	80136.3
10933.4	615.6	4.6	113570.3
437.7	0.6		7253.7
20453.5	1699.3	577.9	292530.7
19577.8	1699.3	577.9	269013.6
			26897.1

10-4 限额以上住宿业和

Management of chain enterprises above designated size in hotel and

指 标	其中：通过公共网络实现的餐费收入	其中：通过非自营平台实现的餐费收入	商品销售额收入
总计	**24704.9**	**1705.7**	**1249.7**
一、住宿业	**519.2**	**295.1**	**537.4**
旅游饭店	287.7	63.6	220.6
旅游饭店	287.7	63.6	220.6
一般旅馆	231.5	231.5	316.8
经济型连锁酒店			160.2
其他一般旅馆	231.5	231.5	156.6
其他住宿业			
其他住宿业			
内资企业	519.2	295.1	537.4
国有企业	17.6	17.6	37.3
集体企业			
有限责任公司	195.9		7.9
国有独资公司	195.9		
其他有限责任公司			7.9
私营企业	305.7	277.5	492.2
私营独资企业			15.6
私营有限责任公司	305.7	277.5	476.6
国有控股	213.5	17.6	42.1
集体控股			
私人控股	305.7	277.5	495.3
其他			
独立门店	503.3	295.1	466.1
连锁直营店			
连锁加盟店	15.9		64.4
其他			6.9
大型			
中型	443.3	247.4	15.6
小型	75.9	47.7	481.5
微型			40.3
五星	17.6	17.6	
四星	1.6		22.1
三星	254.5	32.0	46.2
二星			13.4
其他	245.5	245.5	455.7
城镇	519.2	295.1	537.4
城区	283.5	59.4	386.3
乡村			

餐饮业经营情况（二）
catering service（2）

单位：万元

其他收入	客房数（间）	床位数（个）	餐位数（位）	年末餐饮营业面积（平方米）
28089.8	**20404**	**32625**	**157408**	**756943.0**
21000.9	**15570**	**24785**	**23415**	**266976.0**
14717.8	10322	16324	16779	182847.0
14717.8	10322	16324	16779	182847.0
6283.1	5008	8117	6536	73129.0
796.3	1689	2431	562	24084.0
5486.8	3319	5686	5974	49045.0
	240	344	100	11000.0
	240	344	100	11000.0
21000.9	15570	24785	23415	266976.0
4632.1	2302	3897	5435	29471.0
10.9	50	120	254	320.0
11837.5	3625	5645	6892	63769.0
2482.5	624	1001	1979	16549.0
9355.0	3001	4644	4913	47220.0
4520.4	9593	15123	10834	173416.0
2.8	380	738	880	5500.0
4517.6	9213	14385	9954	167916.0
15391.8	4529	7369	10194	69888.0
10.9	50	120	254	320.0
4686.0	10522	16506	11667	192853.0
912.2	469	790	1300	3915.0
19826.2	12920	21038	22567	234049.0
	413	490		
382.6	1892	2711	458	32003.0
792.1	345	546	390	924.0
996.8	400	524		2000.0
13045.7	3136	5219	10153	73809.0
6912.2	11313	17901	13175	183892.0
46.2	721	1141	87	7275.0
1988.9	1339	1990	1590	37860.0
5014.2	1648	2784	3990	12291.0
4286.0	2220	3688	4597	39111.0
158.5	450	777	320	6550.0
9553.3	9913	15546	12918	171164.0
20492.8	15556	24761	23319	266676.0
18912.6	13815	22166	20595	233412.0
508.1	14	24	96	300.0

10–4　续表 2–1

指　标	其中：通过公共网络实现的餐费收入	其中：通过非自营平台实现的餐费收入	商品销售额收入
二、餐饮业	24185.7	1410.6	712.3
正餐服务	6672.3	1410.6	712.3
正餐服务	6672.3	1410.6	712.3
快餐服务	17513.4		
快餐服务	17513.4		
饮料及冷饮服务			
其他饮料及冷饮服务			
其他餐饮业			
小吃服务			
其他未列明餐饮业			
内资企业	6672.3	1410.6	712.3
国有企业	22.9		1.0
股份合作企业			
有限责任公司	286.8		28.0
国有独资公司	0.5		
其他有限责任公司	286.3		28.0
私营企业	6362.6	1410.6	683.3
私营独资企业	267.1		0.1
私营有限责任公司	6095.5	1410.6	683.2
私营股份有限公司			
港、澳、台商投资企业	17513.4		
港澳台商独资企业	17513.4		
外商投资企业			
外资企业			
国有控股	23.4		18.9
私人控股	6494.6	1410.6	693.4
港澳台商控股	17513.4		
外商控股			
其他	154.3		
独立门店	2486.9	1095.6	655.0
连锁总店（总部）	18099.7		8.5
连锁直营店	2102.2	315.0	47.8
连锁加盟店			
其他	1496.9		1.0
大型	17513.4		
中型	1712.3	566.1	458.3
小型	4535.6	839.5	254.0
微型	424.4	5.0	
城镇	24185.7	1410.6	712.3
其中：城区	24180.1	1405.6	710.6
港商投资	17513.4		

其他收入	客房数（间）	床位数（个）	餐位数（位）	年末餐饮营业面积（平方米）
7088.9	4834	7840	133993	489967.0
5949.3	4834	7840	107778	429310.0
5949.3	4834	7840	107778	429310.0
1139.6			18095	53937.0
1139.6			18095	53937.0
			25	1210.0
			25	1210.0
			8095	5510.0
			95	510.0
			8000	5000.0
5949.3	4834	7840	117245	438833.0
70.2	311	604	1561	3370.0
59.6	24	51	300	2000.0
1014.5	947	1341	11557	64284.0
116.8	153	204	268	1500.0
897.7	794	1137	11289	62784.0
4805.0	3552	5844	103827	369179.0
103.3	87	164	15518	14472.0
4701.7	3465	5680	87745	352507.0
			564	2200.0
1139.6			5352	15302.0
1139.6			5352	15302.0
			11396	35832.0
			11396	35832.0
485.6	1053	1697	4776	17833.0
5404.1	3757	6092	110941	411934.0
1139.6			5352	15302.0
			11396	35832.0
59.6	24	51	1528	9066.0
5149.1	4399	7000	84839	368745.0
1431.4			21886	68280.0
12.3			159	3074.0
	100	200	396	1766.0
496.1	335	640	26713	48102.0
1139.6			16652	50852.0
2510.7	1348	2084	27068	132565.0
3195.2	2963	4958	86197	284736.0
243.4	523	798	4076	21814.0
7088.9	4834	7840	133993	489967.0
7070.7	4528	7253	120280	448709.0
1139.6			5352	15302.0

10-5 限额以上批发和零售业
Financial condition of corporation enterprises

指　标	法人企业数（个）	执行《2006年企业会计准则》企业数（个）	一、年初存货	二、期末资产负债 流动资产合计
总计	1333	944	2238294.0	17873916.1
一、批发业	730	512	1550413.9	14552685.7
农、林、牧、渔产品批发	7	7	69935.6	236493.8
谷物、豆及薯类批发	3	3	10891.1	12752.9
种子批发	2	2	6924.1	42619.4
棉、麻批发	1	1	12.3	1614.3
林业产品批发	1	1	52108.1	179507.2
食品、饮料及烟草制品批发	69	53	167790.9	824431.5
米、面制品及食用油批发	5	1	2515.6	12119.2
糕点、糖果及糖批发	1			
果品、蔬菜批发	5	5	10906.7	107738.2
肉、禽、蛋、奶及水产品批发	11	9	1186.3	17831.1
盐及调味品批发	7	6	4982.9	59298.0
营养和保健品批发	2	2	299.4	8043.4
酒、饮料及茶叶批发	21	17	109873.9	353502.5
烟草制品批发	1	1	27222.5	189233.1
其他食品批发	16	12	10803.6	76666.0
纺织、服装及家庭用品批发	32	25	91102.3	356520.4
服装批发	11	10	39540.2	59470.9
鞋帽批发	2	2	263.0	5830.7
化妆品及卫生用品批发	1	1	1771.7	5243.0
厨具卫具及日用杂品批发	2		191.9	4609.4
家用视听设备批发	4	2	43115.8	126596.0
日用家电批发	12	10	6219.7	154770.4
文化、体育用品及器材批发	25	17	52292.8	336802.6
文具用品批发	10	5	18577.1	88543.7
体育用品及器材批发	3	3	598.2	21572.4
图书批发	4	3	6811.2	190325.0
首饰、工艺品及收藏品批发	7	5	26049.5	35726.0
乐器批发	1	1	256.8	635.5
医药及医疗器材批发	117	88	313253.7	2686587.6
西药批发	41	33	225278.0	1856470.0
中药批发	22	14	38982.0	292577.4
医疗用品及器材批发	54	41	48993.7	537540.2
矿产品、建材及化工产品批发	323	224	728695.1	9433750.7
煤炭及制品批发	129	106	301703.6	7061295.6
石油及制品批发	23	17	88923.1	404730.1
非金属矿及制品批发	1	1	1083.3	1708.1
金属及金属矿批发	97	60	245341.9	1076676.8
建材批发	36	18	45588.9	418913.5
化肥批发	8	6	29249.1	299880.1
其他化工产品批发	29	16	16805.2	170546.5
机械设备、五金产品及电子产品批发	144	89	123860.6	649108.9
农业机械批发	1	1	154.0	2334.5
汽车及零配件批发	42	28	25358.9	108985.9
摩托车及零配件批发	2	1	3028.1	4746.2
五金产品批发	15	10	4910.6	50770.9
电气设备批发	4	3	1009.4	7178.6
计算机、软件及辅助设备批发	19	13	7734.1	75878.0
通讯设备批发	8	5	4098.4	18693.9
其他机械设备及电子产品批发	53	28	77567.1	380520.9

法人企业财务状况（一）
above designated size in wholesale and retail trade（1）

单位：万元

应收账款	存货	固定资产原价	累计折旧	本年折旧
3950546.4	2474323.8	1446430.2	660063.9	97446.4
3456023.1	1600142.1	790290.4	357468.1	50177.2
42240.0	82060.9	21964.2	8424.7	625.8
437.7	11312.4	7184.5	2555.2	23.9
4136.0	20913.6	4838.9	3095.2	330.2
430.6	2.6	3347.8		
37235.7	49832.3	6593.0	2774.3	271.7
142251.3	217059.1	116924.4	62183.5	5298.5
4179.9	4309.7	2470.8	1650.9	387.4
59017.4	16365.0	32516.4	10370.4	675.5
11234.1	774.7	992.5	720.4	61.2
34538.5	3252.2	12760.3	8232.3	340.6
6821.1	333.0	1226.1	917.8	153.3
7699.9	160435.0	9976.9	7137.5	668.7
	19181.5	47568.5	27847.8	1849.9
18760.4	12408.0	9412.9	5306.4	1161.9
42096.3	87129.4	8452.6	4148.2	891.2
12651.4	32702.0	4971.1	2770.5	592.6
3511.7	273.9	479.9	296.6	52.8
994.0	1904.6	21.9	15.5	1.9
638.5	657.9	440.1	417.5	97.7
3111.8	44832.3	2071.4	451.7	112.0
21188.9	6758.7	468.2	196.4	34.2
60733.6	48895.1	41160.3	22137.2	1759.9
20329.4	18279.9	3718.4	2369.5	223.3
9506.3	714.2	1525.5	994.7	64.1
24347.8	7964.5	26509.6	11816.6	904.0
6549.0	21811.5	8606.5	6656.4	268.5
1.1	125.0	800.3	300.0	300.0
1279208.8	353943.9	109578.2	49358.8	14730.3
837528.6	262904.5	72172.6	28939.8	7803.1
96360.8	31704.5	21691.2	8746.4	2670.9
345319.4	59334.9	15714.4	11672.6	4256.3
1679690.2	649525.5	428674.9	179316.0	22263.7
920962.1	269726.8	180463.8	59846.5	9108.9
133097.0	83448.4	44442.5	27013.5	3284.9
215.3	917.8	329.0	286.9	8.6
220284.5	216812.7	118561.6	58243.1	4525.7
279507.8	34100.9	35778.9	15887.6	1831.0
64883.5	27837.7	17751.7	5403.2	1050.8
60740.0	16681.2	31347.4	12635.2	2453.8
202770.6	157298.7	59255.7	29500.3	4143.7
726.7	145.4	827.8	477.9	28.5
36492.1	28399.0	6410.6	3503.2	749.8
482.2	3113.4	164.6	131.4	20.8
28790.5	6056.4	2225.9	1497.2	130.0
5004.3	822.4	266.7	159.8	44.6
28483.7	25827.5	2080.7	1372.0	379.8
1814.5	5963.2	282.5	123.1	87.1
100976.6	86971.4	46996.9	22235.7	2703.1

10-5　续表 1-1

指　标	法人企业数（个）	执行《2006年企业会计准则》企业数（个）	一、年初存货	二、期末资产负债 流动资产合计
贸易经纪与代理	4	4	179.0	13781.7
贸易代理	4	4	179.0	13781.7
其他批发业	9	5	3303.9	15208.5
再生物资回收与批发	5	3	1710.4	9055.0
宠物食品用品批发	1		710.2	1267.5
互联网批发	1	1	788.6	1620.3
其他未列明批发业	2	1	94.7	3265.7
内资企业	722	504	1375205.1	14200874.4
国有企业	4	4	27613.8	296261.6
集体企业	2	2	2349.4	33132.8
有限责任公司	158	145	713374.5	7320861.3
国有独资公司	22	22	19731.2	1278574.8
其他有限责任公司	136	123	693643.3	6042286.5
股份有限公司	9	9	113000.0	3680524.0
私营企业	549	344	518867.4	2870094.7
私营有限责任公司	540	338	508483.6	2812261.8
私营股份有限公司	9	6	10383.8	57832.9
港、澳、台商投资企业	5	5	164346.2	311727.7
合资经营企业（港或澳、台资）	3	3	144416.2	282618.1
港、澳、台商独资经营企业	2	2	19930.0	29109.6
外商投资企业	3	3	10862.6	40083.6
中外合资经营企业	3	3	10862.6	40083.6
国有控股	106	106	745209.2	9241422.7
集体控股	4	4	23691.8	121834.4
私人控股	602	384	701462.0	4478287.0
港澳台商控股	4	4	36721.8	48465.3
其他	14	14	43329.1	662676.3
独立门店	423	297	847511.1	5860488.6
连锁总店（总部）	1	1	223.0	2591.5
连锁加盟店	1	1	293.3	569.1
其他	305	213	702386.5	8689036.5
大型	17	16	312487.4	6145126.7
中型	219	177	873928.1	6278620.6
小型	364	232	245842.9	1683176.4
微型	130	87	118155.5	445762.0
城镇	687	479	1519641.6	14292004.8
其中：城区	562	388	1228519.9	11014308.1
乡村	43	33	30772.3	260680.9
港商投资	5	5	164346.2	311727.7
澳商投资	3	3	36715.9	45709.3
二、零售业	**603**	**432**	**687880.1**	**3321230.4**
综合零售	42	35	48154.8	930049.3
百货零售	20	17	20609.6	582838.9
超级市场零售	19	16	25512.2	336788.6
便利店零售	2	1	1466.4	9882.8
其他综合零售	1	1	566.6	539.0
食品、饮料及烟草制品专门零售	64	48	49528.8	181389.4
粮油零售	10	7	4405.4	11488.4
糕点、面包零售	1	1	645.3	862.5
果品、蔬菜零售	8	8	373.3	6946.5
肉、禽、蛋、奶及水产品零售	4	3	428.7	15509.3
营养和保健品零售	2	1	748.0	2580.3
酒、饮料及茶叶零售	25	16	29017.6	79800.1
烟草制品零售	3	3	1729.0	7707.2
其他食品零售	11	9	12181.5	56495.1
纺织、服装及日用品专门零售	62	45	99552.4	328521.5
纺织品及针织品零售	1	1	13439.6	20804.7
服装零售	37	30	75116.8	260933.0

应收账款	存货	固定资产原价	累计折旧	本年折旧
4564.6	96.8	457.8	71.1	25.0
4564.6	96.8	457.8	71.1	25.0
2467.7	4132.7	3822.3	2328.3	439.1
1215.8	2635.7	1630.9	721.8	104.7
402.0	484.2	0.1	0.1	0.1
469.4	788.6	23.0	3.6	3.6
380.5	224.2	2168.3	1602.8	330.7
3407708.5	1452650.8	747503.9	340278.8	47433.3
24435.2	19620.7	49330.0	28826.0	1916.0
24595.8	1413.9	13092.3	8105.2	375.5
1861092.6	783033.0	426527.8	179546.7	26439.9
107033.4	20765.4	67332.3	35440.2	2451.6
1754059.2	762267.6	359195.5	144106.5	23988.3
418363.0	86251.3	45721.5	19036.8	2514.6
1079221.9	562331.9	212832.3	104764.1	16187.3
1043530.2	553156.4	203991.2	100954.9	15495.3
35691.7	9175.5	8841.1	3809.2	692.0
33000.4	141153.0	33207.3	15706.1	2452.8
28504.1	122530.4	7692.0	6027.3	147.9
4496.3	18622.6	25515.3	9678.8	2304.9
15314.2	6338.3	9579.2	1483.2	291.1
15314.2	6338.3	9579.2	1483.2	291.1
1862141.1	747428.9	369664.9	156822.7	18814.3
31378.5	21663.5	60018.1	41225.4	2840.0
1386495.8	770761.5	266803.8	128200.7	22254.5
6441.8	33319.2	33172.1	15681.5	2452.4
169565.9	26969.0	60631.5	15537.8	3816.0
1549018.7	903683.8	435899.5	209588.4	28863.6
1128.5	1190.2	65.4	11.4	11.2
153.4	345.8	47.8	25.2	15.5
1905722.5	694922.3	354277.7	147843.1	21286.9
1065196.5	319210.8	212157.1	99768.0	13338.5
1728204.4	893372.7	453747.0	196964.6	27804.9
533452.0	257600.3	105461.7	52125.5	7363.1
129170.2	129958.3	18924.6	8610.0	1670.7
3362239.3	1554316.0	719596.7	331449.7	45971.8
2116770.2	1267506.9	602238.2	280765.8	38157.5
93783.8	45826.1	70693.7	26018.4	4205.4
33000.4	141153.0	33207.3	15706.1	2452.8
6094.3	33307.5	33159.0	15673.8	2444.7
494523.3	874181.7	656139.8	302595.8	47269.2
108333.5	230859.5	185366.0	67799.0	9219.6
95487.2	16000.1	73734.0	36266.3	5478.3
12105.8	214091.7	110750.6	31161.0	3548.9
755.7	760.6	880.9	371.3	192.0
−15.2	7.1	0.5	0.4	0.4
32645.5	51075.1	34703.1	15053.9	2911.6
935.2	4877.0	8189.2	2844.9	132.7
417.6	444.9	2364.3	1131.7	319.1
3945.1	410.7	3056.1	441.2	384.2
12653.2	445.1	628.6	334.5	67.6
1250.7	1205.1	89.9	19.1	13.1
6009.9	29584.6	6081.2	1676.7	727.6
131.5	1911.4	1654.2	874.2	115.6
7302.3	12196.3	12639.6	7731.6	1151.7
51457.3	101558.7	58924.4	31362.2	2354.6
8397.0	10952.4	5385.6	1191.0	153.6
34285.2	77373.8	48090.7	27173.5	1603.9

10-5　续表 1-2

指　标	法人企业数（个）	执行《2006年企业会计准则》企业数（个）	一、年初存货	二、期末资产负债 流动资产合计
鞋帽零售	4	4	364.9	2357.7
化妆品及卫生用品零售	9	5	6461.7	12253.3
厨具卫具及日用杂品零售	2	1	1547.3	6167.6
钟表、眼镜零售	4	3	1330.4	20835.2
自行车等代步设备零售	2		940.2	1927.9
其他日用品零售	3	1	351.5	3242.1
文化、体育用品及器材专门零售	30	10	21232.1	49794.2
文具用品零售	3	1	949.6	1673.6
体育用品及器材零售	4	1	1937.1	3701.8
图书、报刊零售	5	1	5795.2	17146.6
音像制品、电子和数字出版物零售	1		620.5	1006.8
珠宝首饰零售	7	4	7786.3	14158.3
工艺美术品及收藏品零售	1		1434.4	2519.9
乐器零售	6	1	2669.0	7769.3
照相器材零售	1	1	18.2	226.0
其他文化用品零售	2	1	21.8	1591.9
医药及医疗器材专门零售	36	23	58744.4	225835.9
西药零售	28	17	51744.4	205336.7
中药零售	5	3	5602.6	13269.4
动物用药品零售	1	1	503.3	2795.4
医疗用品及器材零售	2	2	894.1	4434.4
汽车、摩托车、零配件和燃料及其他动力销售	239	192	359902.5	1200066.5
汽车新车零售	174	150	334712.4	1046197.1
汽车零配件零售	11	6	4084.2	12081.3
摩托车及零配件零售	7	5	3515.8	6534.7
机动车燃油零售	45	29	17395.6	132528.0
机动车燃气零售	2	2	194.5	2725.4
家用电器及电子产品专门零售	67	50	32223.5	216922.6
日用家电零售	20	14	18802.2	129144.4
计算机、软件及辅助设备零售	22	14	5853.9	41764.7
通信设备零售	19	16	5891.9	32805.6
其他电子产品零售	6	6	1675.5	13207.9
五金、家具及室内装饰材料专门零售	35	11	7188.9	37067.9
五金零售	11	4	1668.7	12568.0
灯具零售	1		11.4	1228.2
家具零售	6	2	2539.5	7692.8
木质装饰材料零售	3		706.9	2081.6
陶瓷、石材装饰材料零售	4	3	1254.9	5120.6
其他室内装饰材料零售	10	2	1007.5	8376.7
货摊、无店铺及其他零售业	28	18	11352.7	151583.1
互联网零售	25	16	10153.9	111743.1
生活用燃料零售	1	1	263.7	37705.2
其他未列明零售业	2	1	935.1	2134.8
内资企业	591	420	655041.5	3147174.9
国有企业	7	4	2831.8	8617.7
集体企业	12	9	5349.2	16134.9
股份合作企业	1	1	11093.2	13257.5
有限责任公司	102	91	182764.7	856540.6
国有独资公司	5	4	6232.6	21566.6
其他有限责任公司	97	87	176532.1	834974.0
股份有限公司	6	5	10345.8	277057.1
私营企业	461	308	442582.9	1974091.7
私营独资企业	6	4	838.8	2065.0
私营有限责任公司	446	298	434812.2	1753001.1
私营股份有限公司	9	6	6931.9	219025.6

应收账款	存货	固定资产原价	累计折旧	本年折旧
312.8	1223.5	268.7	195.4	22.8
1838.7	6537.5	2483.8	1128.4	245.2
2251.5	1449.8	179.2	96.3	4.7
3332.6	1413.7	2303.0	1438.2	269.6
-133.5	1764.0	163.1	124.7	50.8
1173.0	844.0	50.3	14.7	4.0
7310.5	19518.2	20683.1	8667.6	768.0
599.6	251.2	7.6	5.8	3.3
1400.1	2003.1	802.6	340.6	138.4
1385.7	4119.4	6266.1	3545.6	193.9
367.0	639.8	36.9	19.1	19.1
1691.5	7271.9	13315.8	4561.9	362.8
72.6	1164.1	70.6	70.6	0.3
1191.1	4024.6	171.1	115.8	47.6
79.8	34.3			
523.1	9.8	12.4	8.2	2.6
39728.9	68226.6	19177.7	12037.0	4340.8
33024.9	61413.7	18098.7	11288.1	4172.6
1556.2	6055.9	675.7	470.7	128.4
2265.9	345.9	117.7	54.2	4.5
2881.9	411.1	285.6	224.0	35.3
103559.8	335775.2	285799.1	150637.8	25087.3
93399.9	306693.9	180537.0	99870.3	17541.3
2278.0	3580.7	569.1	301.6	106.7
953.4	4359.7	538.9	251.7	152.5
5067.0	21057.9	100726.9	48655.4	7058.5
1861.5	83.0	3427.2	1558.8	228.3
51550.9	40838.5	10731.9	5472.2	720.1
14573.8	23798.8	8073.4	3692.4	333.1
20031.3	6924.8	1680.1	1040.6	248.6
8530.8	7744.0	784.5	565.6	122.5
8415.0	2370.9	193.9	173.6	15.9
17607.1	7108.4	1417.4	810.6	151.4
8288.1	1191.7	535.4	241.7	71.7
916.2				
863.7	3054.1	340.3	286.2	30.5
1341.7	499.8	64.4	17.8	15.3
2088.8	275.8	153.3	108.0	16.7
4108.6	2087.0	324.0	156.9	17.2
82329.8	19221.5	39337.1	10755.5	1715.8
56097.7	17195.4	5129.7	1880.3	413.1
25984.9	293.4	34187.1	8857.2	1301.9
247.2	1732.7	20.3	18.0	0.8
473871.7	841878.1	574515.8	256043.0	43067.9
1757.4	2602.7	5546.5	2828.3	301.6
1919.6	4969.1	6554.5	3708.5	810.5
3259.4	9697.0	4001.9	2306.6	2306.6
146914.3	180512.6	183584.1	82356.4	13433.5
2855.6	3832.8	16057.1	7682.0	418.7
144058.7	176679.8	167527.0	74674.4	13014.8
3154.9	9695.8	33456.3	14945.7	2202.2
316843.6	634324.7	338761.8	149548.7	23704.8
740.4	937.1	446.0	118.9	54.3
309950.7	439231.3	253127.2	131414.9	22412.5
6152.5	194156.3	85188.6	18014.9	1238.0

10-5　续表 1-3

指　标	法人企业数（个）	执行《2006年企业会计准则》企业数（个）	一、年初存货	二、期末资产负债 流动资产合计
其他企业	2	2	73.9	1475.4
港、澳、台商投资企业	7	7	21300.3	84752.7
合资经营企业（港或澳、台资）	1	1	7931.4	16351.1
港、澳、台商独资经营企业	6	6	13368.9	68401.6
外商投资企业	5	5	11538.3	89302.8
中外合资经营企业	1	1	970.0	1695.2
外资企业	4	4	10568.3	87607.6
国有控股	30	24	56436.5	292793.6
集体控股	19	14	35612.7	54940.5
私人控股	523	365	530644.6	2644026.9
港澳台商控股	7	7	21300.3	84752.7
外商控股	5	5	11538.3	89302.8
其他	19	17	32347.7	155413.9
独立门店	466	337	541159.2	2038671.1
连锁总店（总部）	33	26	81892.5	734690.4
连锁直营店	9	9	5298.2	241525.9
连锁加盟店	4	1	1235.5	5637.0
其他	91	59	58294.7	300706.0
大型	22	21	95993.3	763561.2
中型	150	133	370516.3	1705560.8
小型	264	179	177607.5	651604.9
微型	167	99	43763.0	200503.5
有店铺零售	545	397	666570.1	3154556.1
食杂店	4	1	1522.2	5161.0
便利店	4	3	5651.8	45706.5
超市	22	18	17951.4	42829.9
大型超市	10	8	18618.1	318994.8
仓储会员店	1	1	200.1	710.4
百货店	27	22	16221.0	591209.1
专业店	277	189	245674.6	1022013.2
专卖店	169	134	306570.6	911830.1
家居建材商店	9	4	2213.9	14213.3
购物中心	11	9	33025.9	164679.5
厂家直销中心	11	8	18920.5	37208.3
无店铺零售	58	35	21310.0	166674.3
邮购	1		379.4	610.3
网上商店	28	18	11827.2	115353.2
电话购物	1		120.4	898.2
其他	28	17	8983.0	49812.6
有店铺零售	552	402	669679.3	3169560.7
食杂店	4	1	1522.2	5161.0
便利店	6	4	8186.6	57791.2
超市	25	19	20647.9	55498.8
大型超市	11	9	18618.1	320529.9
仓储会员店	1	1	200.1	710.4
百货店	28	23	16272.3	592198.0
专业店	283	193	252645.7	1055031.5
专卖店	179	142	311435.2	926018.9
家居建材商店	10	4	2329.6	14948.8
购物中心	13	11	35412.9	168822.1
厂家直销中心	16	12	22467.4	55686.9
无店铺零售	66	41	31391.0	200061.9
邮购	1		379.4	610.3
网上商店	32	21	16535.5	130594.5
电话购物	1		120.4	898.2
其他	35	22	16733.3	76169.9
城镇	62	38	31069.1	186805.1
其中：城区	38	19	17411.7	66125.3
乡村	4	3	321.9	13256.8
港商投资	1	1		3819.3

单位：万元

应收账款	存货	固定资产原价	累计折旧	本年折旧
22.5	76.2	2610.7	348.8	308.7
19510.7	18336.6	24003.8	17527.8	1224.2
860.9	6432.8	8771.8	4280.2	750.1
18649.8	11903.8	15232.0	13247.6	474.1
1140.9	13967.0	57620.2	29025.0	2977.1
60.9	680.5	2042.4	2037.2	2.9
1080.0	13286.5	55577.8	26987.8	2974.2
56008.7	65267.0	131635.1	55211.9	10055.0
6410.7	31475.0	17606.2	9804.1	3544.0
403922.0	721484.2	401507.2	180193.7	27991.3
19510.7	18336.6	24003.8	17527.8	1224.2
1140.9	13967.0	57620.2	29025.0	2977.1
7530.3	23651.9	23767.3	10833.3	1477.6
323314.1	524312.5	422423.2	202166.3	34200.2
66775.9	93490.9	128295.8	72106.8	9891.3
18105.3	194636.6	86107.4	18435.7	1328.6
220.7	2623.4	265.6	205.9	70.6
86107.3	59118.3	19047.8	9681.1	1778.5
59845.3	296043.0	225321.9	89291.3	14027.7
278239.7	344125.2	341797.5	169623.8	23550.5
96569.1	186282.9	71536.1	36536.9	8255.1
59869.2	47730.6	17484.3	7143.8	1435.9
416445.5	843253.5	644868.2	297720.6	46617.5
2711.1	1750.2	1714.9	363.9	223.2
3955.0	5224.3	9289.1	5261.2	609.4
8752.2	17584.4	14412.8	6256.1	1418.1
6750.0	203858.9	119522.6	42461.4	5288.3
2.2	169.6	43.3	39.6	6.0
95756.9	13887.5	79944.2	30582.1	3404.8
172681.1	238378.1	247516.5	120244.4	24385.3
86366.0	306543.4	143250.7	73890.3	9857.3
6213.3	2266.6	205.8	124.4	18.4
21133.6	36793.4	19186.1	14975.5	595.7
12124.1	16797.1	9782.2	3521.7	811.0
78077.8	30928.2	11271.6	4875.2	651.7
293.9	316.4	4.8	4.7	4.7
55964.6	18977.5	4725.8	1956.5	399.1
273.5	118.6	125.2	94.8	21.5
21545.8	11515.7	6415.8	2819.2	226.4
418891.6	849009.0	646087.0	298478.7	46725.7
2711.1	1750.2	1714.9	363.9	223.2
3608.5	8388.7	9504.4	5464.2	625.3
8396.0	20920.7	14554.1	6295.6	1428.6
7373.6	204010.8	119528.0	42462.5	5289.4
2.2	169.6	43.3	39.6	6.0
96606.9	13938.8	79944.6	30582.2	3404.9
173903.9	248274.2	249223.8	121280.7	24595.5
88373.9	311742.9	144837.7	74932.8	10062.7
6261.5	2466.3	294.7	195.3	27.9
21596.5	38912.7	19212.0	14994.3	600.6
13246.0	22546.3	12356.1	4386.6	1059.8
85902.7	40654.5	13244.1	5656.1	919.8
293.9	316.4	4.8	4.7	4.7
62091.4	23583.7	5807.1	2268.3	468.5
273.5	118.6	125.2	94.8	21.5
25454.1	19274.1	7742.1	3566.4	452.1
77263.5	38376.2	12116.9	5493.9	848.2
15579.0	18839.7	6763.9	3164.6	407.5
8639.2	2278.3	1127.2	162.2	71.6
3530.9	59.0			

10-5 限额以上批发和零售业

Financial condition of corporation enterprises

指 标	固定资产净额	在建工程	资产总计	流动负债合计
总计	**650378.4**	**425502.9**	**23646127.0**	**14979886.4**
一、批发业	**410628.5**	**365006.9**	**19156073.6**	**12053380.5**
农、林、牧、渔产品批发	9464.1	5793.6	311076.4	130777.0
谷物、豆及薯类批发	3901.7	199.8	17582.0	11518.2
种子批发	1743.7	2431.2	51674.0	25562.4
棉、麻批发		192.7	10410.2	4037.2
林业产品批发	3818.7	2969.9	231410.2	89659.2
食品、饮料及烟草制品批发	49985.4	230.6	939969.4	545646.4
米、面制品及食用油批发	771.8		12983.0	10776.8
糕点、糖果及糖批发				
果品、蔬菜批发	22145.9	106.8	134592.4	131168.1
肉、禽、蛋、奶及水产品批发	250.9		18116.8	21775.1
盐及调味品批发	66.7		88787.0	46264.5
营养和保健品批发	94.9		8207.6	4156.1
酒、饮料及茶叶批发	2839.3		361354.0	238425.8
烟草制品批发	19720.7		213657.6	25989.4
其他食品批发	4095.2	123.8	102271.0	67090.6
纺织、服装及家庭用品批发	4244.8	115.1	403550.7	355116.0
服装批发	2199.5		74361.1	85906.5
鞋帽批发	183.3		6013.9	4054.5
化妆品及卫生用品批发	6.4		5664.9	3196.2
厨具卫具及日用杂品批发	22.6		4632.0	3487.5
家用视听设备批发	1619.7		128364.7	132287.8
日用家电批发	213.3	115.1	184514.1	126183.5
文化、体育用品及器材批发	18517.1	2715.1	474152.1	265743.3
文具用品批发	1343.4		96608.9	75458.3
体育用品及器材批发	530.7		25581.5	19533.6
图书批发	14692.9	2715.1	303900.3	136489.0
首饰、工艺品及收藏品批发	1950.1		47425.9	34262.4
乐器批发			635.5	
医药及医疗器材批发	53282.4	10925.0	2879641.7	2099322.8
西药批发	42152.6	4927.9	1998117.3	1441131.9
中药批发	7245.9	5997.1	318083.2	251480.5
医疗用品及器材批发	3883.9		563441.2	406710.4
矿产品、建材及化工产品批发	245181.5	345227.4	13393890.0	8175113.4
煤炭及制品批发	120179.5	253753.0	9878963.4	5977567.0
石油及制品批发	15323.6	82936.8	1068876.0	452291.1
非金属矿及制品批发	42.1		1970.2	1699.7
金属及金属矿批发	59846.4	6843.6	1473509.8	961732.5
建材批发	19271.7	40.6	449230.3	399117.6
化肥批发	11828.1	1441.7	323866.3	251915.5
其他化工产品批发	18690.1	211.7	197474.0	130790.0
机械设备、五金产品及电子产品批发	28072.7	0.1	717392.6	467032.1
农业机械批发	349.9		2684.4	2506.7
汽车及零配件批发	2534.7		112403.6	92683.8
摩托车及零配件批发	33.2		4779.4	3422.3
五金产品批发	728.4		51501.5	39941.1
电气设备批发	91.2		7288.2	3602.3
计算机、软件及辅助设备批发	697.9		76885.7	47951.8
通讯设备批发	155.7	0.1	19040.2	12553.4
其他机械设备及电子产品批发	23481.7		442809.6	264370.7

法人企业财务状况（二）
above designated size in wholesale and retail trade（2）

单位：万元

应付账款	负债合计	所有者权益合计	实收资本	个人资本
3140392.6	17359087.3	6277624.9	4398833.4	407501.8
2553329.3	13538410.3	5617800.7	3169972.2	287351.4
57573.8	135946.9	175129.5	42528.8	15910.0
261.3	13761.7	3820.3	3810.4	
5388.1	27807.8	23866.2	20000.0	910.0
	4718.2	5692.0	3718.4	
51924.4	89659.2	141751.0	15000.0	15000.0
250835.9	552418.1	387374.5	152512.8	7721.4
-406.6	10776.8	2206.2	1791.4	300.0
90769.8	131168.1	3424.3	18150.0	
13942.1	22464.7	-4524.7	2110.0	1330.0
21890.7	47266.1	41520.9	9000.0	799.0
707.8	4302.1	3905.5	2000.0	1000.0
94455.5	243351.3	118002.7	99830.3	1710.0
	25989.4	187668.2	1683.8	
29476.6	67099.6	35171.4	17947.3	2582.4
46569.1	403350.7	5517.8	36388.8	7480.0
16974.4	85906.5	-11545.4	13094.8	2380.0
-1937.3	4054.5	1959.4	2050.0	2000.0
-352.3	3196.2	2468.7	2500.0	1000.0
1006.6	3487.5	1144.5	1160.0	
25072.4	132287.8	-3923.1	3900.0	1000.0
5805.3	174418.2	15413.7	13684.0	1100.0
100331.5	266417.8	207734.3	42037.7	10696.3
16371.8	75586.3	21022.6	8498.9	1900.0
18830.4	19533.6	6047.9	3300.0	200.0
85054.3	136530.4	167369.9	16350.0	
-19925.0	34262.4	13163.5	13888.8	8596.3
	505.1	130.4		
799972.3	2177670.1	699012.2	405219.3	48039.1
517150.7	1516565.7	478592.3	282380.0	20444.9
74557.7	251965.3	66117.8	45745.5	11388.5
208263.9	409139.1	154302.1	77093.8	16205.7
1092491.7	9503778.0	3888164.5	2343231.6	162588.8
659815.7	7154153.7	2724341.2	1560027.7	27906.7
101241.9	573341.8	495534.2	141153.3	2152.0
233.1	1699.7	270.5	500.0	500.0
171172.2	989351.9	482983.4	467401.1	67284.3
61251.6	399656.3	49574.0	72562.8	36647.8
40294.5	255464.8	68401.5	54316.5	7221.0
58482.7	130109.8	67059.7	47270.2	20877.0
199968.2	483072.9	234223.0	130690.4	33960.8
1780.6	2510.2	174.2	200.0	
47811.9	92737.1	19666.5	16231.4	5544.2
2870.5	3422.3	1357.1	510.0	510.0
29944.6	39941.1	11560.4	6158.3	2569.0
2049.9	3602.3	3685.9	3200.0	
24964.5	49281.8	27603.9	20260.4	4339.5
819.4	12553.6	6389.9	3741.0	2791.0
89726.8	279024.5	163785.1	80389.3	18207.1

10–5　续表 2–1

指　标	固定资产净额	在建工程	资产总计	流动负债合计
贸易经纪与代理	386.6		17481.3	3837.6
贸易代理	386.6		17481.3	3837.6
其他批发业	1493.9		18919.4	10791.9
再生物资回收与批发	909.1		11429.6	6914.7
宠物食品用品批发			1267.5	369.4
互联网批发	19.4		1639.7	1708.3
其他未列明批发业	565.4		4582.6	1799.5
内资企业	385032.6	364414.0	18722753.3	11845016.7
国有企业	20504.0	72.3	862451.9	150592.7
集体企业	525.9		63982.3	24651.6
有限责任公司	238230.1	302705.5	9140395.6	6453790.8
国有独资公司	29614.1	28873.2	1718212.1	961387.6
其他有限责任公司	208616.0	273832.3	7422183.5	5492403.2
股份有限公司	26673.6	50617.0	5521015.3	2883212.0
私营企业	99099.0	11019.2	3134908.2	2332769.6
私营有限责任公司	94636.4	10904.1	3064888.7	2299093.2
私营股份有限公司	4462.6	115.1	70019.5	33676.4
港、澳、台商投资企业	17499.9	592.9	386775.3	184292.5
合资经营企业（港或澳、台资）	1664.7	454.5	340009.3	174540.5
港、澳、台商独资经营企业	15835.2	138.4	46766.0	9752.0
外商投资企业	8096.0		46545.0	24071.3
中外合资经营企业	8096.0		46545.0	24071.3
国有控股	210185.2	346867.9	12175689.2	7325024.2
集体控股	14331.4	1451.2	295602.2	162109.2
私人控股	128740.4	13126.8	5110570.3	3843840.5
港澳台商控股	17489.3	138.4	74025.8	27789.9
其他	39882.2	3422.6	1500186.1	694616.7
独立门店	209186.3	48312.5	7166737.9	5194644.8
连锁总店（总部）	54.0		3028.0	1793.0
连锁加盟店	22.6		591.7	338.4
其他	201365.6	316694.4	11985716.0	6856604.3
大型	112331.0	32272.2	8382433.2	4447435.2
中型	242627.4	327556.3	8426908.1	5873194.4
小型	47083.6	5063.3	1863419.8	1363083.4
微型	8586.5	115.1	483312.5	369667.5
城镇	366703.3	332965.5	18807662.0	11801765.2
其中：城区	303930.8	328390.8	14024756.9	9165120.1
乡村	43925.2	32041.4	348411.6	251615.3
港商投资	17499.9	592.9	386775.3	184292.5
澳商投资	17483.9	138.4	71264.4	24632.8
二、零售业	**239749.9**	**60496.0**	**4490053.4**	**2926505.9**
综合零售	47461.3	3133.7	1271454.1	534719.6
百货零售	36857.7	3011.6	740786.2	428558.9
超级市场零售	10094.1	122.1	518944.2	80164.5
便利店零售	509.5		11184.7	25748.1
其他综合零售			539.0	248.1
食品、饮料及烟草制品专门零售	15832.5	37508.5	274049.6	188133.7
粮油零售	4844.1	323.3	19299.0	11956.0
糕点、面包零售	900.1	34879.8	37471.3	33408.8
果品、蔬菜零售	535.4	93.0	10921.8	2308.9
肉、禽、蛋、奶及水产品零售	294.1		15903.5	15047.9
营养和保健品零售	70.8		2651.2	1708.2
酒、饮料及茶叶零售	3642.3	8.0	89413.7	64153.0
烟草制品零售	747.0		8718.6	233.0
其他食品零售	4798.7	2204.4	89670.5	59317.9
纺织、服装及日用品专门零售	24094.1	1090.8	381129.2	236678.9
纺织品及针织品零售	4194.5		29513.5	15164.6
服装零售	17449.4	606.3	297314.1	188961.5

应付账款	负债合计	所有者权益合计	实收资本	个人资本
1342.8	3837.6	13643.7	13000.0	500.0
1342.8	3837.6	13643.7	13000.0	500.0
4244.0	11918.2	7001.2	4362.8	455.0
2806.6	7801.1	3628.5	4027.8	300.0
24.0	369.4	898.1	180.0	
1364.2	1708.3	-68.6		
49.2	2039.4	2543.2	155.0	155.0
2457321.5	13329120.7	5393770.0	2976389.5	281055.1
30049.9	150592.7	711859.2	112953.2	
14299.2	26136.6	37845.7	6278.8	
1229442.5	6950047.0	2195435.0	1662995.5	23341.4
94717.2	1116014.1	602198.0	352591.3	
1134725.3	5834032.9	1593237.0	1310404.2	23341.4
327428.2	3838639.4	1682375.9	658967.4	
856101.7	2363705.0	766254.2	535194.6	257713.7
842899.2	2329678.2	730261.5	509903.1	246922.2
13202.5	34026.8	35992.7	25291.5	10791.5
73562.2	185218.3	201557.0	183532.7	6296.3
64886.0	174540.5	165468.8	158888.8	6296.3
8676.2	10677.8	36088.2	24643.9	
22445.6	24071.3	22473.7	10050.0	
22445.6	24071.3	22473.7	10050.0	
1279216.0	8683492.9	3492196.3	1693295.5	8180.0
19539.1	166627.6	128974.6	78655.6	
1085810.2	3956198.2	1149368.5	860109.2	272525.1
11381.2	28715.7	45310.1	33532.7	6296.3
157382.8	703375.9	801951.2	504379.2	350.0
1231146.3	5364316.9	1797462.6	1248911.8	129958.3
440.6	1900.4	1127.6	1000.0	
-19115.5	338.4	253.3	500.0	500.0
1340857.9	8171854.6	3818957.2	1919560.4	156893.1
799643.2	5412160.0	2970273.2	1153026.7	20000.0
1218086.4	6321350.3	2105557.8	1499563.6	117501.2
447665.9	1419841.4	443578.3	390027.3	119266.9
87933.8	385058.6	98391.4	127354.6	30583.3
2437455.7	13270483.8	5537315.6	3093208.3	275872.9
1780973.0	10445246.6	3579647.7	1917365.9	217381.3
115873.6	267926.5	80485.1	76763.9	11478.5
73562.2	185218.3	201557.0	183532.7	6296.3
8676.2	25558.6	45705.8	33532.7	6296.3
587063.3	3820677.0	659824.2	1228861.2	120150.4
130834.7	1184528.0	87811.2	177462.6	704.6
67829.5	619493.9	122177.4	159147.3	20.0
39061.1	539037.9	-20093.7	17655.3	684.6
23696.0	25748.1	-14563.4	310.0	
248.1	248.1	290.9	350.0	
66587.5	219139.0	54051.3	35708.8	5589.2
694.7	14668.7	4630.3	6450.5	679.6
7818.2	54183.3	-16712.0	1926.7	
1193.0	4676.1	6245.7	1015.0	810.0
1552.2	15047.9	855.6	2518.6	358.6
60.3	1708.2	943.0	482.0	482.0
14371.4	64153.0	25260.7	20130.2	1959.0
153.1	1026.7	6832.6	400.5	
40744.6	63675.1	25995.4	2785.3	1300.0
87081.7	279071.9	93482.2	44725.0	1950.8
8078.9	17264.6	12248.9	5000.0	
70585.1	228976.6	59762.4	23610.0	979.8

10-5　续表 2-2

指　标	固定资产净额	在建工程	资产总计	流动负债合计
鞋帽零售	73.3	253.2	3986.6	5801.1
化妆品及卫生用品零售	1355.4	231.3	15541.8	11073.2
厨具卫具及日用杂品零售	82.8		7295.0	6083.5
钟表、眼镜零售	864.8		22165.1	6550.6
自行车等代步设备零售	38.4		2035.5	1771.6
其他日用品零售	35.5		3277.6	1272.8
文化、体育用品及器材专门零售	11739.5	27.5	70574.8	47441.4
文具用品零售			1675.5	1060.9
体育用品及器材零售	319.7		5815.5	4154.3
图书、报刊零售	2720.5	27.5	21777.7	19094.6
音像制品、电子和数字出版物零售			1244.6	433.8
珠宝首饰零售	8639.8		27725.1	18776.2
工艺美术品及收藏品零售			2519.9	217.3
乐器零售	55.3		7990.7	3041.3
照相器材零售			229.8	200.3
其他文化用品零售	4.2		1596.0	462.7
医药及医疗器材专门零售	6648.0		313079.3	222352.1
西药零售	6317.9		291487.3	206053.5
中药零售	205.0		14205.5	10444.0
动物用药品零售	63.5		2858.9	2770.9
医疗用品及器材零售	61.6		4527.6	3083.7
汽车、摩托车、零配件和燃料及其他动力销售	99726.5	8298.4	1708710.1	1334447.5
汽车新车零售	73835.4	5703.5	1309499.9	999372.7
汽车零配件零售	256.6	512.6	13179.3	10337.0
摩托车及零配件零售	287.2		6905.9	3461.7
机动车燃油零售	24029.3	2082.3	373482.8	320334.5
机动车燃气零售	1318.0		5642.2	941.6
家用电器及电子产品专门零售	5151.8	167.6	227251.9	178413.3
日用家电零售	4380.8	81.0	137870.4	130715.1
计算机、软件及辅助设备零售	563.5		42602.8	19384.7
通信设备零售	188.5	83.3	33509.5	21362.8
其他电子产品零售	19.0	3.3	13269.2	6950.7
五金、家具及室内装饰材料专门零售	519.5		38543.6	29405.2
五金零售	265.4		12864.8	8530.8
灯具零售			1228.2	1165.1
家具零售	53.9		7763.8	5732.9
木质装饰材料零售			2128.2	1901.0
陶瓷、石材装饰材料零售	44.6		6021.9	5169.5
其他室内装饰材料零售	155.6		8536.7	6905.9
货摊、无店铺及其他零售业	28576.7	10269.5	205260.8	154914.2
互联网零售	3244.6	105.3	127197.8	117550.4
生活用燃料零售	25329.8	10164.2	75925.9	36528.8
其他未列明零售业	2.3		2137.1	835.0
内资企业	231905.7	58676.3	4218304.3	2596956.4
国有企业	2047.5	266.6	12218.5	5371.6
集体企业	2583.5	484.8	19755.0	6647.3
股份合作企业			15322.4	
有限责任公司	96391.2	45666.0	1176279.3	914593.0
国有独资公司	8375.1	132.8	34742.0	25296.1
其他有限责任公司	88016.1	45533.2	1141537.3	889296.9
股份有限公司	17596.7	89.4	388458.8	239725.7
私营企业	113034.4	12134.5	2601245.2	1430533.2
私营独资企业	326.9	8.0	2426.0	1415.8
私营有限责任公司	112211.8	12069.8	2220264.2	1420256.4
私营股份有限公司	495.7	56.7	378555.0	8861.0

应付账款	负债合计	所有者权益合计	实收资本	个人资本
1514.1	6079.0	-2092.4	297.0	75.0
3376.6	11073.2	4468.6	2315.0	110.0
2287.6	6083.5	1211.5	717.0	
1239.3	6550.6	15614.5	11200.0	100.0
-507.8	1771.6	263.9	86.0	86.0
507.9	1272.8	2004.8	1500.0	600.0
15024.2	48796.9	21777.9	15924.4	7227.3
-324.5	1060.9	614.6	260.0	
2721.0	4234.3	1581.2	1010.0	1010.0
9155.2	19350.9	2426.8	2942.1	746.0
-45.4	433.8	810.8	661.3	
3427.2	18795.4	8929.7	5325.6	1588.0
4.5	217.3	2302.6	1000.0	201.5
314.2	4041.3	3949.4	3654.4	2636.4
-401.5	200.3	29.5		
173.5	462.7	1133.3	1071.0	1045.4
28673.9	239959.5	73119.8	51424.2	5024.0
22435.3	223660.7	67826.6	47524.2	3724.0
1655.3	10444.2	3761.3	3100.0	500.0
2754.7	2770.9	88.0		
1828.6	3083.7	1443.9	800.0	800.0
164086.9	1450604.5	257102.7	821504.6	64345.2
143606.0	1045432.6	263064.4	757271.2	58292.7
3163.3	10337.0	2842.3	2599.0	999.0
3124.0	4529.0	2376.9	2628.4	717.9
14145.5	388665.8	-15183.0	57803.0	3912.6
48.1	1640.1	4002.1	1203.0	423.0
27752.8	179219.3	48032.6	53791.0	25125.3
7318.6	131038.2	6832.2	21632.2	6614.8
9633.5	19484.7	23118.1	19120.0	15561.0
7096.0	21745.6	11763.9	7836.2	2949.5
3704.7	6950.8	6318.4	5202.6	
13257.9	29906.0	8637.6	5365.5	1880.0
3772.2	9031.6	3833.2	1928.4	1369.0
982.0	1165.1	63.1		
911.1	5732.9	2030.9	1911.0	511.0
376.8	1901.0	227.2	52.0	
3234.9	5169.5	852.4	403.0	
3980.9	6905.9	1630.8	1071.1	
53763.7	189451.9	15808.9	22955.1	8304.0
50124.8	118060.6	9137.2	18645.1	6094.0
3370.7	70556.3	5369.6	3000.0	900.0
268.2	835.0	1302.1	1310.0	1310.0
557967.2	3472092.9	736659.2	1206628.6	120150.4
910.9	7114.9	5103.6	440.1	
3442.4	9398.8	9496.9	1190.4	177.8
	14548.0			
188581.3	1000233.9	176045.5	177348.8	9635.0
10587.8	29018.6	5723.4	8674.2	
177993.5	971215.3	170322.1	168674.6	9635.0
11223.3	361006.4	27452.4	22124.0	800.0
353790.8	2079105.3	514221.3	1005410.3	109527.6
560.8	1415.8	1010.2	825.0	662.0
352368.6	1697907.3	514438.3	994001.5	107865.6
861.4	379782.2	-1227.2	10583.8	1000.0

10–5　续表 2–3

指　标	固定资产净额	在建工程	资产总计	流动负债合计
其他企业	252.4	35.0	5025.1	85.6
港、澳、台商投资企业	6476.0	837.6	97762.2	46806.1
合资经营企业（港或澳、台资）	4491.6		22702.5	9925.7
港、澳、台商独资经营企业	1984.4	837.6	75059.7	36880.4
外商投资企业	1368.2	982.1	173986.9	282743.4
中外合资经营企业	5.2	3.2	1825.8	19616.3
外资企业	1363.0	978.9	172161.1	263127.1
国有控股	74740.8	10636.8	568304.5	330476.2
集体控股	5041.4	35364.6	100929.6	59594.3
私人控股	141198.7	12639.9	3371366.2	2026796.1
港澳台商控股	6476.0	837.6	97762.2	46806.1
外商控股	1368.2	982.1	173986.9	282743.4
其他	10924.8	35.0	177704.0	180089.8
独立门店	201992.3	21679.3	2694766.5	1743659.0
连锁总店（总部）	27533.7	38497.4	1053188.8	881958.9
连锁直营店	932.1	253.2	402856.6	34586.8
连锁加盟店	59.6		5696.6	4873.5
其他	9232.2	66.1	333544.9	261427.7
大型	37978.0	3089.9	1279740.0	686986.7
中型	165820.6	51450.2	2252039.4	1516233.4
小型	28582.9	5714.4	727740.5	569968.3
微型	7368.4	241.5	230533.5	153317.5
有店铺零售	233365.5	60403.7	4296641.9	2763154.6
食杂店	1350.9	8.0	7595.7	5928.4
便利店	3957.9	1650.5	74603.5	65481.7
超市	7946.1	118.9	59720.2	44468.3
大型超市	7165.2	3.2	489308.1	81968.8
仓储会员店	3.7		853.8	309.1
百货店	49341.9	3011.6	763299.7	426315.8
专业店	89522.7	15684.8	1578812.3	1118283.2
专卖店	66947.9	38339.4	1085646.8	879884.2
家居建材商店	80.3		14387.3	12468.1
购物中心	874.9	859.5	173639.6	101528.8
厂家直销中心	6174.0	727.8	48774.9	26518.2
无店铺零售	6384.4	92.3	193411.5	163351.3
邮购			1654.9	1110.8
网上商店	2764.5		131030.8	121283.6
电话购物	30.4		1022.1	903.1
其他	3589.5	92.3	59703.7	40053.8
有店铺零售	233821.9	60492.7	4313967.5	2787082.5
食杂店	1350.9	8.0	7595.7	5928.4
便利店	3970.0	1650.5	86700.3	75288.8
超市	8047.8	118.9	72490.8	54773.1
大型超市	7165.2	3.2	490850.5	81939.3
仓储会员店	3.7		853.8	309.1
百货店	49342.2	3011.6	764289.0	426781.5
专业店	90186.6	15684.8	1613823.1	1161491.0
专卖店	67492.3	38428.4	1103303.1	895910.3
家居建材商店	98.3		15140.8	13065.4
购物中心	874.9	974.8	177904.6	106030.6
厂家直销中心	7878.5	727.8	70487.3	32921.8
无店铺零售	7568.8	197.6	228422.7	189802.3
邮购			1654.9	1110.8
网上商店	3534.0	105.3	147163.9	131153.3
电话购物	30.4		1022.1	903.1
其他	4161.4	92.3	87463.7	63390.5
城镇	6604.2	92.3	213463.7	178777.7
其中：城区	3585.0	92.3	75004.8	58715.7
乡村	964.6	105.3	14959.0	11024.6
港商投资			3819.3	

应付账款	负债合计	所有者权益合计	实收资本	个人资本
18.5	685.6	4339.5	115.0	10.0
20156.3	62915.2	34847.0	16482.6	
4771.3	10010.8	12691.7	8000.0	
15385.0	52904.4	22155.3	8482.6	
8939.8	285668.9	−111682.0	5750.0	
1312.1	21340.0	−19514.2	3000.0	
7627.7	264328.9	−92167.8	2750.0	
38896.4	455426.3	112878.2	89033.3	2843.0
25878.9	98164.1	1131.8	9384.7	867.3
481207.6	2733854.0	629593.6	1091385.4	116160.1
20156.3	62915.2	34847.0	16482.6	
8939.8	285668.9	−111682.0	5750.0	
11984.3	184648.5	−6944.4	16825.2	280.0
419005.5	2077898.6	607315.7	1092210.3	95477.8
82199.9	1058479.5	−5290.7	63898.8	5704.0
10782.8	409994.3	−7137.7	11385.0	75.0
−724.1	4873.5	823.1	787.0	487.0
75799.2	269431.1	64113.8	60580.1	18406.6
126373.3	1224807.1	54932.9	116737.3	4474.0
274067.0	1824727.3	426537.7	415010.9	40249.8
132096.3	601736.7	126003.8	651627.3	58875.4
54526.7	169405.9	52349.8	45485.7	16551.2
516820.9	3654218.3	632871.4	1188925.3	104893.4
3204.1	5928.4	1667.3	1282.6	1179.6
52986.7	68088.9	6514.6	1109.0	1109.0
27480.6	52982.5	7622.8	5573.0	1404.6
31265.2	535720.4	−46412.3	31468.3	
16.9	309.1	544.7	500.0	
57287.0	613888.2	149411.5	147000.8	850.0
126572.8	1283151.8	285315.5	297974.6	46908.5
157060.1	930836.5	154718.0	676404.6	51924.2
5635.7	12468.1	1919.2	1676.4	100.0
40791.7	120196.4	53443.2	16100.0	50.0
14520.1	30648.0	18126.9	9836.0	1367.5
70242.4	166458.7	26952.8	39935.9	15257.0
307.9	1110.8	544.1	207.0	
50194.8	121593.8	9437.0	20078.1	6294.0
544.2	903.1	119.0	500.0	
19195.5	42851.0	16852.7	19150.8	8963.0
518701.4	3678146.4	626268.9	1195032.3	108757.4
3204.1	5928.4	1667.3	1282.6	1179.6
45063.3	77896.0	8804.3	3186.6	1186.6
20051.1	63287.5	10088.4	7816.0	1404.6
31130.2	535690.9	−44840.4	33132.3	1664.0
16.9	309.1	544.7	500.0	
57287.0	614353.9	149935.1	147482.8	1332.0
130743.4	1326359.6	277118.5	300782.6	46994.5
163130.2	946862.6	156348.2	680762.6	55851.7
5655.6	13065.4	2075.4	1977.4	401.0
42865.4	124698.2	53206.4	16100.0	50.0
15471.4	37051.6	33435.7	17600.0	3631.5
80890.6	198446.0	29976.7	43255.5	17034.6
307.9	1110.8	544.1	207.0	
54690.7	134999.9	12164.0	22098.1	6794.0
544.2	903.1	119.0	500.0	
27421.2	68187.6	19276.1	23160.4	10440.6
78579.9	187221.4	26242.3	38785.5	16774.6
19513.8	66769.0	8235.8	15862.0	7340.6
2310.7	11224.6	3734.4	4470.0	260.0
	3336.4	482.9		

10-5 限额以上批发和零售业

Financial condition of corporation enterprises

指 标	三、损益及分配		
	营业收入	主营业务收入	营业成本
总计	**44030802.7**	**43742121.6**	**41966297.9**
一、批发业	**36879821.5**	**36801037.6**	**35520597.3**
农、林、牧、渔产品批发	119271.0	116857.7	62282.7
谷物、豆及薯类批发	19551.8	19287.3	19467.8
种子批发	17473.3	16887.7	11662.3
棉、麻批发	2876.4	2592.9	2383.1
林业产品批发	79369.5	78089.8	28769.5
食品、饮料及烟草制品批发	1629715.8	1625341.5	1320606.0
米、面制品及食用油批发	97543.2	97458.6	91086.4
糕点、糖果及糖批发			
果品、蔬菜批发	291770.1	291706.2	279016.9
肉、禽、蛋、奶及水产品批发	43329.7	41829.4	40817.1
盐及调味品批发	75258.6	74804.7	59198.4
营养和保健品批发	13462.4	13462.4	9477.2
酒、饮料及茶叶批发	296733.8	295876.2	233366.5
烟草制品批发	580491.4	580366.0	406150.1
其他食品批发	231126.6	229838.0	201493.4
纺织、服装及家庭用品批发	1260972.3	1256251.1	1226390.1
服装批发	97464.2	97459.6	85145.3
鞋帽批发	9913.8	9913.8	9172.1
化妆品及卫生用品批发	4794.6	4576.2	4324.9
厨具卫具及日用杂品批发	9713.0	9713.0	8194.3
家用视听设备批发	112822.3	108541.3	102517.2
日用家电批发	1026264.4	1026047.2	1017036.3
文化、体育用品及器材批发	658351.0	656720.9	618588.1
文具用品批发	210147.4	208711.9	202690.5
体育用品及器材批发	55908.7	55908.7	50289.2
图书批发	164291.3	164096.7	140481.4
首饰、工艺品及收藏品批发	227474.6	227474.6	224624.4
乐器批发	529.0	529.0	502.6
医药及医疗器材批发	3750913.0	3735382.7	3432764.0
西药批发	2801919.9	2789184.5	2596916.2
中药批发	322145.2	321191.1	287044.2
医疗用品及器材批发	626847.9	625007.1	548803.6
矿产品、建材及化工产品批发	28048098.4	28003942.3	27565039.1
煤炭及制品批发	16405958.9	16379249.3	16154150.4
石油及制品批发	1954581.1	1950130.1	1928089.3
非金属矿及制品批发	2099.8	2099.8	1882.8
金属及金属矿批发	4636003.4	4628805.1	4556833.4
建材批发	910244.1	909219.1	878730.7
化肥批发	3373621.0	3368881.0	3356820.1
其他化工产品批发	765590.1	765557.9	688532.4
机械设备、五金产品及电子产品批发	1303456.3	1298383.7	1191791.5
农业机械批发	1997.3	1997.3	1822.0
汽车及零配件批发	349468.3	349175.8	335367.8
摩托车及零配件批发	12910.9	12910.9	12643.5
五金产品批发	80438.9	80438.9	71856.6
电气设备批发	17040.6	17040.5	15962.5
计算机、软件及辅助设备批发	162139.1	160650.2	150600.2
通讯设备批发	149985.8	149438.7	132835.8
其他机械设备及电子产品批发	529475.4	526731.4	470703.1

法人企业财务状况（三）
above designated size in wholesale and retail trade（3）

单位：万元

税金及附加	其他业务利润	销售费用	管理费用
137249.8	128445.0	1015114.2	570157.7
118087.2	42433.8	523184.7	337429.6
217.8	1206.2	13404.7	4952.3
1.0		513.9	1031.1
73.4	456.5	834.4	1416.2
5.4		161.5	716.7
138.0	749.7	11894.9	1788.3
81983.9	6636.6	101225.6	44456.1
100.9	11.4	4051.7	1445.7
506.7	1043.4	7959.3	3540.6
27.4		3580.9	657.4
285.4	454.0	9619.6	3785.1
56.5		1547.7	1849.1
860.5	1504.0	50734.7	6785.3
79727.5	110.6	4984.7	20804.5
419.0	3513.2	18747.0	5588.4
744.5	-510.3	25129.3	9827.5
172.8	-29.4	14633.5	4266.6
4.4		462.7	196.3
13.5		322.0	160.9
7.1		946.9	478.8
153.8	-480.9	5277.8	2528.3
392.9		3486.4	2196.6
557.0	608.9	17700.8	11825.8
242.9	-81.0	3044.2	1998.8
19.5	517.5	3219.4	1677.8
164.4	172.4	9596.1	7379.0
129.6		1840.0	763.5
0.6		1.1	6.7
8347.0	13273.3	132779.9	78907.0
5669.5	12018.8	83205.0	46155.2
826.7	283.8	16186.8	10309.6
1850.8	970.7	33388.1	22442.2
23921.6	14431.4	182970.6	152504.7
12146.8	8514.7	97143.0	101412.9
2306.8	-98.9	12339.9	8500.3
6.1		199.9	55.7
5913.7	4546.2	34253.0	23684.1
1027.4	1319.2	18918.2	7457.2
1392.6	150.2	5472.9	2585.9
1128.2		14643.7	8808.6
2183.5	6221.9	48162.2	32201.1
0.7		206.5	27.6
258.4	173.7	7089.6	4136.6
4.6		47.7	267.8
156.1		4223.2	3009.6
27.7		516.7	398.1
178.6	850.6	4967.7	5568.9
371.6		11975.4	2768.1
1185.8	5197.6	19135.4	16024.4

10-5 续表 3-1

指 标	三、损益及分配		
	营业收入	主营业务收入	营业成本
贸易经纪与代理	71987.4	71965.1	70921.1
贸易代理	71987.4	71965.1	70921.1
其他批发业	37056.3	36192.6	32214.7
再生物资回收与批发	22651.2	21787.5	21092.5
宠物食品用品批发	4843.1	4843.1	4261.9
互联网批发	230.5	230.5	210.2
其他未列明批发业	9331.5	9331.5	6650.1
内资企业	35573398.8	35497761.9	34248212.0
国有企业	911404.6	911198.2	734266.0
集体企业	14505.5	13993.8	9723.4
有限责任公司	22742765.9	22694118.2	22288150.1
国有独资公司	2134091.6	2129032.5	2075685.2
其他有限责任公司	20608674.3	20565085.7	20212464.9
股份有限公司	3893818.5	3889320.1	3649558.7
私营企业	8010904.3	7989131.6	7566513.8
私营有限责任公司	7952072.1	7930687.3	7515863.1
私营股份有限公司	58832.2	58444.3	50650.7
港、澳、台商投资企业	1262373.5	1259226.5	1235931.1
合资经营企业（港或澳、台资）	1195543.5	1192400.1	1176991.3
港、澳、台商独资经营企业	66830.0	66826.4	58939.8
外商投资企业	44049.2	44049.2	36454.2
中外合资经营企业	44049.2	44049.2	36454.2
国有控股	24325121.1	24285030.2	23608788.9
集体控股	714447.8	713936.1	703620.3
私人控股	9401784.0	9367955.8	8835568.7
港澳台商控股	83492.7	83489.1	74759.9
其他	2354975.9	2350626.4	2297859.5
独立门店	15356395.7	15318370.6	14578041.5
连锁总店（总部）	4033.5	4033.5	3263.2
连锁加盟店	10097.7	10097.7	9946.2
其他	21509294.6	21468535.8	20929346.4
大型	8449223.7	8429114.5	7853777.6
中型	21612546.8	21573754.7	21070895.0
小型	5178366.3	5162435.0	4921503.0
微型	1639684.7	1635733.4	1674421.7
城镇	36096092.3	36020502.6	34780786.2
其中：城区	22089657.7	22035026.8	20954792.3
乡村	783729.2	780535.0	739811.1
港商投资	1262373.5	1259226.5	1235931.1
澳商投资	71721.7	71718.1	63673.8
二、零售业	7150981.2	6941084.0	6445700.6
综合零售	1051057.8	971013.4	874658.2
百货零售	276022.6	263540.5	216961.9
超级市场零售	748368.6	681500.3	633476.1
便利店零售	12290.1	11596.1	10613.4
其他综合零售	14376.5	14376.5	13606.8
食品、饮料及烟草制品专门零售	438414.3	427001.2	391541.3
粮油零售	11842.5	11708.3	11067.6
糕点、面包零售	5715.7	5077.2	4835.7
果品、蔬菜零售	19039.1	18958.7	17988.5
肉、禽、蛋、奶及水产品零售	37956.4	37956.4	32868.4
营养和保健品零售	2534.4	2534.4	1800.8
酒、饮料及茶叶零售	155124.3	153619.8	135472.5
烟草制品零售	7515.0	5276.6	6174.6
其他食品零售	198686.9	191869.8	181333.2
纺织、服装及日用品专门零售	543306.1	530647.6	432913.6
纺织品及针织品零售	22501.3	21996.4	17291.6
服装零售	402105.4	391740.6	324445.8

税金及附加	其他业务利润	销售费用	管理费用
75.0		447.0	178.6
75.0		447.0	178.6
56.9	565.8	1364.6	2576.5
22.6	565.8	389.1	907.5
13.3		83.2	526.8
0.1		89.4	1.4
20.9		802.9	1140.8
115822.0	40083.9	502365.9	332005.7
80255.2	110.6	7103.9	23435.1
163.9	218.0	173.1	2889.4
20396.3	12200.1	203888.8	153022.8
2588.6	3735.3	21700.9	33135.9
17807.7	8464.8	182187.9	119886.9
5275.1	3916.0	53952.6	38176.3
9731.5	23639.2	237247.5	114482.1
9569.5	23520.1	233335.2	111822.5
162.0	119.1	3912.3	2659.6
2169.6	2342.4	14024.9	3504.8
2103.1	2371.8	9892.3	2110.5
66.5	-29.4	4132.6	1394.3
95.6	7.5	6793.9	1919.1
95.6	7.5	6793.9	1919.1
103215.2	15374.2	199595.6	164271.2
294.0	218.0	2497.8	8631.8
12250.9	25171.7	290003.0	151011.3
86.9	-29.4	5740.2	1789.2
2240.2	1699.3	25348.1	11726.1
96918.0	22029.0	262747.1	179012.0
5.6		525.4	78.2
2.4		41.2	48.1
21161.2	20404.8	259871.0	158291.3
90549.6	19032.9	139080.8	111592.2
20091.5	18229.5	271386.9	155721.5
6616.5	4610.2	98229.4	57907.6
829.6	561.2	14487.6	12208.3
117132.5	41745.6	498755.8	327793.5
106910.9	36479.5	393055.7	267423.3
954.7	688.2	24428.9	9636.1
2169.6	2342.4	14024.9	3504.8
73.9	-29.4	4669.0	1544.1
19162.6	86011.2	491929.5	232728.1
4229.0	25794.8	131689.3	36678.9
3091.9	11342.8	33162.1	22513.2
1112.0	13768.2	93866.1	13797.2
6.8	683.8	4113.6	165.1
18.3		547.5	203.4
863.4	1171.6	29270.8	13496.4
10.5	80.1	606.9	904.4
20.4	44.7	522.7	626.8
10.9	54.8	985.9	444.1
123.6		4453.3	203.8
3.7		379.9	226.8
292.9	255.4	11937.8	4409.1
19.4	26.7	815.3	1454.4
382.0	709.9	9569.0	5227.0
2637.4	5259.4	58557.0	36632.0
199.3		4266.1	1843.4
2087.3	4496.9	36830.5	29076.3

10–5　续表 3–2

指　标	三、损益及分配		
	营业收入	主营业务收入	营业成本
鞋帽零售	13702.5	13697.8	10477.8
化妆品及卫生用品零售	45665.1	45495.7	34668.2
厨具卫具及日用杂品零售	17143.9	15540.5	14877.2
钟表、眼镜零售	34693.6	34682.3	25316.3
自行车等代步设备零售	4052.6	4052.6	2988.8
其他日用品零售	3441.7	3441.7	2847.9
文化、体育用品及器材专门零售	100551.7	99642.5	86346.8
文具用品零售	3317.2	3317.2	3187.2
体育用品及器材零售	16576.4	16576.4	13175.4
图书、报刊零售	25961.1	25099.2	21149.4
音像制品、电子和数字出版物零售	1609.0	1609.0	1461.7
珠宝首饰零售	36936.4	36936.4	33097.4
工艺美术品及收藏品零售	1989.0	1941.7	1770.1
乐器零售	10654.0	10654.0	9236.4
照相器材零售	1400.3	1400.3	1299.8
其他文化用品零售	2108.3	2108.3	1969.4
医药及医疗器材专门零售	444951.6	439520.1	338535.9
西药零售	412455.3	407030.1	310253.6
中药零售	21230.3	21224.0	18307.7
动物用药品零售	4377.2	4377.2	4281.8
医疗用品及器材零售	6888.8	6888.8	5692.8
汽车、摩托车、零配件和燃料及其他动力销售	3560416.9	3474008.4	3393948.1
汽车新车零售	2943340.1	2871550.7	2778075.0
汽车零配件零售	22611.3	22611.3	20722.8
摩托车及零配件零售	17176.5	17153.0	15329.4
机动车燃油零售	566908.5	552312.9	570470.6
机动车燃气零售	10380.5	10380.5	9350.3
家用电器及电子产品专门零售	479497.7	478124.3	441484.8
日用家电零售	257372.4	256437.8	237798.1
计算机、软件及辅助设备零售	71352.0	71287.2	62715.0
通信设备零售	138516.5	138220.7	130530.3
其他电子产品零售	12256.8	12178.6	10441.4
五金、家具及室内装饰材料专门零售	47895.3	47778.3	42595.4
五金零售	14968.6	14968.6	13044.3
灯具零售	1691.6	1691.6	1597.1
家具零售	6097.9	6097.9	5124.3
木质装饰材料零售	2840.7	2840.7	2618.0
陶瓷、石材装饰材料零售	9250.8	9219.7	8182.2
其他室内装饰材料零售	13045.7	12959.8	12029.5
货摊、无店铺及其他零售业	484889.8	473348.2	443676.5
互联网零售	450710.6	448479.5	413165.9
生活用燃料零售	31794.8	22484.3	28405.0
其他未列明零售业	2384.4	2384.4	2105.6
内资企业	6645745.5	6450190.6	5928704.0
国有企业	15511.7	15291.8	12922.6
集体企业	22555.7	20317.3	17839.1
股份合作企业	15385.6		15385.6
有限责任公司	2264377.0	2215294.8	2013429.9
国有独资公司	37555.5	36421.4	31704.8
其他有限责任公司	2226821.5	2178873.4	1981725.1
股份有限公司	176040.1	169931.1	150834.6
私营企业	4151245.4	4028738.7	3717728.0
私营独资企业	10981.3	10981.3	10262.0
私营有限责任公司	3623232.7	3550402.1	3262082.5
私营股份有限公司	517031.4	467355.3	445383.5

税金及附加	其他业务利润	销售费用	管理费用
33.6		3955.4	1415.1
123.8	751.2	7463.6	2223.5
14.7		1708.7	405.6
170.6	11.3	3638.6	1013.8
1.3		658.8	364.4
6.8		35.3	289.9
710.9	753.0	9990.1	3451.3
12.6		64.4	84.1
18.2		2725.5	385.1
55.2	648.1	4126.0	1059.8
1.4		10.3	110.3
596.5	104.9	2237.4	1122.2
4.8		175.9	49.8
17.9		549.8	564.8
1.5		54.8	20.1
2.8		46.0	55.1
1077.3	6447.5	81882.0	45050.9
1007.7	6206.9	79494.2	43223.7
32.4	152.1	2237.2	1101.6
6.9	88.5	44.2	43.9
30.3		106.4	681.7
8486.6	32350.4	138784.6	69828.8
6914.7	31343.4	87324.8	56360.5
46.0	26.3	821.0	939.4
16.4	12.9	692.8	888.3
1496.7	967.8	49050.6	11332.4
12.8		895.4	308.2
494.4	124.9	26998.3	11860.0
200.5	28.2	20634.0	5321.9
156.5	31.3	2035.7	3160.1
119.0	65.4	4160.1	2043.7
18.4		168.5	1334.3
111.6	32.0	1354.8	2499.1
50.2		175.2	880.3
4.1			52.1
7.4		383.9	632.4
3.7			129.4
22.5	31.1	534.4	323.9
23.7	0.9	261.3	481.0
552.0	14077.6	13402.6	13230.7
458.8	12338.7	11130.3	12322.5
90.8	1738.9	2240.9	656.6
2.4		31.4	251.6
17675.5	80953.2	452061.1	218370.4
33.5	166.4	1755.9	937.8
177.1	26.7	2056.7	3188.1
81.3		903.8	981.3
6926.6	27500.4	157923.5	64772.0
91.1	599.8	4010.3	2168.2
6835.5	26900.6	153913.2	62603.8
747.5	1072.7	15872.1	4082.7
9708.9	52187.0	273545.8	144373.6
10.9		286.4	264.3
8941.2	52184.8	215833.1	135266.3
756.8	2.2	57426.3	8843.0

10–5　续表 3–3

指　标	三、损益及分配		
	营业收入	主营业务收入	营业成本
其他企业	630.0	616.9	564.2
港、澳、台商投资企业	214612.1	208396.9	178327.6
合资经营企业（港或澳、台资）	90190.6	87054.7	82095.8
港、澳、台商独资经营企业	124421.5	121342.2	96231.8
外商投资企业	290623.6	282496.5	338669.0
中外合资经营企业	3812.6	3812.6	3375.8
外资企业	286811.0	278683.9	335293.2
国有控股	738502.9	716513.7	613766.6
集体控股	127306.4	108204.8	117098.7
私人控股	5510181.4	5361139.5	4950618.0
港澳台商控股	214612.1	208396.9	178327.6
外商控股	290623.6	282496.5	338669.0
其他	269754.8	264332.6	247220.7
独立门店	4472708.4	4350581.4	4024660.5
连锁总店（总部）	1304415.3	1274989.8	1191813.2
连锁直营店	619712.0	567945.8	536954.3
连锁加盟店	6016.2	6016.2	4647.4
其他	748129.3	741550.8	687625.2
大型	2084329.4	1991886.5	1843701.5
中型	3372904.9	3268484.7	3054434.6
小型	1219808.5	1209776.1	1110773.8
微型	473938.4	470936.7	436790.7
有店铺零售	6604998.2	6397457.5	5950530.8
食杂店	7247.3	6401.0	6384.3
便利店	185005.5	179405.9	170249.2
超市	167935.2	156914.7	137994.6
大型超市	674426.0	616886.6	576066.9
仓储会员店	543.0	540.3	437.5
百货店	265639.0	253520.8	208963.3
专业店	2461806.4	2402885.7	2238254.7
专卖店	2502352.9	2453194.7	2339177.3
家居建材商店	14465.5	14434.4	12610.6
购物中心	273569.9	263374.2	217449.9
厂家直销中心	52007.5	49899.2	42942.5
无店铺零售	545983.0	543626.5	495169.8
邮购	1940.9	1940.9	1563.0
网上商店	455096.7	452865.6	416367.2
电话购物	1372.6	1345.5	1193.6
其他	87572.8	87474.5	76046.0
有店铺零售	6651222.4	6443273.4	5991597.8
食杂店	7247.3	6401.0	6384.3
便利店	195288.3	189688.7	179625.4
超市	179055.7	168035.2	147701.0
大型超市	674998.6	617459.2	576552.1
仓储会员店	543.0	540.3	437.5
百货店	266304.3	254186.1	209599.2
专业店	2542434.7	2482260.3	2313146.0
专卖店	2557429.6	2508260.8	2386882.1
家居建材商店	15332.2	15301.1	13203.6
购物中心	275436.1	265240.4	218802.6
厂家直销中心	87388.2	85279.9	71307.2
无店铺零售	617420.8	613233.8	559413.4
邮购	1940.9	1940.9	1563.0
网上商店	501540.4	497478.8	456710.0
电话购物	1372.6	1345.5	1193.6
其他	130485.1	128783.4	115456.1
城镇	600958.3	596772.7	544925.2
其中：城区	139892.5	137937.4	125587.0
乡村	16462.5	16461.1	14488.2
港商投资	8661.0	8661.0	8130.2

税金及附加	其他业务利润	销售费用	管理费用
0.6		3.3	34.9
1162.3	4544.4	17197.2	10505.3
544.7	1250.9	3363.9	1126.5
617.6	3293.5	13833.3	9378.8
324.8	513.6	22671.2	3852.4
6.6	182.1	1526.1	174.9
318.2	331.5	21145.1	3677.5
2736.6	9151.2	92819.5	21004.7
489.6	1123.2	5877.8	6491.8
13797.7	70525.7	344137.1	178310.9
1162.3	4544.4	17197.2	10505.3
324.8	513.6	22671.2	3852.4
651.6	153.1	9226.7	12563.0
13897.8	60643.6	252694.5	163804.2
2556.1	10753.2	139003.7	39516.4
1266.8	1744.6	70860.7	9976.0
2.3		926.0	399.8
1439.6	12869.8	28444.6	19031.7
3397.6	21092.2	249188.5	70676.8
11746.2	47391.9	172669.4	108325.5
3277.8	5756.0	60387.8	45943.7
741.0	11771.1	9683.8	7782.1
18528.5	73562.3	475033.5	215464.0
58.1		59.4	591.1
272.1		9938.5	4290.2
299.4	10021.7	23630.2	3231.3
1194.4	8806.8	85457.2	12765.9
0.5			78.7
2992.8	7012.6	25073.2	24213.0
6070.6	14384.1	206549.8	95992.9
5578.7	29693.1	94479.3	47417.2
36.5	31.1	574.6	1093.6
1723.2	3577.6	22592.7	22421.3
302.2	35.3	6678.6	3368.8
634.1	12448.9	16896.0	17264.1
8.6		12.0	224.7
469.5	12303.4	11486.4	12613.8
1.8	31.3	14.1	167.0
154.2	114.2	5383.5	4258.6
18563.9	73963.7	475971.4	219241.1
58.1		59.4	591.1
649.8		10651.7	4429.4
314.1	10021.7	24545.2	3665.7
1195.2	8806.8	85464.7	12882.3
0.5			78.7
2993.1	7012.6	25073.2	24219.3
6155.1	15537.4	208854.3	99629.8
5679.8	29693.4	100576.3	49194.7
37.3	31.1	851.6	1129.9
1724.4	3707.6	22605.2	23092.6
407.7	61.6	6981.2	3952.9
1075.5	12484.2	22639.7	18569.8
8.6		12.0	224.7
530.5	12338.7	16185.0	13578.1
1.8	31.3	14.1	167.0
544.3	114.2	8313.1	4924.7
1062.5	12448.9	21650.5	17215.6
547.7	145.5	10519.6	3940.4
13.0	35.3	989.2	1354.2
19.1		13.4	11.3

10-5 限额以上批发和零售业

Financial condition of corporation enterprises

指 标	财务费用	利息收入	利息费用	投资收益
总计	175846.6	41307.9	164663.1	166977.6
一、批发业	125351.4	38183.7	138245.7	159973.8
农、林、牧、渔产品批发	874.8	113.7	892.8	28.0
谷物、豆及薯类批发	48.2	4.0	13.9	
种子批发	814.5	106.7	867.8	28.0
棉、麻批发	12.3	2.0	10.3	
林业产品批发	-0.2	1.0	0.8	
食品、饮料及烟草制品批发	14082.5	8823.7	19088.3	4219.3
米、面制品及食用油批发	431.2	0.1	13.1	
糕点、糖果及糖批发				
果品、蔬菜批发	2339.2	1.1	77.5	
肉、禽、蛋、奶及水产品批发	50.9	4.3	39.3	
盐及调味品批发	521.2	62.8	476.2	327.0
营养和保健品批发	52.8	0.2	52.5	
酒、饮料及茶叶批发	-1301.8	2389.8	33.8	-107.7
烟草制品批发	-6321.4	6322.9		
其他食品批发	18310.4	42.5	18395.9	4000.0
纺织、服装及家庭用品批发	4882.4	724.3	5816.2	
服装批发	1.7	-101.8	116.5	
鞋帽批发	60.0	57.3	110.4	
化妆品及卫生用品批发	37.9	0.1	33.6	
厨具卫具及日用杂品批发	9.1	2.0	2.8	
家用视听设备批发	225.0	-144.1	272.9	
日用家电批发	4548.7	910.8	5280.0	
文化、体育用品及器材批发	1332.7	1533.7	1546.2	8341.5
文具用品批发	732.6	162.9	842.3	
体育用品及器材批发	479.1		4.7	
图书批发	-996.6	1022.2	15.1	8203.0
首饰、工艺品及收藏品批发	1117.2	348.6	684.1	138.5
乐器批发	0.4			
医药及医疗器材批发	26316.5	7451.6	31507.6	3102.0
西药批发	19667.9	5885.1	24411.7	2916.9
中药批发	3458.6	585.2	3856.9	184.1
医疗用品及器材批发	3190.0	981.3	3239.0	1.0
矿产品、建材及化工产品批发	74359.2	19138.3	77805.2	138998.1
煤炭及制品批发	58483.5	10154.2	60308.6	168083.6
石油及制品批发	3569.8	793.6	4437.9	-6746.0
非金属矿及制品批发	0.4			
金属及金属矿批发	6108.3	5491.2	7182.7	-26150.7
建材批发	2240.5	258.4	1314.5	3849.7
化肥批发	5262.3	480.1	4225.1	-38.6
其他化工产品批发	-1305.6	1960.8	336.4	0.1
机械设备、五金产品及电子产品批发	3200.2	423.7	1415.9	5284.9
农业机械批发	1.6	0.3	0.6	-61.2
汽车及零配件批发	811.3	137.4	777.8	
摩托车及零配件批发	-27.3	-28.8	3.1	
五金产品批发	176.2	9.3	102.5	223.9
电气设备批发	-0.3	-0.4	0.6	
计算机、软件及辅助设备批发	371.9	27.9	102.5	
通讯设备批发	6.1	12.0	9.1	2.0
其他机械设备及电子产品批发	1860.7	266.0	419.7	5120.2

法人企业财务状况（四）
above designated size in wholesale and retail trade（4）

单位：万元

				四、人工成本及增值税
营业利润	营业外收入	利润总额	所得税费用	应付职工薪酬（本年贷方累计发生额）
402342.8	33464.0	341252.8	84745.2	500537.3
459330.3	17267.7	388783.9	66951.2	264816.4
36358.3	1563.0	37713.8	201.6	2704.7
-1510.2	1034.1	-477.6	0.1	616.2
1492.0	209.0	1654.7	14.1	1038.5
-402.5	3.9	-402.1		53.0
36779.0	316.0	36938.8	187.4	997.0
95991.3	1539.5	97074.2	24446.7	44689.2
428.6	0.5	426.7	84.8	668.5
-614.1	866.9	122.7		3690.0
-1792.1	7.7	-1768.4	8.9	1427.3
2181.4	139.2	2318.8	577.2	4327.0
479.1	1.7	480.8	38.6	747.8
7896.5	83.7	7920.1	2260.0	13987.5
75191.5	67.8	75207.9	19412.4	12574.1
12220.4	372.0	12365.6	2064.8	7267.0
-3254.0	175.7	-3125.1	473.7	11554.2
-3855.8	17.2	-3861.4	15.0	6825.4
18.3	4.7	23.0	25.5	293.4
-64.6		-64.6		125.9
76.7	42.9	119.6	5.0	71.0
1793.3	58.4	1838.5	412.3	2144.2
-1221.9	52.5	-1180.2	15.9	2094.3
16817.7	261.3	17042.1	4335.4	6945.0
1022.4	25.8	1038.4	223.1	1954.2
741.2	212.5	952.5	219.0	1048.6
15910.3	21.4	15906.7	3859.3	3067.9
-861.6	1.6	-860.9	33.7	874.1
5.4		5.4	0.3	0.2
91477.6	1430.2	90593.5	21912.8	54286.4
62060.0	624.2	62293.4	15412.3	31889.0
4124.7	723.9	3541.2	862.9	9635.2
25292.9	82.1	24758.9	5637.6	12762.2
202809.6	11220.2	136191.9	12243.6	120026.2
167410.8	6983.8	164687.8	5696.4	76714.4
-5302.5	-141.2	-6083.5	450.2	17193.6
-45.1	11.2	-33.9		98.7
-23454.2	2449.9	-86153.2	3775.5	12780.1
5582.8	20.9	3504.4	303.9	6326.5
2904.6	1657.5	4421.4	968.2	2443.3
55713.2	238.1	55848.9	1049.4	4469.6
18684.1	883.9	12812.8	3275.7	22905.7
-61.2		-61.2		67.9
1470.1	24.1	1332.1	115.3	2811.2
-25.4		-25.4	0.6	144.3
470.4	284.2	942.5	42.0	1655.6
135.9	0.2	135.7	6.4	346.7
911.4	278.1	1158.1	247.0	4427.2
1862.3	3.4	1861.8	240.6	1696.4
13920.6	293.9	7469.2	2623.8	11756.4

10-5　续表 4-1

指　标	财务费用	利息收入	利息费用	投资收益
贸易经纪与代理	188.6		14.0	
贸易代理	188.6		14.0	
其他批发业	114.5	-25.3	159.5	
再生物资回收与批发	149.8	25.7	159.4	
宠物食品用品批发	11.8	0.5		
互联网批发	0.2		0.1	
其他未列明批发业	-47.3	-51.5		
内资企业	130208.7	37916.7	138235.9	158748.6
国有企业	-5835.5	6513.8	636.3	-6739.4
集体企业	421.0	36.8	353.2	327.0
有限责任公司	73959.0	22408.7	79976.8	3739.2
国有独资公司	7797.4	5292.1	5897.7	18673.3
其他有限责任公司	66161.6	17116.6	74079.1	-14934.1
股份有限公司	17163.5	7221.7	22750.7	157401.4
私营企业	44500.7	1735.7	34518.9	4020.4
私营有限责任公司	43678.9	1713.3	33704.4	3836.3
私营股份有限公司	821.8	22.4	814.5	184.1
港、澳、台商投资企业	-4558.1	153.4	9.8	1225.2
合资经营企业（港或澳、台资）	-4416.2			1225.2
港、澳、台商独资经营企业	-141.9	153.4	9.8	
外商投资企业	-299.2	113.6		
中外合资经营企业	-299.2	113.6		
国有控股	58703.9	32447.9	84304.2	62483.9
集体控股	2386.4	471.5	2132.6	-28132.4
私人控股	55081.8	3968.2	42122.1	22410.0
港澳台商控股	256.6	153.4	9.8	
其他	8922.7	1142.7	9677.0	103212.3
独立门店	67728.6	15089.2	72867.1	3731.1
连锁总店（总部）	35.7		26.0	
连锁加盟店	128.1	143.2	271.3	
其他	57459.0	22951.3	65081.3	156242.7
大型	22588.4	17705.6	36527.7	172952.3
中型	65025.6	16593.5	65944.2	-13296.5
小型	32420.6	3915.8	30132.8	280.3
微型	5316.8	-31.2	5641.0	37.7
城镇	121355.1	37865.4	136383.7	160035.0
其中：城区	85878.0	25463.9	98313.3	66745.4
乡村	3996.3	318.3	1862.0	-61.2
港商投资	-4558.1	153.4	9.8	1225.2
澳商投资	253.5	153.4	9.8	
二、零售业	50495.2	3124.2	26417.4	7003.8
综合零售	21662.2	229.3	11576.5	459.2
百货零售	14644.4	194.2	10738.4	303.9
超级市场零售	6674.5	35.1	838.1	155.3
便利店零售	251.4			
其他综合零售	91.9			
食品、饮料及烟草制品专门零售	650.7	-106.0	558.0	822.9
粮油零售	23.8	10.3	7.4	
糕点、面包零售	48.8	0.1	33.2	219.8
果品、蔬菜零售	148.0	1.5	1.0	1.7
肉、禽、蛋、奶及水产品零售	298.7	3.0	301.7	
营养和保健品零售	0.8			
酒、饮料及茶叶零售	52.4	-192.7	177.2	
烟草制品零售	-6.7		22.2	
其他食品零售	84.9	71.8	15.3	601.4
纺织、服装及日用品专门零售	1336.8	422.4	-62.7	-1195.2
纺织品及针织品零售	327.0	327.5	6.0	
服装零售	871.2	78.1	-145.5	-1195.2

				四、人工成本及增值税
营业利润	营业外收入	利润总额	所得税费用	应付职工薪酬（本年贷方累计发生额）
179.1	87.2	266.3	16.5	155.7
179.1	87.2	266.3	16.5	155.7
266.6	106.7	214.4	45.2	1549.3
-375.8	39.2	-339.8	6.1	807.9
-54.0	67.2	13.2		317.5
-71.0		-71.0		12.0
767.4	0.3	612.0	39.1	411.9
447723.0	17228.4	377219.2	62404.0	256572.3
65486.5	68.3	65442.4	19414.4	14186.4
1461.0	116.7	1577.5	394.2	1669.2
22708.6	13332.6	-37198.2	31329.1	126768.9
18869.1	3326.0	13694.4	3924.4	20491.0
3839.5	10006.6	-50892.6	27404.7	106277.9
271875.6	-375.5	269240.4	1110.1	37554.2
86191.3	4086.3	78157.1	10156.2	76393.6
85761.0	3653.9	77564.3	10045.9	73959.1
430.3	432.4	592.8	110.3	2434.5
12161.6	24.1	12113.0	3594.6	6343.7
10111.9	22.3	10118.4	2722.0	2673.5
2049.7	1.8	1994.6	872.6	3670.2
-554.3	15.2	-548.3	952.6	1900.4
-554.3	15.2	-548.3	952.6	1900.4
259895.6	11034.4	262045.6	46975.1	141679.7
-33469.3	902.6	-97299.9	447.1	5234.8
120854.8	5149.1	112146.9	16251.5	104995.5
470.9	14.1	426.9	872.6	4863.5
111578.3	167.5	111464.4	2404.9	8042.9
161642.9	5387.9	98720.5	48960.7	118702.3
119.6		119.6	7.9	219.2
-68.3		-68.3		28.0
297636.1	11879.8	290012.1	17982.6	145866.9
406253.5	1418.6	390654.8	36252.3	87737.8
-16118.6	8335.7	-75553.0	23211.3	142340.9
80092.7	2889.4	80634.6	6963.9	30366.7
-10897.3	4624.0	-6952.5	523.7	4371.0
453923.7	15432.8	382004.5	65645.5	253996.9
329972.4	5641.7	251954.1	50832.3	202962.8
5406.6	1834.9	6779.4	1305.7	10819.5
12161.6	24.1	12113.0	3594.6	6343.7
1118.4	1.8	1062.9	872.6	3868.3
-56987.5	16196.3	-47531.1	17794.0	235720.9
-6764.0	3349.4	-5048.5	2846.1	61883.3
-3464.5	420.7	-3193.1	1866.5	10634.9
-491.6	2782.9	947.0	979.3	50390.5
-2716.5	145.8	-2711.0		685.8
-91.4		-91.4	0.3	172.1
6587.0	2509.5	8664.2	3025.0	12550.3
-690.2	942.3	257.2	9.7	563.1
-74.2	25.5	-395.0		384.3
-659.8	666.9	-5.8	6.4	658.9
8.4	30.8	19.0	1.4	3021.6
122.4		122.4	12.9	180.1
6052.8	224.1	6246.0	2131.7	4845.4
-826.6	23.1	-825.2	5.6	560.5
2654.2	596.8	3245.6	857.3	2336.4
12847.2	351.9	13070.7	3732.8	25474.5
-2275.7		-2278.5	18.9	1188.8
10880.4	134.6	10930.6	2075.0	15889.3

10-5 续表 4-2

指　标	财务费用	利息收入	利息费用	投资收益
鞋帽零售	5.4	10.9		
化妆品及卫生用品零售	88.0	4.0	2.5	
厨具卫具及日用杂品零售	9.3	26.6	28.3	
钟表、眼镜零售	27.1	−25.3	44.0	
自行车等代步设备零售	6.2			
其他日用品零售	2.6	0.6	2.0	
文化、体育用品及器材专门零售	744.8	32.0	155.8	49.4
文具用品零售	22.2	4.5	18.3	
体育用品及器材零售	187.3	−0.1	−0.1	
图书、报刊零售	−15.4	24.8	0.2	
音像制品、电子和数字出版物零售				
珠宝首饰零售	421.2	1.2	47.5	49.4
工艺美术品及收藏品零售	2.5	1.5		
乐器零售	123.4	0.1	86.8	
照相器材零售	0.3			
其他文化用品零售	3.3		3.1	
医药及医疗器材专门零售	750.3	1599.4	1857.6	4163.5
西药零售	535.4	1589.3	1743.8	4161.5
中药零售	146.0	11.7	113.8	2.0
动物用药品零售	0.1			
医疗用品及器材零售	68.8	−1.6		
汽车、摩托车、零配件和燃料及其他动力销售	19095.4	688.8	9400.5	2776.2
汽车新车零售	15735.2	628.0	8172.6	2758.8
汽车零配件零售	67.2	0.7	58.7	
摩托车及零配件零售	4.7	0.3	0.5	
机动车燃油零售	3253.5	34.8	1113.5	17.4
机动车燃气零售	34.8	25.0	55.2	
家用电器及电子产品专门零售	1829.8	55.3	210.5	−68.8
日用家电零售	1245.5	5.6	74.9	0.5
计算机、软件及辅助设备零售	66.4	21.6	24.4	
通信设备零售	470.0	25.4	88.9	−69.3
其他电子产品零售	47.9	2.7	22.3	
五金、家具及室内装饰材料专门零售	156.6	23.6	113.5	
五金零售	96.1	1.2	94.9	
灯具零售	0.1		0.1	
家具零售	7.7	2.5	5.5	
木质装饰材料零售	12.6	−11.2	1.2	
陶瓷、石材装饰材料零售	32.7	30.0	6.6	
其他室内装饰材料零售	7.4	1.1	5.2	
货摊、无店铺及其他零售业	4268.6	179.4	2607.7	−3.4
互联网零售	2115.3	146.3	474.2	−3.4
生活用燃料零售	2143.2	33.1	2124.7	
其他未列明零售业	10.1		8.8	
内资企业	48075.4	2949.7	25577.9	7003.3
国有企业	−9.4	27.6	1.9	
集体企业	59.0	−1.0	62.9	
股份合作企业	176.1			
有限责任公司	11509.5	1877.6	7579.3	3235.2
国有独资公司	51.7	27.8	25.4	
其他有限责任公司	11457.8	1849.8	7553.9	3235.2
股份有限公司	4536.3	12.2	1102.9	5.2
私营企业	31802.9	1033.3	16829.9	3761.2
私营独资企业	3.7		−0.2	
私营有限责任公司	26338.3	1026.9	16778.0	3605.4
私营股份有限公司	5460.9	6.4	52.1	155.8

				四、人工成本及增值税
营业利润	营业外收入	利润总额	所得税费用	应付职工薪酬（本年贷方累计发生额）
-2184.7	6.3	-2180.6	31.8	2539.8
1479.5	172.5	1615.5	454.4	2897.6
128.3	31.1	159.4	8.2	413.1
4527.2	6.4	4533.5	1131.3	2267.9
33.3		30.9		155.0
258.9	1.0	259.9	13.2	123.0
-548.0	570.1	-16.9	42.8	2712.6
-53.2		-53.3	1.3	66.1
84.6	343.2	425.8	33.7	210.6
-410.6	202.4	-217.1	1.7	375.9
25.4		25.4	0.1	41.9
-390.5	11.0	-405.4	0.7	1597.4
-14.1	7.4	-6.7	0.2	124.5
161.7	6.0	165.6	3.8	228.8
23.8		23.8	0.1	9.0
24.9	0.1	25.0	1.2	58.4
7852.6	1406.0	8977.2	2015.3	39066.5
7980.6	1314.3	9059.6	2004.7	37304.3
-436.9	89.1	-393.9	-11.0	1421.2
0.4		0.4	0.1	45.5
308.5	2.6	311.1	21.5	295.5
-66303.5	4618.2	-65526.2	5704.3	73078.0
2408.9	4237.0	4050.8	5130.9	54751.6
40.7	58.8	98.2	34.2	1036.6
244.7	42.7	286.1	5.1	338.9
-69058.4	279.7	-70021.9	523.4	16490.3
60.6		60.6	10.7	460.6
-5122.3	1167.3	-4283.3	260.1	10868.2
-7874.8	569.3	-7493.4	37.0	6575.9
1506.0	374.9	1851.8	173.4	1960.7
1123.4	16.6	1136.4	45.0	1947.3
123.1	206.5	221.9	4.7	384.3
1009.6	46.6	1019.2	76.8	1332.8
723.0		688.8	47.7	362.4
38.4		38.4	0.2	26.3
-164.1	13.5	-151.0	2.6	371.0
77.2		77.2	1.1	30.9
89.1	32.5	120.0	15.4	293.0
246.0	0.6	245.8	9.8	249.2
-6546.1	2177.3	-4387.5	90.8	8754.7
-4313.6	2176.8	-2155.5	70.8	7319.6
-2215.8	0.1	-2215.7	20.0	1236.1
-16.7	0.4	-16.3		199.0
13327.3	15193.6	22235.3	15437.0	222298.0
-456.4	651.1	-74.0	73.3	1104.6
-708.2	23.1	-707.3	-7.4	1407.3
-1248.0	14.7	-1245.4	0.4	
6993.3	3056.0	8844.6	7032.5	72474.0
-435.7	359.4	-82.7	7.1	866.5
7429.0	2696.6	8927.3	7025.4	71607.5
54.4	359.2	-255.2		6518.8
8688.2	11089.5	15675.1	8338.2	140728.3
153.6	1.5	155.1	5.9	230.5
9396.5	8343.4	14770.3	8316.5	106908.2
-861.9	2744.6	749.7	15.8	33589.6

10-5 续表 4-3

指 标	财务费用	利息收入	利息费用	投资收益
其他企业	1.0		1.0	1.7
港、澳、台商投资企业	159.3	108.9	58.6	0.5
合资经营企业（港或澳、台资）	−39.4	89.6	7.9	
港、澳、台商独资经营企业	198.7	19.3	50.7	0.5
外商投资企业	2260.5	65.6	780.9	
中外合资经营企业	798.3	1.5	780.5	
外资企业	1462.2	64.1	0.4	
国有控股	4133.1	1570.7	4974.3	4178.0
集体控股	616.1	9.5	237.4	−954.3
私人控股	41035.9	1608.8	18910.6	3768.4
港澳台商控股	159.3	108.9	58.6	0.5
外商控股	2260.5	65.6	780.9	
其他	2290.3	−239.3	1455.6	11.2
独立门店	34590.8	1076.8	21496.7	1863.6
连锁总店（总部）	8597.8	1981.1	3617.2	4983.8
连锁直营店	5826.4	13.6	369.5	155.3
连锁加盟店	10.2	0.3	5.5	
其他	1470.0	52.4	928.5	1.1
大型	9528.1	1625.4	2474.4	4833.0
中型	33960.5	1214.1	21193.8	3260.1
小型	5823.4	272.8	2376.4	−1020.9
微型	1183.2	11.9	372.8	−68.4
有店铺零售	48038.2	2935.3	25854.6	7004.7
食杂店	7.3		6.1	
便利店	403.9	60.7		601.4
超市	292.3	0.1	18.1	
大型超市	6488.5	99.7	831.7	155.3
仓储会员店	18.7	0.6	19.3	
百货店	14708.5	173.0	10731.6	303.9
专业店	13947.8	1914.3	6934.3	8153.8
专卖店	11154.5	258.7	7421.0	−1007.7
家居建材商店	42.2	32.6	11.3	
购物中心	606.3	44.5	−175.8	−1202.0
厂家直销中心	368.2	351.1	57.0	
无店铺零售	2457.0	188.9	562.8	−0.9
邮购	5.2	4.7	5.2	
网上商店	2140.1	149.4	495.7	−2.9
电话购物	1.9		1.9	
其他	309.8	34.8	60.0	2.0
有店铺零售	49523.4	2936.7	25854.5	7004.7
食杂店	7.3		6.1	
便利店	356.0	5.4	7.2	601.4
超市	245.5	−53.8	25.2	
大型超市	6488.5	99.7	831.7	155.3
仓储会员店	18.7	0.6	19.3	
百货店	14708.5	173.0	10731.6	303.9
专业店	15428.7	1926.6	6934.3	8153.8
专卖店	11250.7	260.3	7397.0	−1011.7
家居建材商店	45.8	32.7	15.0	
购物中心	629.8	44.6	−159.3	−1202.0
厂家直销中心	340.5	330.0	32.0	
无店铺零售	2510.7	160.6	638.6	−0.9
邮购	5.2	4.7	5.2	
网上商店	2204.4	171.3	571.5	−2.9
电话购物	1.9		1.9	
其他	343.5	8.2	124.3	2.5
城镇	2316.5	161.4	452.2	−0.9
其中：城区	129.9	12.4	100.0	
乡村	194.2	−0.8	186.4	
港商投资	4.1			

				四、人工成本及增值税
营业利润	营业外收入	利润总额	所得税费用	应付职工薪酬（本年贷方累计发生额）
4.0		−2.5		65.0
7638.7	553.4	8105.2	2358.7	6420.7
3099.0	346.5	3429.3	927.3	2176.2
4539.7	206.9	4675.9	1431.4	4244.5
−77953.5	449.3	−77871.6	−1.7	7002.2
−1887.0	220.4	−1667.4		324.2
−76066.5	228.9	−76204.2	−1.7	6678.0
14594.1	1434.4	15017.0	3611.6	35646.0
−2987.6	81.1	−3289.1	11.8	3852.8
3868.9	13230.2	12481.9	10686.5	176567.9
7638.7	553.4	8105.2	2358.7	6420.7
−77953.5	449.3	−77871.6	−1.7	7002.2
−2148.1	447.9	−1974.5	1127.1	6231.3
21506.0	8029.3	25783.5	12754.1	131308.9
−72083.3	3223.4	−70598.4	4067.0	50638.1
−5174.4	2199.6	−4118.9		40034.6
−75.6	12.6	−65.5	0.8	327.7
−1160.2	2731.4	1468.2	972.1	13411.6
−61500.1	4686.3	−59516.0	4282.6	108743.9
1478.4	7781.2	6560.8	10468.1	93696.6
−6344.2	3232.6	−4280.9	1181.7	29775.9
9378.4	496.2	9705.0	1861.6	3504.5
−53793.7	13357.8	−47073.3	17647.7	225689.0
146.8	0.4	146.9	7.2	241.1
497.1	598.6	1085.2	867.5	2014.4
2229.7	455.4	2511.9	993.9	11074.9
−3166.5	2644.7	−1917.0	−27.9	42776.6
5.0		5.0	0.4	14.8
−3544.7	286.0	−3317.5	1907.0	10858.3
−59775.0	4703.4	−57553.0	5327.0	91999.5
4188.1	3977.6	5729.6	6378.7	55273.6
−15.0	45.1	28.2	15.0	568.4
8019.8	92.5	8039.8	2167.5	8754.5
−2379.0	554.1	−1832.4	11.4	2112.9
−3193.8	2838.5	−457.8	146.3	10031.9
127.3		127.3	7.7	96.1
−3935.2	2119.5	−1853.7	74.0	7607.0
−1.5	27.1	25.6		108.4
615.6	691.9	1243.0	64.6	2220.4
−54912.8	13491.9	−48074.6	17650.9	227079.7
146.8	0.4	146.9	7.2	241.1
590.2	600.6	1178.3	888.6	2285.1
2323.7	539.5	2687.6	1017.7	11560.6
−3241.7	2644.7	−1992.2	−27.9	42777.3
5.0		5.0	0.4	14.8
−3521.9	286.0	−3294.7	1908.1	10862.4
−61363.3	4826.5	−59038.2	5340.1	93842.6
3539.7	3991.2	5089.9	6169.5	58404.7
−59.1	45.1	−16.0	15.0	633.4
7824.7	93.6	7839.9	2168.5	8810.7
3900.6	595.0	4487.1	1637.6	2298.9
−3435.6	3131.0	−423.5	276.2	11453.2
127.3		127.3	7.7	96.1
−3587.2	2412.0	−1229.6	202.3	8347.7
−1.5	27.1	25.6		108.4
83.5	741.2	740.5	66.7	3391.7
−2879.4	2955.7	−36.3	276.2	10798.9
−456.3	259.0	−214.2	150.9	3156.4
−556.2	175.3	−387.2		654.3
482.9		482.9	120.7	

10-6　限额以上住宿和餐饮业

Financial condition of corporation enterprises

指　标	法人企业数（个）	执行《2006年企业会计准则》企业数（个）	一、年初存货	二、期末资产负债
				流动资产合计
总计	357	219	18116.2	331437.4
一、住宿业	126	75	6470.1	164195.7
旅游饭店	71	43	5128.6	123450.3
旅游饭店	71	43	5128.6	123450.3
一般旅馆	53	31	1336.6	39284.5
经济型连锁酒店	16	6	120.5	9679.8
其他一般旅馆	37	25	1216.1	29604.7
其他住宿业	2	1	4.9	1460.9
其他住宿业	2	1	4.9	1460.9
内资企业	126	75	6470.1	164195.7
国有企业	12	9	1785.4	37496.7
集体企业	3	3	11.5	99.1
有限责任公司	22	19	2247.9	63763.6
国有独资公司	3	3	265.4	7584.9
其他有限责任公司	19	16	1982.5	56178.7
私营企业	89	44	2425.3	62836.3
私营独资企业	3	2	138.1	1164.4
私营有限责任公司	86	42	2287.2	61671.9
国有控股	24	20	2762.7	56461.3
集体控股	3	3	11.5	99.1
私人控股	96	50	3090.3	75701.0
其他	3	2	605.6	31934.3
独立门店	104	67	6266.3	153939.3
连锁直营店	1	1	52.0	1184.2
连锁加盟店	18	6	134.1	6673.4
其他	3	1	17.7	2398.8
大型	1	1	750.6	21868.8
中型	12	11	2095.9	64287.0
小型	97	56	3496.6	74648.1
微型	16	7	127.0	3391.8
五星	4	4	1512.3	34048.2
四星	9	8	1256.5	15317.0
三星	17	9	598.7	17149.7
二星	4	3	26.8	2875.8
其他	92	51	3075.8	94805.0
城镇	125	75	6447.1	163660.4
其中：城区	111	69	6142.6	123785.1
乡村	1		23.0	535.3

法人企业财务状况（一）
above designated size in hotels and catering service（1）

单位：万元

应收帐款	存货	固定资产原价	累计折旧	本年折旧
39647.5	**17819.9**	**667284.7**	**314356.2**	**27365.0**
16744.5	**5943.5**	**455342.3**	**213526.4**	**15153.2**
7877.2	4569.7	418978.8	190374.1	14010.6
7877.2	4569.7	418978.8	190374.1	14010.6
8793.9	1369.2	35725.0	22795.6	1094.8
849.8	349.5	7726.1	2681.7	392.8
7944.1	1019.7	27998.9	20113.9	702.0
73.4	4.6	638.5	356.7	47.8
73.4	4.6	638.5	356.7	47.8
16744.5	5943.5	455342.3	213526.4	15153.2
751.7	1649.7	199658.8	103157.9	5896.8
24.1	13.0	1131.3	936.1	37.2
2251.0	1886.8	191477.8	73679.6	5611.5
248.2	276.4	58027.1	15316.4	1436.9
2002.8	1610.4	133450.7	58363.2	4174.6
13717.7	2394.0	63074.4	35752.8	3607.7
448.4	117.9	1932.0	1164.8	45.7
13269.3	2276.1	61142.4	34588.0	3562.0
2132.6	2361.0	345341.0	160432.7	9235.9
24.1	13.0	1131.3	936.1	37.2
13982.7	3046.4	94600.8	45335.9	5227.0
605.1	523.1	14269.2	6821.7	653.1
15761.0	5789.0	441226.0	204808.9	14337.7
185.8	16.2	890.9	626.2	114.7
797.7	121.2	7360.9	4021.2	549.2
	17.1	5864.5	4070.1	151.6
96.5	835.5	62794.3	43457.7	2326.7
2293.2	1625.9	286910.7	107479.0	7973.8
13981.4	3332.3	100427.4	58555.2	4709.3
373.4	149.8	5209.9	4034.5	143.4
471.1	1302.9	179275.8	80538.6	5492.0
3012.2	1095.8	56340.4	33333.5	2239.1
1637.2	612.4	84751.7	29220.4	1970.4
202.7	18.3	1021.5	615.6	34.8
11421.3	2914.1	133952.9	69818.3	5416.9
16741.2	5925.2	455334.6	213519.2	15151.4
15555.1	5326.0	439978.0	207317.4	14436.2
3.3	18.3	7.7	7.2	1.8

10-6　续表 1-1

指　标	法人企业数（个）	执行《2006年企业会计准则》企业数（个）	一、年初存货	二、期末资产负债 流动资产合计
二、餐饮业	**231**	**144**	**11646.1**	**167241.7**
正餐服务	**221**	**139**	**10413.2**	**147943.5**
正餐服务	221	139	10413.2	147943.5
快餐服务	4	4	1146.3	17422.7
快餐服务	4	4	1146.3	17422.7
饮料及冷饮服务	3		28.8	424.8
其他饮料及冷饮服务	3		28.8	424.8
其他餐饮业	3	1	57.8	1450.7
小吃服务	2		57.5	540.8
其他未列明餐饮业	1	1	0.3	909.9
内资企业	228	141	10594.3	161873.7
国有企业	5	3	251.8	1522.7
股份合作企业	1		2.1	86.3
有限责任公司	36	26	1792.1	34194.5
国有独资公司	1	1	226.0	2834.5
其他有限责任公司	35	25	1566.1	31360.0
私营企业	186	112	8548.3	126070.2
私营独资企业	14	3	256.0	1871.8
私营有限责任公司	170	107	8185.8	123116.8
私营股份有限公司	2	2	106.5	1081.6
港、澳、台商投资企业	1	1	368.6	2259.7
港澳台商独资企业	1	1	368.6	2259.7
外商投资企业	2	2	683.2	3108.3
外资企业	2	2	683.2	3108.3
国有控股	11	9	1097.9	9829.3
私人控股	212	129	9462.6	149917.4
港澳台商控股	1	1	368.6	2259.7
外商控股	2	2	683.2	3108.3
其他	5	3	33.8	2127.0
独立门店	194	121	8497.1	141003.6
连锁总店（总部）	6	4	1868.6	6767.7
连锁直营店	6	1	31.4	1034.1
连锁加盟店	2		35.0	482.5
其他	23	18	1214.0	17953.8
大型	2	2	1033.8	5296.4
中型	25	23	4220.1	61405.8
小型	173	103	5525.2	90706.4
微型	31	16	867.0	9833.1
城镇	231	144	11646.1	167241.7
其中：城区	197	123	11144.9	157426.4
港商投资	1	1	368.6	2259.7

应收帐款	存货	固定资产原价	累计折旧	本年折旧
22903.0	**11876.4**	**211942.4**	**100829.8**	**12211.8**
21273.9	**10650.8**	**186796.4**	**90209.5**	**10619.8**
21273.9	10650.8	186796.4	90209.5	10619.8
1450.1	1153.5	24730.9	10413.9	1538.8
1450.1	1153.5	24730.9	10413.9	1538.8
21.9	10.6	151.8	75.5	36.0
21.9	10.6	151.8	75.5	36.0
157.1	61.5	263.3	130.9	17.2
29.2	56.6	166.9	115.9	2.2
127.9	4.9	96.4	15.0	15.0
22817.2	10811.5	187950.7	91052.5	10697.8
87.1	257.5	2911.0	2351.7	98.3
10.8	12.0	170.7	107.9	16.8
5439.1	1730.6	87512.5	27575.0	2932.0
194.2	197.0	9878.2	7738.8	135.8
5244.9	1533.6	77634.3	19836.2	2796.2
17280.2	8811.4	97356.5	61017.9	7650.7
438.6	388.3	1041.2	267.6	81.3
16818.8	8354.1	96022.0	60578.8	7558.5
22.8	69.0	293.3	171.5	10.9
56.2	391.5	11614.8	3658.9	942.0
56.2	391.5	11614.8	3658.9	942.0
29.6	673.4	12376.9	6118.4	572.0
29.6	673.4	12376.9	6118.4	572.0
2187.5	1077.7	70877.3	16839.4	2161.5
20500.7	9686.2	116569.0	73773.3	8506.6
56.2	391.5	11614.8	3658.9	942.0
29.6	673.4	12376.9	6118.4	572.0
129.0	47.6	504.4	439.8	29.7
19604.1	8805.2	174402.2	82046.1	8009.9
51.8	1857.6	24752.7	10160.5	1626.6
30.0	36.4	349.5	105.0	61.5
11.4	63.8	83.5	22.7	13.6
3205.7	1113.4	12354.5	8495.5	2500.2
74.7	1051.6	23968.4	9774.5	1514.0
7355.5	4226.1	99681.1	38822.7	5049.8
13885.4	5658.7	75127.2	43262.0	5205.1
1587.4	940.0	13165.7	8970.6	442.9
22903.0	11876.4	211942.4	100829.8	12211.8
20378.6	11059.9	209069.1	99262.2	11982.0
56.2	391.5	11614.8	3658.9	942.0

10-6 限额以上住宿和餐饮业

Financial condition of corporation enterprises

指 标	固定资产净额	在建工程	资产总计	流动负债合计
总计	**347320.3**	**78929.3**	**952044.6**	**723502.2**
一、住宿业	**239409.5**	**59231.9**	**564555.1**	**382909.4**
旅游饭店	228342.9	23027.3	454923.4	303165.1
旅游饭店	228342.9	23027.3	454923.4	303165.1
一般旅馆	10784.8	36204.6	107250.7	77121.3
经济型连锁酒店	5022.1	29302.7	51726.5	34883.6
其他一般旅馆	5762.7	6901.9	55524.2	42237.7
其他住宿业	281.8		2381.0	2623.0
其他住宿业	281.8		2381.0	2623.0
内资企业	239409.5	59231.9	564555.1	382909.4
国有企业	94561.2	3611.8	148687.6	64970.3
集体企业	8.1		294.3	462.4
有限责任公司	117780.8	19521.1	217083.4	152002.8
国有独资公司	42710.7	13983.5	64645.2	54598.7
其他有限责任公司	75070.1	5537.6	152438.2	97404.1
私营企业	27059.4	36099.0	198489.8	165473.9
私营独资企业	767.2		3763.1	3250.7
私营有限责任公司	26292.2	36099.0	194726.7	162223.2
国有控股	182968.6	19116.9	284751.3	157283.4
集体控股	8.1		294.3	462.4
私人控股	48985.3	40099.0	239938.5	181338.4
其他	7447.5	16.0	39571.0	43825.2
独立门店	234065.1	58959.9	539380.8	359073.1
连锁直营店	264.7	272.0	7213.8	10020.4
连锁加盟店	3285.3		13231.1	8290.4
其他	1794.4		4729.4	5525.5
大型	19336.5	3140.7	51591.2	7228.8
中型	179431.5	21043.9	276490.7	180311.8
小型	39686.9	31047.3	227469.3	189541.4
微型	954.6	4000.0	9003.9	5827.4
五星	98737.0	3550.4	146074.4	32801.4
四星	22958.1	1031.2	85632.6	74331.3
三星	53565.4	14041.8	93060.6	80409.2
二星	405.9	348.0	2841.6	922.4
其他	63743.1	40260.5	236945.9	194445.1
城镇	239409.0	59231.9	564019.3	382624.0
其中：城区	230276.5	23517.5	471121.5	299584.7
乡村	0.5		535.8	285.4

法人企业财务状况（二）
above designated size in hotels and catering service（2）

单位：万元

应付账款	负债合计	所有者权益	实收资本	个人资本
114307.1	**855180.9**	**101912.6**	**299542.1**	**49294.9**
49919.3	**497684.8**	**71436.6**	**183049.9**	**26556.7**
35236.1	400681.5	58033.9	153927.0	10130.8
35236.1	400681.5	58033.9	153927.0	10130.8
14683.2	94380.3	13644.7	28962.9	16375.9
2222.6	45083.7	6642.8	6811.2	5213.9
12460.6	49296.6	7001.9	22151.7	11162.0
	2623.0	-242.0	160.0	50.0
	2623.0	-242.0	160.0	50.0
49919.3	497684.8	71436.6	183049.9	26556.7
15829.7	109211.8	39475.8	53354.1	
86.1	1481.1	-389.3	20.0	
11966.6	185546.4	31537.0	90411.2	136.3
1585.0	71682.6	-7037.4	6843.2	
10381.6	113863.8	38574.4	83568.0	136.3
22036.9	201445.5	813.1	39264.6	26420.4
2044.2	3250.8	512.3	2620.0	2000.0
19992.7	198194.7	300.8	36644.6	24420.4
22430.6	231668.5	53082.8	97107.3	110.0
86.1	1481.1	-389.3	20.0	
25851.9	219710.0	23997.3	75075.9	26446.7
1550.7	44825.2	-5254.2	10846.7	
46998.6	473355.9	70591.2	172421.5	22634.9
1453.2	10020.4	-2806.6	110.0	110.0
1236.4	8783.0	4448.1	5227.0	3811.8
231.1	5525.5	-796.1	5291.4	
3429.2	31924.8	19666.4	2985.0	
19323.3	230375.8	46114.9	116192.5	3000.0
25071.8	221097.4	6371.9	59372.4	23421.7
2095.0	14286.8	-716.6	4500.0	135.0
8200.3	58527.1	87547.3	87334.0	
7961.3	87893.2	-2260.6	20300.0	6200.0
4436.3	102234.0	-9173.4	17497.5	
60.9	922.5	1919.1	621.5	530.0
29260.5	248108.0	-6595.8	57296.9	19826.7
49641.2	497399.4	71186.2	182738.9	26245.7
45177.6	403460.1	72227.7	168091.7	20531.8
278.1	285.4	250.4	311.0	311.0

10-6　续表 2-1

指　标	固定资产净额	在建工程	资产总计	流动负债合计
二、餐饮业	**107910.8**	**19697.4**	**387489.5**	**340592.8**
正餐服务	**93571.6**	**15154.7**	**317746.6**	**302555.2**
正餐服务	93571.6	15154.7	317746.6	302555.2
快餐服务	14216.2	4542.7	67173.4	37024.0
快餐服务	14216.2	4542.7	67173.4	37024.0
饮料及冷饮服务	76.3		974.7	340.0
其他饮料及冷饮服务	76.3		974.7	340.0
其他餐饮业	46.7		1594.8	673.6
小吃服务	46.7		599.8	288.2
其他未列明餐饮业			995.0	385.4
内资企业	93742.5	17086.7	334373.6	308798.2
国有企业	316.2	62.8	3059.5	1721.6
股份合作企业	62.8	1.4	223.4	25.0
有限责任公司	59869.9	12930.6	131418.9	128639.6
国有独资公司	2139.4	258.8	5566.8	944.2
其他有限责任公司	57730.5	12671.8	125852.1	127695.4
私营企业	33493.6	4091.9	199671.8	178412.0
私营独资企业	219.9	12.9	3272.0	2313.8
私营有限责任公司	33151.9	4079.0	195081.5	175899.5
私营股份有限公司	121.8		1318.3	198.7
港、澳、台商投资企业	7909.9	848.2	30156.9	17625.9
港澳台商独资企业	7909.9	848.2	30156.9	17625.9
外商投资企业	6258.4	1762.5	22959.0	14168.7
外资企业	6258.4	1762.5	22959.0	14168.7
国有控股	53794.6	337.5	82373.3	85058.8
私人控股	39883.3	16747.8	249178.6	221098.7
港澳台商控股	7909.9	848.2	30156.9	17625.9
外商控股	6258.4	1762.5	22959.0	14168.7
其他	64.6	1.4	2821.7	2640.7
独立门店	89490.3	16355.1	303940.4	292595.8
连锁总店（总部）	14546.1	2610.7	55979.5	32972.1
连锁直营店	105.4	139.2	2193.5	724.9
连锁加盟店	60.8		640.0	482.8
其他	3708.2	592.4	24736.1	13817.2
大型	14147.8	2610.7	52985.9	31594.2
中型	60318.4	2050.5	150196.3	167739.0
小型	29437.5	14899.0	168766.7	128317.6
微型	4007.1	137.2	15540.6	12942.0
城镇	107910.8	19697.4	387489.5	340592.8
其中：城区	107288.1	19634.6	373189.1	329413.8
港商投资	7909.9	848.2	30156.9	17625.9

应付账款	负债合计	所有者权益	实收资本	个人资本
64387.8	**357496.1**	**30476.0**	**116492.2**	**22738.2**
61226.6	**312185.8**	**6043.4**	**103611.4**	**21892.1**
61226.6	312185.8	6043.4	103611.4	21892.1
2911.9	44293.7	22879.7	11988.5	240.0
2911.9	44293.7	22879.7	11988.5	240.0
58.5	340.0	634.7	162.0	
58.5	340.0	634.7	162.0	
190.8	676.6	918.2	730.3	606.1
150.2	291.2	308.6	124.2	
40.6	385.4	609.6	606.1	606.1
61763.9	318382.4	16473.8	109743.7	22738.2
603.9	3520.6	–461.1	397.5	
9.3	25.0	198.4	100.0	100.0
10828.0	130445.7	1469.9	51836.7	1532.8
182.8	944.2	4622.6	5000.0	
10645.2	129501.5	–3152.7	46836.7	1532.8
50322.7	184391.1	15266.6	57409.5	21105.4
1089.7	2713.7	558.3	1143.5	245.3
49162.9	181478.7	13588.7	55716.0	20810.1
70.1	198.7	1119.6	550.0	50.0
821.3	23592.6	6564.3	5000.0	
821.3	23592.6	6564.3	5000.0	
1802.6	15521.1	7437.9	1748.5	
1802.6	15521.1	7437.9	1748.5	
2104.4	86857.8	–4484.5	11366.1	1131.6
58816.3	228883.8	20777.4	98277.6	21506.6
821.3	23592.6	6564.3	5000.0	
1802.6	15521.1	7437.9	1748.5	
843.2	2640.8	180.9	100.0	100.0
55230.8	299549.7	4873.3	102918.8	20404.5
3564.0	40291.2	15688.3	7839.5	
194.9	870.2	1323.3	182.0	
164.1	482.8	157.2	483.7	
5234.0	16302.2	8433.9	5068.2	2333.7
2623.9	38913.3	14072.6	6738.5	
28642.1	169357.9	–19161.6	21198.6	4220.2
28942.8	132767.4	35985.2	83594.2	17826.6
4179.0	16457.5	–420.2	4960.9	691.4
64387.8	357496.1	30476.0	116492.2	22738.2
59082.1	346107.2	27564.5	113808.1	22315.2
821.3	23592.6	6564.3	5000.0	

10-6 限额以上住宿和餐饮业
Financial condition of corporation enterprises

指标	三、损益及分配		
	营业收入	主营业务收入	营业成本
总计	**461873.1**	**454992.8**	**206209.9**
一、住宿业	**147660.4**	**142966.9**	**49053.8**
旅游饭店	110288.7	107580.6	40502.2
旅游饭店	110288.7	107580.6	40502.2
一般旅馆	36227.0	34241.6	8460.6
经济型连锁酒店	9832.5	9110.7	3206.1
其他一般旅馆	26394.5	25130.9	5254.5
其他住宿业	1144.7	1144.7	91.0
其他住宿业	1144.7	1144.7	91.0
内资企业	147660.4	142966.9	49053.8
国有企业	46098.3	44964.2	10616.1
集体企业	231.5	129.7	151.8
有限责任公司	44304.5	43402.7	18103.5
国有独资公司	9926.1	9926.1	3032.3
其他有限责任公司	34378.4	33476.6	15071.2
私营企业	57026.1	54470.3	20182.4
私营独资企业	3452.1	3452.1	1891.3
私营有限责任公司	53574.0	51018.2	18291.1
国有控股	78085.5	76862.2	24533.6
集体控股	231.5	129.7	151.8
私人控股	63119.5	60492.1	21124.0
其他	6223.9	5482.9	3244.4
独立门店	131586.0	127115.7	41127.9
连锁直营店	3010.5	3010.5	3643.9
连锁加盟店	10822.0	10598.8	3880.4
其他	2241.9	2241.9	401.6
大型	20317.1	20317.1	4134.2
中型	56503.5	54581.1	20216.5
小型	68527.8	66456.2	23054.4
微型	2312.0	1612.5	1648.7
五星	32767.5	31643.4	6847.8
四星	13700.8	13586.4	7490.6
三星	19198.7	19167.2	5854.1
二星	1660.1	1660.1	565.1
其他	80333.3	76909.8	28296.2
城镇	146955.2	142261.7	48560.8
其中：城区	132410.2	129154.2	42681.0
乡村	705.2	705.2	493.0

法人企业财务状况（三）
above designated size in hotels and catering service（3）

单位：万元

税金及附加	其他业务利润	销售费用	管理费用
3996.3	**12967.2**	**181851.0**	**95007.7**
2695.4	**8558.6**	**61050.8**	**56548.1**
2304.0	7609.5	42568.4	45725.4
2304.0	7609.5	42568.4	45725.4
389.8	949.1	17550.6	10618.2
228.4	141.0	3456.1	3104.4
161.4	808.1	14094.5	7513.8
1.6		931.8	204.5
1.6		931.8	204.5
2695.4	8558.6	61050.8	56548.1
1358.2	7539.6	15696.2	27699.0
0.1		29.1	128.3
782.2	-36.3	22410.1	12629.2
457.9		7526.4	2297.2
324.3	-36.3	14883.7	10332.0
554.9	1055.3	22915.4	16091.6
31.7	-4.3	1244.1	442.4
523.2	1059.6	21671.3	15649.2
2064.1	7547.8	33175.8	35892.1
0.1		29.1	128.3
624.8	1055.3	26032.5	18508.9
6.4	-44.5	1813.4	2018.8
2584.5	8557.9	55860.8	51702.7
0.2		180.0	329.0
17.4	0.7	3786.0	3652.1
93.3		1224.0	864.3
782.5	419.9	495.4	14953.4
1093.5	7067.2	32621.1	19751.1
815.6	1071.5	27080.5	21286.2
3.8		853.8	557.4
943.2	1450.9	8960.1	21077.0
199.8	33.4	5353.1	3439.3
731.1	2.8	12044.6	4642.7
13.7	0.7	596.2	362.5
807.6	7070.8	34096.8	27026.6
2687.8	8558.6	61001.1	56373.2
2415.4	8603.1	56623.4	52152.7
7.6		49.7	174.9

10-6　续表 3-1

指　标	三、损益及分配		
	营业收入	主营业务收入	营业成本
二、餐饮业	314212.7	312025.9	157156.1
正餐服务	211593.1	209406.3	106585.0
正餐服务	211593.1	209406.3	106585.0
快餐服务	98596.7	98596.7	48711.5
快餐服务	98596.7	98596.7	48711.5
饮料及冷饮服务	2520.1	2520.1	732.0
其他饮料及冷饮服务	2520.1	2520.1	732.0
其他餐饮业	1502.8	1502.8	1127.6
小吃服务	718.8	718.8	344.6
其他未列明餐饮业	784.0	784.0	783.0
内资企业	222849.2	220662.4	112793.4
国有企业	2004.8	2004.8	759.2
股份合作企业	361.6	361.6	157.2
有限责任公司	48497.9	47843.9	22622.9
国有独资公司	1743.7	1743.7	556.4
其他有限责任公司	46754.2	46100.2	22066.5
私营企业	171984.9	170452.1	89254.1
私营独资企业	4471.3	4370.0	2116.6
私营有限责任公司	166079.8	164648.3	86110.6
私营股份有限公司	1433.8	1433.8	1026.9
港、澳、台商投资企业	26372.0	26372.0	8677.0
港澳台商独资企业	26372.0	26372.0	8677.0
外商投资企业	64991.5	64991.5	35685.7
外资企业	64991.5	64991.5	35685.7
国有控股	12421.6	12356.4	6497.0
私人控股	204938.8	202817.2	104416.5
港澳台商控股	26372.0	26372.0	8677.0
外商控股	64991.5	64991.5	35685.7
其他	5488.8	5488.8	1879.9
独立门店	174113.1	171940.9	86465.7
连锁总店（总部）	96766.1	96757.6	47119.7
连锁直营店	6022.8	6021.8	1793.5
连锁加盟店	1702.1	1697.0	655.3
其他	35608.6	35608.6	21121.9
大型	91045.3	91045.3	44234.2
中型	89439.0	89136.4	44094.0
小型	125850.2	123966.0	63572.0
微型	7878.2	7878.2	5255.9
城镇	314212.7	312025.9	157156.1
其中：城区	289647.5	287460.7	142831.9
港商投资	26372.0	26372.0	8677.0

税金及附加	其他业务利润	销售费用	管理费用
1300.9	4408.6	120800.2	38459.6
1219.2	3230.0	82774.0	31776.0
1219.2	3230.0	82774.0	31776.0
76.5	1178.6	36367.1	6504.7
76.5	1178.6	36367.1	6504.7
4.3		1332.5	97.9
4.3		1332.5	97.9
0.9		326.6	81.0
0.9		326.4	9.3
		0.2	71.7
1241.8	4408.6	86709.6	31998.4
13.0	7.5	1141.8	1358.5
5.9		155.0	25.0
794.7	3527.0	23127.4	6614.8
76.3		721.3	1188.4
718.4	3527.0	22406.1	5426.4
428.2	874.1	62285.4	24000.1
8.8		1708.0	667.9
419.3	874.1	60353.3	23174.7
0.1		224.1	157.5
23.6		15637.0	1086.5
23.6		15637.0	1086.5
35.5		18453.6	5374.7
35.5		18453.6	5374.7
588.4	7.5	5811.2	5266.1
647.3	4381.2	78046.1	26707.3
23.6		15637.0	1086.5
35.5		18453.6	5374.7
6.1	19.9	2852.3	25.0
1029.6	4401.1	69649.0	27314.9
59.1		37038.9	6475.5
6.1		2755.6	270.4
4.4		1008.9	165.6
201.7	7.5	10347.8	4233.2
59.1		33903.8	6456.4
766.7	3298.1	38918.3	11004.0
393.5	1110.5	46363.8	18896.9
81.6		1614.3	2102.3
1300.9	4408.6	120800.2	38459.6
1293.9	4406.8	114370.4	35434.0
23.6		15637.0	1086.5

10-6 限额以上住宿和餐饮业
Financial condition of corporation enterprises

指 标	财务费用	利息收入	利息费用	投资收益
总计	**8130.0**	**289.7**	**5484.9**	**5319.5**
一、住宿业	**1442.8**	**207.5**	**629.5**	**4868.4**
旅游饭店	846.6	72.0	230.9	4863.1
旅游饭店	846.6	72.0	230.9	4863.1
一般旅馆	594.9	135.5	398.6	5.3
经济型连锁酒店	156.4	6.1	153.7	5.2
其他一般旅馆	438.5	129.4	244.9	0.1
其他住宿业	1.3			
其他住宿业	1.3			
内资企业	1442.8	207.5	629.5	4868.4
国有企业	24.7	24.9	37.0	
集体企业	0.1			
有限责任公司	533.8	123.3	34.7	35.2
国有独资公司	–56.8	34.6	–33.2	52.4
其他有限责任公司	590.6	88.7	67.9	–17.2
私营企业	884.2	59.3	557.8	4833.2
私营独资企业	4.9			
私营有限责任公司	879.3	59.3	557.8	4833.2
国有控股	464.6	147.0	71.7	35.2
集体控股	0.1			
私人控股	904.1	59.5	557.8	4833.2
其他	74.0	1.0		
独立门店	1465.4	152.4	622.8	4863.2
连锁直营店	2.9	0.2	3.1	
连锁加盟店	20.5	6.1	3.6	5.2
其他	–46.0	48.8		
大型	–4.7	6.0	1.3	
中型	692.1	88.5	36.2	
小型	753.7	113.0	591.6	4868.4
微型	1.7		0.4	
五星	453.1	8.5	52.1	
四星	55.9	3.1	21.6	4827.9
三星	214.0	37.4	122.8	35.2
二星	–3.5	6.3	2.0	
其他	723.3	152.2	431.0	5.3
城镇	1445.1	204.5	628.8	4868.4
其中：城区	973.5	195.2	477.9	4863.2
乡村	–2.3	3.0	0.7	

法人企业财务状况（四）
above designated size in hotels and catering service（4）

单位：万元

				四、人工成本及增值税	
营业利润	营业外收入	利润总额	所得税费用	应付职工薪酬（本年货方累计发生额）	应交增值税
−33269.6	**11179.7**	**−23554.8**	**2352.3**	**118167.0**	**3130.0**
−23392.4	**7449.8**	**−16553.1**	**266.3**	**47960.0**	**1562.8**
−21163.4	7075.3	−14609.6	152.9	36893.3	1340.8
−21163.4	7075.3	−14609.6	152.9	36893.3	1340.8
−2143.6	363.0	−1859.3	113.4	10912.2	208.6
−957.5	50.9	−959.4	5.6	1718.2	93.1
−1186.1	312.1	−899.9	107.8	9194.0	115.5
−85.4	11.5	−84.2		154.5	13.4
−85.4	11.5	−84.2		154.5	13.4
−23392.4	7449.8	−16553.1	266.3	47960.0	1562.8
−8799.3	4880.8	−4207.9	208.6	18547.4	708.9
−47.6		−48.1		31.1	2.1
−9693.9	2097.5	−7646.8	19.8	17308.3	185.4
−3292.8	1859.2	−1457.4		6313.9	124.6
−6401.1	238.3	−6189.4	19.8	10994.4	60.8
−4851.6	471.5	−4650.3	37.9	12073.2	666.4
−163.5	22.9	−148.5		673.7	65.9
−4688.1	448.6	−4501.8	37.9	11399.5	600.5
−17093.1	6840.2	−10585.1	208.6	32219.4	556.2
−47.6		−48.1		31.1	2.1
−5318.6	511.1	−5082.5	57.0	13753.3	774.9
−933.1	98.5	−837.4	0.7	1956.2	229.6
−21292.7	7357.2	−14810.9	258.3	45303.6	1893.2
−1142.3	0.5	−1141.9		279.0	−493.7
−675.9	86.9	−306.2	8.0	1302.7	115.1
−281.5	5.2	−294.1		1074.7	48.2
376.2	184.7	441.2	110.3	7980.4	349.3
−17465.3	6680.5	−10958.4	19.2	22768.0	637.1
−5589.4	577.6	−5323.4	136.2	16990.4	537.3
−713.9	7.0	−712.5	0.6	221.2	39.1
−4697.5	1269.7	−3572.7	129.5	15134.0	385.4
−2878.7	128.9	−2760.9	0.2	3935.6	277.1
−4198.3	1898.5	−2353.4	4.1	9372.6	386.6
127.6	3.4	130.9	6.9	382.8	15.8
−11745.5	4149.3	−7997.0	125.6	19135.0	497.9
−23374.7	7449.8	−16535.4	266.3	47706.8	1562.8
−21867.6	7302.9	−15113.5	259.9	44468.3	1282.1
−17.7		−17.7		253.2	

10-6　续表 4-1

指　标	财务费用	利息收入	利息费用	投资收益
二、餐饮业	**6687.2**	**82.2**	**4855.4**	**451.1**
正餐服务	**5955.2**	**80.3**	**4800.3**	**411.1**
正餐服务	5955.2	80.3	4800.3	411.1
快餐服务	730.6	1.9	55.1	
快餐服务	730.6	1.9	55.1	
饮料及冷饮服务	0.3			40.0
其他饮料及冷饮服务	0.3			40.0
其他餐饮业	1.1			
小吃服务	0.6			
其他未列明餐饮业	0.5			
内资企业	6009.6	81.9	4855.4	451.1
国有企业	7.9	0.1	6.8	
股份合作企业	0.3			
有限责任公司	3993.4	45.1	3869.6	40.7
国有独资公司	−3.2	9.2		
其他有限责任公司	3996.6	35.9	3869.6	40.7
私营企业	2008.0	36.7	979.0	410.4
私营独资企业	7.7	4.6	0.2	87.8
私营有限责任公司	1999.6	32.1	978.8	322.6
私营股份有限公司	0.7			
港、澳、台商投资企业	668.8	0.3		
港澳台商独资企业	668.8	0.3		
外商投资企业	8.8			
外资企业	8.8			
国有控股	3669.6	19.5	3663.2	
私人控股	2255.9	61.5	1159.8	451.1
港澳台商控股	668.8	0.3		
外商控股	8.8			
其他	84.1	0.9	32.4	
独立门店	5800.2	84.7	4804.4	411.1
连锁总店（总部）	688.3	0.7		
连锁直营店	5.1	0.1		40.0
连锁加盟店	1.4			
其他	192.2	−3.3	51.0	
大型	676.2	0.3		
中型	4453.0	63.4	3948.9	203.7
小型	1549.5	18.2	906.5	247.4
微型	8.5	0.3		
城镇	6687.2	82.2	4855.4	451.1
其中：城区	6652.0	81.1	4834.5	451.1
港商投资	668.8	0.3		

				四、人工成本及增值税	
营业利润	营业外收入	利润总额	所得税费用	应付职工薪酬（本年货方累计发生额）	应交增值税
-9877.2	**3729.9**	**-7001.7**	**2086.0**	**70207.0**	**1567.2**
-16000.7	**3564.6**	**-12906.3**	**707.4**	**46795.7**	**1510.8**
-16000.7	3564.6	-12906.3	707.4	46795.7	1510.8
5711.1	73.5	5401.3	1332.7	22621.7	51.2
5711.1	73.5	5401.3	1332.7	22621.7	51.2
393.4	67.1	459.6	44.7	444.8	3.1
393.4	67.1	459.6	44.7	444.8	3.1
19.0	24.7	43.7	1.2	344.8	2.1
12.1	24.7	36.8	0.4	164.8	1.0
6.9		6.9	0.8	180.0	1.1
-15060.4	3670.1	-11861.4	883.9	48562.7	1516.3
-1292.8	875.5	-513.6	1.2	1271.6	38.4
18.2	4.5	22.7	1.2	122.5	6.2
-7671.3	602.7	-7153.8	281.6	11442.0	441.6
-778.7	5.4	-785.9		1110.7	
-6892.6	597.3	-6367.9	281.6	10331.3	441.6
-6114.5	2187.4	-4216.7	599.9	35726.6	1030.1
-339.5	21.3	-318.8	4.8	1027.3	10.5
-5799.5	2154.5	-3933.5	593.4	34566.2	1019.3
24.5	11.6	35.6	1.7	133.1	0.3
210.6	27.4	54.2	-17.1	11480.8	50.6
210.6	27.4	54.2	-17.1	11480.8	50.6
4972.6	32.4	4805.5	1219.2	10163.5	0.3
4972.6	32.4	4805.5	1219.2	10163.5	0.3
-9022.7	885.7	-8255.3	2.4	5426.2	233.1
-6695.2	2742.6	-4295.0	779.9	41908.0	1276.1
210.6	27.4	54.2	-17.1	11480.8	50.6
4972.6	32.4	4805.5	1219.2	10163.5	0.3
657.5	41.8	688.9	101.6	1228.5	7.1
-15903.7	3412.0	-12903.2	525.5	40681.3	932.0
4854.4	110.6	4581.5	1202.8	22053.6	52.2
1126.6	101.6	1212.2	179.5	1063.3	1.1
-133.7	3.8	-159.0		257.8	
179.2	101.9	266.8	178.2	6151.0	581.9
5186.6	59.3	4862.6	1202.1	21557.4	50.9
-9145.2	1141.6	-8091.0	309.2	20527.8	616.9
-4435.3	1697.0	-3021.3	567.0	26954.5	855.8
-1483.3	832.0	-752.0	7.7	1167.3	43.6
-9877.2	3729.9	-7001.7	2086.0	70207.0	1567.2
-9959.8	3533.6	-7211.4	1978.1	65416.6	1567.1
210.6	27.4	54.2	-17.1	11480.8	50.6

10-7　对外贸易进出口情况（海关数）

Imports and exports of foreign trade (number of customs)

单位：万美元

指　标	2020	2019	比 2019 年增长 %
地区进出口总额	1760831	1622386	8.5
出口总额	1052370	944024	11.5
进口总额	708461	678362	4.4

10-8　三资企业情况

Situation of foreign-funded enterprises, sino-foreign joint enterprises and sino-foreign cooperative enterprises

指　标	单位	2020	2019	比 2019 年增长 %
年内新批三资企业	个	39	20	95.0
总投资额	万美元	81597	52323	56.0
合同外资额	万美元	50880	22594	125.2
实际利用外商投资额	万美元	10199	9717	5.0

10-9　旅游人数及收入

Number of tourists and tourism income

指　标	2020	2019
一、海外旅游人数（人次）	5434	257960
外国人	3755	180093
香港同胞	848	43962
澳门同胞	243	10160
台湾同胞	588	23743
二、国内旅游人数（万人次）	3593.5	9629.59
三、旅游外汇收入（万美元）	106.84	11929.26
四、国内旅游收入（亿元）	354.61	1163.41

第11篇

财政、金融、税务和物价

Finance, Banking, Taxation and Price

资料整理、审核

李红令　陶姝钰　董永新　刘嘉信

刘文婷　张　媛　郭亚斐　苏　菡

11-1 一般公共预算收入
General public budget revenue

单位：万元

指 标	2020	2019
一般公共预算收入	3784351	3866164
一、税收收入	2852543	3017703
增值税	1094962	1046504
企业所得税	318614	393830
个人所得税	97928	90565
资源税	75195	87943
城市维护建设税	222516	233880
房产税	157598	139286
印花税	104429	95536
城镇土地使用税	45336	51212
土地增值税	279444	372712
车船税	79403	70040
耕地占用税	33783	16601
契税	337828	412085
环境保护税	5507	7509
二、非税收入	931808	848461
专项收入	538454	358479
行政事业性收费收入	92526	96566
罚没收入	96271	109395
国有资本经营收入	54	
国有资源（资产）有偿使用收入	133162	137608
其他收入	71341	146413

注：增值税含 2019 年 12 月 31 日太原市地方金库增值税与其他税收收入之和。

11-2 一般公共预算支出
General public budget expenditure

单位：万元

指 标	2020	2019
一般公共预算支出	6473448	6105530
一般公共服务支出	638221	564032
公共安全支出	353440	391053
教育支出	915507	830649
科学技术支出	348265	232044
文化旅游体育与传媒支出	102863	194868
社会保障和就业支出	865345	754262
卫生健康支出	418462	365549
节能环保支出	236198	170401
城乡社区支出	1182019	1492823
农林水支出	326569	316761
交通运输支出	448431	229285
资源勘探工业信息等支出	216968	164560
商业服务业等支出	39100	33690
金融支出	1840	400
自然资源海洋气象等支出	49498	32469
住房保障支出	145343	201230
粮油物资储备支出	11141	8672
灾害防治及应急管理支出	52425	38344
其他支出	36493	17096
债务付息支出	84680	67342
债务发行费用支出	640	

11-3 一般公共预算收入分级情况
Classification of general public budget revenue

单位：万元

指　标	全市	地级	县区
本年收入合计	**3784351**	**2010080**	**1774271**
一、税收收入	**2852543**	**1307709**	**1544834**
增值税	1094962	463223	631739
企业所得税	318614	183442	135172
个人所得税	97928	50999	46929
资源税	75195	11378	63817
城市维护建设税	222516	101429	121087
房产税	157598	71604	85994
印花税	104429	42226	62203
城镇土地使用税	45336	16213	29123
土地增值税	279444	154390	125054
车船税	79403	39352	40051
耕地占用税	33783	7407	26376
契税	337828	164992	172836
环境保护税	5507	1054	4453
二、非税收入	**931808**	**702371**	**229437**
专项收入	538454	395793	142661
行政事业性收费收入	92526	51425	41101
罚没收入	96271	79551	16720
国有资本经营收入	54	30	24
国有资源（资产）有偿使用收入	133162	106451	26711
其他收入	71341	69121	2220

11-4 一般公共预算支出分级情况
Classification of general public budget expenditure

单位：万元

指标	全市	市级	县级	乡镇级
本年支出合计	**6473448**	**2880386**	**3593062**	**109877**
一般公共服务支出	638221	181170	457051	34421
公共安全支出	353440	253125	100315	18
教育支出	915507	340126	575381	6684
科学技术支出	348265	25045	323220	
文化旅游体育与传媒支出	102863	85094	17769	292
社会保障和就业支出	865345	395495	469850	10288
卫生健康支出	418462	219397	199065	1914
节能环保支出	236198	30216	205982	2317
城乡社区支出	1182019	700030	481989	13547
农林水支出	326569	36818	289751	35063
交通运输支出	448431	369321	79110	2047
资源勘探工业信息等支出	216968	26841	190127	
商业服务业等支出	39100	25657	13443	
金融支出	1840	1785	55	
自然资源海洋气象等支出	49498	12782	36716	498
住房保障支出	145343	59527	85816	1132
粮油物资储备支出	11141	8960	2181	
灾害防治及应急管理支出	52425	23828	28597	1007
其他支出	36493	13655	22838	649
债务付息支出	84680	70981	13699	
债务发行费用支出	640	533	107	

11-5 金融机构（含外资）本外币信贷收支

Balance of credit funds of financial institutions (including foreign institutions) in domestic and foreign currencies

单位：亿元

指 标	2020 年末余额	2019 年末余额
资金来源	**16987.00**	**16150.40**
一、各项存款	14587.57	13117.20
（一）境内存款	14583.47	13113.36
1. 住户存款	5959.01	5312.08
（1）活期存款	1613.33	1449.35
（2）定期及其他存款	4345.68	3862.73
2. 非金融企业存款	5805.19	4846.00
（1）活期存款	2726.26	2157.24
（2）定期及其他存款	3078.93	2688.76
3. 机关团体存款	2112.01	2023.84
4. 财政性存款	459.12	630.54
5. 非银行业金融机构存款	248.14	300.92
（二）境外存款	4.10	3.83
二、金融债券	92.99	72.99
三、卖出回购资产	9.50	
四、借款及非银行业金融机构拆入	55.17	145.85
五、联行往来（净）	1318.32	1508.52
六、应付及暂收款	532.64	410.23
七、各项准备	388.44	405.64
八、所有者权益	463.53	475.12
其中：实收资本	158.22	158.22
九、其他	-461.15	14.85
资金运用	**16987.00**	**16150.40**
一、各项贷款	15079.90	14063.12
（一）境内贷款	15079.63	14062.80
1. 住户贷款	2390.76	2167.46
（1）短期贷款	277.08	257.12
消费贷款	168.76	159.38
经营贷款	108.32	97.74
（2）中长期贷款	2113.68	1910.34
消费贷款	1982.47	1763.00
经营贷款	131.21	147.34
2. 非金融企业及机关团体贷款	12688.87	11895.34
（1）短期贷款	3008.97	2957.78
（2）中长期贷款	8646.77	8030.66
（3）票据融资	973.95	841.65
（4）融资租赁	40.38	43.43
（5）各项垫款	18.80	21.82
3. 非银行业金融机构贷款	0.00	
（二）境外贷款	0.26	0.32
二、债券投资	999.97	1096.74
三、股权及其他资产	542.97	604.09
四、买入返售资产	18.95	29.50
五、存放非银行业金融机构款项	26.49	19.02
六、联行往来（净）	0.00	
其中：境内存放二级准备金	62.37	178.06
七、金银占款	0.00	
八、中央银行外汇占款	0.00	
九、应收及预付款	208.53	226.72
十、投资性房地产	0.45	0.47
十一、固定资产	109.74	110.74

注：本表机构包括中国人民银行、银行业存款类金融机构、银行业非存款类金融机构。

11-6　金融机构（含外资）人民币信贷收支

Balance of credit funds of financial institutions (including foreign institutions) in RMB

单位：亿元

指　标	2020 年末余额	2019 年末余额
资金来源	16727.82	15789.00
一、各项存款	14212.47	12663.72
（一）境内存款	14208.89	12660.32
1. 住户存款	5896.93	5252.08
（1）活期存款	1583.19	1423.60
（2）定期及其他存款	4313.74	3828.48
2. 非金融企业存款	5494.87	4454.98
（1）活期存款	2657.47	2089.29
（2）定期及其他存款	2837.40	2365.69
3. 机关团体存款	2110.38	2022.42
4. 财政性存款	459.12	630.54
5. 非银行业金融机构存款	247.59	300.30
（二）境外存款	3.59	3.40
二、金融债券	92.99	72.99
三、卖出回购资产	9.50	
四、借款及非银行业金融机构拆入	12.62	1.87
五、联行往来（净）	1534.39	1865.29
六、应付及暂收款	493.38	344.43
七、各项准备	387.28	403.55
八、所有者权益	463.93	476.22
其中：实收资本	158.22	158.22
九、其他	-478.75	-39.08
资金运用	16727.82	15789.00
一、各项贷款	14823.04	13707.47
（一）境内贷款	14822.82	13707.21
1. 住户贷款	2390.65	2167.24
（1）短期贷款	276.97	256.90
消费贷款	168.65	159.16
经营贷款	108.32	97.74
（2）中长期贷款	2113.68	1910.34
消费贷款	1982.47	1763.00
经营贷款	131.21	147.34
2. 非金融企业及机关团体贷款	12432.17	11539.97
（1）短期贷款	2770.95	2623.32
（2）中长期贷款	8628.16	8009.82
（3）票据融资	973.95	841.65
（4）融资租赁	40.38	43.43
（5）各项垫款	18.74	21.75
3. 非银行业金融机构贷款	0.00	
（二）境外贷款	0.22	0.26
二、债券投资	999.97	1096.74
三、股权及其他资产	542.97	604.09
四、买入返售资产	18.95	29.50
五、存放非银行业金融机构款项	26.16	17.54
六、联行往来（净）	0.00	
其中：境内存放二级准备金	62.37	178.06
七、金银占款	0.00	
八、中央银行外汇占款	0.00	
九、应收及预付款	206.53	222.45
十、投资性房地产	0.45	0.47
十一、固定资产	109.74	110.74

注：本表机构包括中国人民银行、银行业存款类金融机构、银行业非存款类金融机构。

11-7 税务系统税收入库情况

Statistics of taxation

单位：万元

指 标	2020	2019
合 计	5659448	6197212
一、按税种分（不含海关代征）		
国内增值税	2780628	2857540
国内消费税	235546	265421
企业所得税	907608	1162362
个人所得税	276291	238416
资源税合计	182107	219400
城市维护建设税合计	185894	198232
房产税合计	130151	111165
印花税合计	79654	70050
城镇土地使用税合计	38646	43383
土地增值税合计	265314	355292
车船税合计	70504	66287
车辆购置税	192028	191458
耕地占用税合计	13987	8722
契税合计	289926	382210
环境保护税合计	7832	10675
其他税收合计	3332	16599
二、按经济类型分（含海关代征）		
国有企业	469807	472819
集体企业	22589	28772
股份合作公司	24112	11135
联营企业	4	81
有限责任公司	2912273	3482280
股份有限公司	1327951	1337114
私营企业	567846	533806
港、澳、台商投资企业	32787	26424
外商投资企业	72647	96773
个体经营	362278	346147
其他企业	54046	61838

注：税收入库不含省直二分局和综改区税务局数字。

11-8　居民消费价格指数（以上年同期为100）
Consumer price index (100 for the same period of the previous year)

指　标	2020	2019
居民消费价格总指数	**102.6**	**102.7**
一、食品烟酒	**107.6**	**105.8**
1. 食品	108.9	107.2
(1) 粮食	100.9	98.4
(2) 薯类	101.0	100.5
(3) 豆类	104.1	97.9
(4) 食用油	101.6	100.8
(5) 菜	107.2	104.4
(6) 畜肉类	138.7	124.7
(7) 禽肉类	99.0	117.5
(8) 水产品	101.9	99.4
(9) 蛋类	81.4	107.3
(10) 奶类	102.2	102.3
(11) 干鲜瓜果类	92.4	105.8
(12) 糖果糕点类	100.6	100.3
(13) 调味品	101.2	101.0
(14) 其他食品类	103.6	100.8
2. 茶及饮料	100.6	102.6
3. 烟酒	101.4	102.0
(1) 烟草	102.2	100.6
(2) 酒类	100.3	104.0
4. 在外餐饮	106.2	103.2
二、衣着	**101.1**	**101.4**
1. 服装	101.1	101.6
2. 服装材料	101.9	103.5
3. 其他衣着及配件	99.6	101.9
4. 衣着加工服务费	105.9	103.0
5. 鞋类	100.8	100.2
三、居住	**99.6**	**101.9**
1. 租赁房房租	99.8	102.9
2. 住房保养维修及管理	102.4	102.3
3. 水电燃料	99.9	100.2
4. 自有住房	98.8	102.5
四、生活用品及服务	**100.5**	**101.2**
1. 家具及室内装饰品	**99.4**	**100.7**
2. 家用器具	97.8	99.6
3. 家用纺织品	98.8	98.2
4. 家庭日用杂品	102.1	101.4
5. 个人护理用品	102.2	104.2
6. 家庭服务	104.6	105.4
五、交通和通信	**95.8**	**99.3**
1. 交通	93.2	97.9
2. 通信	100.7	101.9
六、教育文化和娱乐	**102.1**	**103.7**
1. 教育	102.4	105.4
2. 文化娱乐	101.6	101.3
七、医疗保健	**107.4**	**100.6**
1. 药品及医疗器具	98.4	101.5
2. 医疗服务	113.1	100.1
八、其他用品和服务	**100.5**	**102.4**
1. 其他用品类	104.7	102.8
2. 其他服务类	97.5	102.1

11-9 商品零售价格指数（以上年同期为 100）
Retail price index (100 for the same period of the previous year)

指 标	2020	2019
商品零售价格指数	**100.5**	**101.5**
一、食品	**108.2**	**106.2**
1. 粮食	100.9	98.4
2. 薯类	101.0	100.5
3. 豆类	104.1	97.9
4. 食用油	101.6	100.8
5. 菜	107.2	104.4
6. 畜肉类	138.7	124.7
7. 禽肉类	99.0	117.5
8. 水产品	101.9	99.4
9. 蛋类	81.4	107.3
10. 奶类	102.2	102.3
11. 干鲜瓜果类	92.4	105.8
12. 糖果糕点类	100.6	100.3
13. 调味品	101.2	101.0
14. 其他食品类	103.6	100.8
15. 在外餐饮	106.2	103.2
二、饮料、烟酒	**101.2**	**102.1**
1. 茶及饮料	100.6	102.6
2. 烟草	102.2	100.6
3. 酒类	100.3	104.0
三、服装、鞋帽	**101.0**	**101.3**
1. 服装	101.1	101.6
2. 鞋帽袜	100.6	100.4
3. 其他衣着配件	101.0	100.2
四、纺织品	**99.4**	**98.8**
1. 服装材料	101.9	103.5
2. 床上用品	98.9	97.8
五、家用电器及音像器材	**98.2**	**99.7**
1. 家庭设备	97.8	99.6

11-9 续表

指 标	2020	2019
2. 文娱用耐用消费品	98.8	100.2
3. 专业音像器材	102.8	98.1
六、文化办公用品	**102.9**	**101.0**
七、日用品	**100.2**	**101.3**
1. 日用百货	99.2	101.1
2. 厨具餐具茶具	99.4	101.5
3. 清洗用品	102.9	102.9
4. 其他日用品	100.4	100.5
八、体育娱乐用品	**101.0**	**101.3**
1. 体育户外用品	101.4	100.0
2. 娱乐用品	101.0	101.5
九、交通、通信用品	**97.8**	**99.8**
1. 交通运输机械	97.2	99.1
2. 通信器材	101.0	103.9
十、家具	**99.4**	**100.6**
十一、化妆品	**102.4**	**104.7**
十二、金银饰品	**107.3**	**104.6**
十三、中西药品及医疗保健用品	**98.4**	**101.5**
1. 医疗卫生器具	99.8	104.5
2. 中药	100.3	105.7
3. 西药	96.8	100.0
4. 保健器具及用品	100.1	100.2
十四、书报杂志及电子出版物	**101.7**	**110.7**
1. 教材及参考书	103.0	111.1
2. 书报杂志	100.3	115.1
3. 计算机办公软件	100.3	100.6
十五、燃料	**90.3**	**96.0**
1. 煤炭及制品	89.6	95.4
2. 石油及制品	90.6	96.3
十六、建筑材料及五金电料	**100.6**	**100.9**
1. 建筑装璜材料	100.4	101.4
2. 五金水暖	101.3	99.3

第12篇

科教、文卫、体育和民政

Science, Education, Culture, Public Health, Sports and Civil Affairs

资料整理、审核

张　琳　刘红芳　刘俊欢

12-1 2019年规模以上工业企业R&D人员情况（一）
R&D personnels of industrial enterprises above designated size in 2019（1）

指 标	企业数（个）	R&D人员合计（人）	#1.参加项目人员	2.管理和服务人员	#女性	#研究人员	#1.全时人员	2.非全时人员
总 计	**534**	**10475**	**9504**	**971**	**2072**	**4355**	**7510**	**2965**
一、按企业规模分组								
大型企业	36	7053	6333	720	1346	3025	4781	2272
中型企业	79	1917	1782	135	469	810	1605	312
小型企业	369	1487	1373	114	252	512	1114	373
微型企业	50	18	16	2	5	8	10	8
二、按登记注册类型分组								
内资企业	514	9632	8697	935	1937	4144	6751	2881
港、澳、台商投资企业	4	43	40	3	11	21	39	4
外商投资企业	16	800	767	33	124	190	720	80
三、按国民经济行业分组								
采矿业	47	845	795	50	133	459	325	520
制造业	441	9028	8130	898	1780	3553	7065	1963
电力、燃气及水的生产和供应业	46	602	579	23	159	343	120	482
四、按隶属关系分组								
中央	46	2919	2694	225	827	1430	1906	1013
地方	488	7556	6810	746	1245	2925	5604	1952

12-1 2019年规模以上工业企业R&D人员情况（二）
R&D personnels of industrial enterprises above designated size in 2019（2）

指 标	R&D人员折合全时当量合计（人年）	#研究人员	#1.基础研究人员	2.应用研究人员	3.实验发展人员
总 计	**5595**	**2401**	**64**	**230**	**5301**
一、按企业规模分组					
大型企业	3580	1647		192	3388
中型企业	1152	468	61	26	1065
小型企业	852	282	2	12	838
微型企业	10	4			10
二、按登记注册类型分组					
内资企业	5311	2315	7	226	5078
港、澳、台商投资企业	16	8			16
外商投资企业	268	78	57	4	207
三、按国民经济行业分组					
采矿业	224	121		104	119
制造业	5029	2085	64	126	4840
电力、燃气及水的生产和供应业	342	195			342
四、按隶属关系分组					
中央	1517	738	5	104	1409
地方	4077	1663	59	126	3891

12-2 2019年规模以上工业企业R&D经费支出（一）

R&D expenditures of industrial enterprises above designated size in 2019（1）

单位：万元

指 标	R&D经费内部支出	（一）按活动类型分组			（二）按支出用途分组				
		1. 基础研究支出	2. 应用研究支出	3. 试验发展支出	1. 经常费支出	#人员劳务费	2. 资产性支出	#①土建工程	②仪器设备
总 计	**409202**	**3713**	**20264**	**385225**	**359971**	**84237**	**49231**	**1172**	**48059**
一、按企业规模分组									
大型企业	314939		18602	296337	274410	64686	40529	993	39537
中型企业	56102	3648	1338	51117	50762	11508	5340	67	5273
小型企业	37934	65	324	37545	34586	7984	3348	112	3236
微型企业	227			226	213	59	14		13
二、按登记注册类型分组									
内资企业	386729	130	20164	366435	337971	73097	48758	1172	47586
港、澳、台商投资企业	582			582	470	375	112		112
外商投资企业	21891	3583	100	18208	21530	10765	361		361
三、按国民经济行业分组									
采矿业	20228		9165	11063	17543	8697	2685	144	2541
制造业	380994	3713	11099	366182	335834	71593	45160	1028	44131
电力、燃气及水的生产和供应业	7980			7980	6594	3947	1386		1387
四、按隶属关系分组									
中央	90523	65	9503	80955	73392	20173	17131	394	16737
地方	318679	3648	10761	304270	286579	64064	32100	778	31322

12-2 2019年规模以上工业企业R&D经费支出（二）

R&D expenditures of industrial enterprises above designated size in 2019（2）

单位：万元

指 标	（三）按资金来源分组				R&D经费外部支出	对境内研究机构支出	对境内高等学校支出	对境内企业支出	对境外支出
	1. 政府资金	2. 企业资金	3. 境外资金	4. 其他资金					
总 计	**36140**	**373038**		**25**	**21185**	**7756**	**4495**	**8877**	**58**
一、按企业规模分组									
大型企业	33782	281133		25	18429	6782	4073	7574	
中型企业	1496	54606			1931	874	78	928	52
小型企业	862	37072			785	100	344	335	6
微型企业		227			40			40	
二、按登记注册类型分组									
内资企业	36140	350565		25	20362	6934	4494	8877	58
港、澳、台商投资企业		582			28	27	1		
外商投资企业		21891			795	795			
三、按国民经济行业分组									
采矿业	2149	18079			959	373	410	177	
制造业	33729	347240		25	9244	2474	2225	4487	58
电力、燃气及水的生产和供应业	262	7719			10982	4909	1860	4213	
四、按隶属关系分组									
中央	26602	63896		25	14647	6146	3229	5273	
地方	9538	309142			6538	1610	1266	3604	58

12-3 各类学校及各级教育基本情况
Basic situation of various schools and all levels of education

单位：人

指 标	学校（所）	在校生数	招生数	毕业生数	教职工数	# 专任教师数
高等教育	52	604416	196456	149952	35637	25337
研究生教育		36696	14742	9715		
普通高等教育	45	482167	145206	122541	35070	25000
成人高等教育	7	85553	36508	17696	567	337
中等职业教育	48	58553	19852	20288	5606	4181
中等技术教育	32	38748	12992	14112	3611	2463
成人中等专业教育	2	9057	2495	3086	1023	873
职业高中教育	14	10748	4365	3090	972	845
技工学校	31	43210	16705	13087	2943	2208
普通中学	221	205979	70780	66571	28056	19865
高中	90	75695	25912	26032		7710
初中	131	130284	44868	40539		12155
小学	445	340782	65392	48213	19666	20243
幼儿园	776	117716	45923	41599	19128	10106
特殊教育	9	1289	244	236	458	325
工读学校	1	509	185	131	76	66

12-4 研究生教育基本情况
Basic situation of postgraduate education

单位：人

指 标	在校生数	招生数	毕业生数
总计	36696	14742	9715
山西大学	8603	3495	2138
太原科技大学	2674	1082	664
中北大学	4964	1849	1302
太原理工大学	8763	3323	2275
山西医科大学	5429	2233	1363
山西财经大学	4195	1815	1468
山西中医药大学	1051	419	278
太原师范学院	751	416	154
中国辐射防护研究院	49	21	14
北方自动控制技术研究所	65	25	17
中国日用化学工业研究院	34	11	12
山西省中医药研究院	118	53	30

12-5　普通高等教育基本情况
Basic situation of general higher education

单位：人

指　标	校数	在校生数	招生数	毕业生数	教职工数	#专任教师
总　计	**45**	**482167**	**145206**	**122541**	**35070**	**25000**
山西大学	1	24170	6002	5797	3227	2143
太原科技大学	1	22940	6338	4754	1789	1263
中北大学	1	34419	8655	8572	2534	1889
太原理工大学	1	31286	7800	7467	3786	2270
山西医科大学	1	24397	5789	5728	1901	1409
太原师范学院	1	24426	6477	6346	1707	1104
山西财经大学	1	17524	4383	4087	1805	1232
山西中医药大学	1	10608	2978	2358	908	729
太原学院	1	16945	4769	3918	1100	795
山西省财政税务专科学校	1	5782	2155	2352	433	313
山西警察学院	1	6452	1895	1896	478	301
山西艺术职业学院	1	2862	1272	594	379	260
山西建筑职业技术学院	1	10252	3832	2846	492	318
山西药科职业学院	1	6325	2318	2073	334	261
山西交通职业技术学院	1	8572	2834	3126	360	303
山西应用科技学院	1	14961	4298	3555	844	594
山西戏剧职业学院	1	1229	424	311	268	191
山西财贸职业技术学院	1	6601	3079	1773	248	221
山西林业职业技术学院	1	5001	1787	1071	278	202
山西职业技术学院	1	14715	5573	4382	753	605
山西金融职业学院	1	6768	1612	1431	244	175
太原城市职业技术学院	1	6007	2897	1760	420	271
山西大学商务学院	1	17217	4467	4300	1201	915
太原理工大学现代科技学院	1	11819	2675	2832	1126	796
中北大学信息商务学院	1	12107	2586	3388	739	581
太原科技大学华科学院	1	3385	656	1154	120	101
山西医科大学晋祠学院	1	4965		2154	435	298
山西财经大学华商学院	1	3940		1916	118	9
山西工商学院	1	17127	4843	4271	990	631
山西体育职业学院	1	2011	1370	342	190	139
山西警官职业学院	1	2644	1019	713	196	118
山西国际商务职业学院	1	3928	2336	791	159	103
太原旅游职业学院	1	5992	2333	1579	389	305
山西旅游职业学院	1	7943	4430	1816	318	241
山西电力职业技术学院	1	3029	1138	560	447	337
太原工业学院	1	17070	4825	4015	937	780
山西老区职业技术学院	1	3630	1733	1111	224	171
山西经贸职业学院	1	7030	2579	2288	447	374
山西轻工职业技术学院	1	4537	2111	1072	196	147
山西青年职业学院	1	4556	2150	1647	238	178
山西工程职业学院	1	14951	5716	3851	728	589
山西传媒学院	1	9169	2479	2489	472	422
太原幼儿师范高等专科学校	1	5262	2000		350	319
山西卫生健康职业学院	1	8442	3692	1952	343	245
山西能源学院	1	7865	2401	1841	419	352
山西省政法管理干部学院		1306	500	262		

12-6 成人高等教育基本情况
Basic situation of adult higher education

单位：人

指 标	学校（所）	在校生数	招生数	毕业生数	教职工数	#专任教师数
总 计	**7**	**85553**	**36508**	**17696**	**567**	**337**
太原化学工业集团有限公司职工大学	1	103	53	65	47	33
山西机电职工学院	1	825	126	171	5	
太原钢铁（集团）有限公司职工钢铁学院	1	119	55	26	70	37
山西兵器工业职工大学	1	593	308	109	41	34
山西省职工工艺美术学院	1	192	103	72	67	45
山西省广播电视大学	1	1784	414	710	197	103
山西省政法管理干部学院	1				140	85
山西大学		12371	5865	2058		
太原科技大学		5220	2127	1343		
中北大学		19240	9386	2167		
太原理工大学		20109	8917	4682		
山西医科大学		3837	936	1830		
太原师范学院		3344	1769	771		
山西财经大学		13615	5602	2174		
山西中医药大学		1400	342	442		
太原学院		278	5	119		
山西省财政税务专科学校		305	96	60		
山西艺术职业学院		10	7			
山西建筑职业技术学院		21	8			
山西交通职业技术学院		92	9	3		
山西应用科技学院		77	27	3		
山西戏剧职业学院		177	53	43		
太原城市职业技术学院		28	9	6		
山西旅游职业学院		125	27	35		
山西电力职业技术学院		45	1	2		
山西工程职业学院		429	179	5		
太原工业学院		892	84	340		
山西经贸职业学院						
山西卫生健康职业学院		97		395		
山西能源学院		225		65		

12-7 中等技术教育基本情况

Basic situation of secondary vocational education

单位：人

指 标	学校（所）	在校生数	招生数	毕业生数	教职工数	# 专任教师数
总 计	**32**	**38748**	**12992**	**14112**	**3611**	**2463**
太原市卫生学校	1	2673	917	935	132	113
太原市财贸学校	1	1676	739	552	107	92
太原市文化艺术学校	1	867	210	191	126	96
太原市体育运动学校	1	531	170	122	85	50
太原生态工程学校	1	924	730	143	196	139
太原市财政金融学校	1	899	328	437	193	171
太原市交通学校	1	690	271	326	155	130
太原幼儿师范学校	1	879		2067		
太原铁路技术中等专业学校	1				360	116
山西省现代经贸学校	1	2453	1021	792	106	64
山西省大众传媒学校	1	369		415	36	21
山西省四方中等技术学校	1	2607	998	651	86	65
太原广播电视中等专业学校		253	82	104		
太原学院						
太原旅游职业学院		110		123		
太原幼儿师范高等专科学校		1460	544			
山西省中医学校	1	1819	598	522	62	33
山西广播电影电视学校	1	188	125	75	46	31
山西省经贸学校	1	1754	644	510	101	61
山西省司法学校	1	1921	896	238	138	77
山西省邮电学校	1				61	27
山西省工贸学校	1	209	68	119	115	100
山西省财政会计学校	1					
山西省贸易学校	1	1404	491	697	128	102
山西省物流技术学校	1	15		21	121	88
太原铁路机械学校	1	3607	1314	1598	282	228
山西省工业管理学校	1	1695	438	713	136	107
山西省城乡建设学校	1	1059	414	281	103	64
山西省特殊教育中等专业学校	1	302	91	119	93	49
山西税务学校	1				52	37
山西省商务学校	1	1455		90	186	131
山西省建筑工程技术学校	1	1737	580	666	132	82
山西省好艺中等专业学校	1	370		279	64	38
山西省应用技术学校	1	257	53	86	86	45
山西省人民武装学校	1					
山西省畜牧兽医学校	1	1162	732	409	123	106
山西省农业广播电视学校		602		133		
山西艺术职业学院		670	169	113		
山西药科职业学院						
山西交通职业技术学院		12		31		
山西应用科技学院						
山西戏剧职业学院		964	110	222		
山西职业技术学院						
山西工商学院						
山西体育职业学院		778	192	124		
山西国际商务职业学院						
山西老区职业技术学院		24		12		
山西煤炭职工联合大学		353	67	196		
山西兵器工业职工大学						
山西省政法管理干部学院						

12-8 成人中等专业教育基本情况
Basic situation of adult secondary specialized education

单位：人

指 标	学校（所）	在校生数	招生数	毕业生数	教职工数	专任教师数
总 计	2	9057	2495	3086	1023	873
太原广播电视中等专业学校	1				61	39
太原生态工程学校						
山西省农业广播电视学校	1	9057	2495	3086	962	834
山西煤炭职工联合大学						

12-9 职业高中教育基本情况
Basic situation of vocational high school education

单位：人

指 标	学校（所）	在校生数	招生数	毕业生数	教职工数	# 专任教师数
总 计	14	10748	4365	3090	972	845
太原市第五职业中学校	1	1035	492	211	129	101
太原市综合高级中学校	1	895	377	171	150	134
太原市第七职业中学校	1	360	221	45	95	82
清徐县职业教育中心	1	1480	492	598	112	108
太原市杏花岭区中等职业技术学校	1	155	33	114	26	26
太原市第四职业中学校	1	151	84	49	76	66
太原市晋源区高级职业中学	1	244	189	13	20	11
太原市小店区第一职业中学校	1	823	266	94	53	49
阳曲县高级职业中学校	1	658	270	195	71	54
山西大昌汽车专业学校	1	901	282	362	59	48
太原市尖草坪区职业中学校	1	467	223	118	78	77
古交市职业中学校	1	688	355	140	53	49
太原市立达职业中学校	1	330	152	68	26	20
娄烦县职业中学校	1	346	164	110	24	20
太原市财政金融学校		81	16	19		
太原广播电视中等专业学校		63	30	9		
太原市第九中学校				39		
太原市行知宏实验中学校						
太原市第十六中学校		466	159	201		
太原市第五十六中学校		66		68		
太原孤残儿童特殊教育学校		56	20			
太原市聋人学校		184	61	86		
太原市盲童学校		28	8	10		
太原市长安综合中学校		1271	471	370		

12-10 中学基本情况（一）
Basic situation of secondary schools（1）

单位：人

指标	学校（所）	班数（个）			在校生数			招生数		
		合计	高中	初中	合计	高中	初中	合计	高中	初中
总　计	**221**	**4828**	**1689**	**3139**	**205979**	**75695**	**130284**	**70780**	**25912**	**44868**
1、教育部门办	166	3315	1237	2078	145083	58229	86854	51882	20347	31535
地方企业办										
民办	53	1495	452	1043	60352	17466	42886	18713	5565	13148
其他部门办	2	18		18	544		544	185		185
2、城区	154	3656	1388	2268	158998	62995	96003	55569	21649	33920
镇区	33	736	211	525	31062	9018	22044	10177	3043	7134
乡村	34	436	90	346	15919	3682	12237	5034	1220	3814
3、小店区	42	1056	371	685	45877	16025	29852	15675	5396	10279
迎泽区	19	676	269	407	30768	12377	18391	10963	4289	6674
杏花岭区	36	736	275	461	30740	12168	18572	10767	4102	6665
尖草坪区	21	334	127	207	13611	5880	7731	4674	2127	2547
万柏林区	26	626	226	400	27489	10300	17189	10090	3505	6585
晋源区	14	304	91	213	13131	4274	8857	4458	1444	3014
清徐县	23	409	144	265	17906	6316	11590	5832	2150	3682
阳曲县	13	289	69	220	10426	2883	7543	3301	975	2326
娄烦县	5	106	31	75	4557	1360	3197	1328	448	880
古交市	22	292	86	206	11474	4112	7362	3692	1476	2216

12-10 中学基本情况（二）
Basic situation of secondary schools（2）

单位：人

指标	毕业生数			教职工数	专任教师			代课教师	兼任教师
	合计	高中	初中		合计	高中	初中		
总　计	**66571**	26032	40539	28056	19865	7710	12155	349	53
1、教育部门办	45344	18831	26513	17163	14381	5720	8661	349	0
地方企业办									
民办	21033	7201	13832	10798	5443	1990	3453		53
其他部门办	194		194	95	41		41		
2、城区	51254	21572	29682	21332	15343	6368	8975	154	53
镇区	10266	3361	6905	3857	2867	981	1886	57	
乡村	5051	1099	3952	2867	1655	361	1294	138	
3、小店区	14984	5485	9499	7302	4213	1674	2539		33
迎泽区	9291	4111	5180	3215	2717	1209	1508		
杏花岭区	10520	4460	6060	4389	3234	1409	1825	30	
尖草坪区	4577	2081	2496	2029	1520	564	956	9	
万柏林区	8781	3618	5163	3173	2670	966	1704	6	20
晋源区	3999	1430	2569	1723	1217	457	760	130	
清徐县	5844	2183	3661	2164	1783	678	1105	174	
阳曲县	3202	992	2210	1976	1017	278	739		
娄烦县	1617	479	1138	546	363	128	235		
古交市	3756	1193	2563	1539	1131	347	784		

注：按教育局资料分类整理。

12-11 小学基本情况

Basic situation of primary schools

单位：人

指 标	学校（所）	班数(个)	在校生数	招生数	毕业生数	教职工数	专任教师	代课教师
总 计	**445**	**9018**	**340782**	**65392**	**48213**	**19666**	**20243**	**1297**
1、教育部门办	410	7732	296485	56135	42940	16940	16669	1297
地方企业办								
民办	28	1176	40005	8383	4633	2467	3295	
其他部门办	7	110	4292	874	640	259	279	
2、城区	275	6707	277865	54079	38735	15200	15636	1137
镇区	59	1128	41263	7841	5491	2586	2494	12
乡村	111	1183	21654	3472	3987	1880	2113	148
3、小店区	76	2233	93097	18876	10684	3177	3944	
迎泽区	37	860	35844	6774	5453	2119	2050	161
杏花岭区	58	1259	52734	10143	7767	3001	3059	512
尖草坪区	43	760	25952	4854	3805	1688	1725	134
万柏林区	63	1382	57934	11769	8502	4509	4030	
晋源区	42	615	21641	4126	2897	1150	1195	472
清徐县	70	806	22207	3912	3723	1616	1698	14
阳曲县	17	350	9499	1599	1660	530	770	
娄烦县	10	247	6449	956	1006	528	568	4
古交市	29	506	15425	2383	2716	1348	1204	

注：按教育局资料分类整理。

12-12 幼儿园基本情况

Basic situation of kindergartens

单位：人

指 标	幼儿园（所）	班数（个）	在园幼儿	教职工数		
					# 专任教师	保育员
总 计	**776**	**5063**	**117716**	**19128**	**10106**	**3494**
1. 教育部门办	68	834	20152	2229	1311	272
集体办	301	1134	25956	3174	1933	421
地方办	61	526	15242	2363	1282	457
事业单位办	17	162	4755	734	364	141
部队办	3	14	353	119	51	17
民办	318	2300	47981	10083	4967	2116
其他部门办	8	93	3277	426	198	70
2. 城区	511	3721	89820	15843	8143	2951
镇区	113	707	17236	2333	1318	443
乡村	152	635	10660	952	645	100
3. 小店区	161	1169	21621	4423	2276	865
迎泽区	82	536	13199	2425	1294	396
杏花岭区	102	711	16760	3216	1587	576
尖草坪区	69	508	11409	1917	991	364
万柏林区	82	647	16653	2927	1526	577
晋源区	85	347	7338	1159	682	182
清徐县	99	560	12179	1371	872	204
阳曲县	48	148	3171	518	256	109
娄烦县	14	121	2508	335	181	75
古交市	34	316	6878	837	441	146

注：按教育局资料分类整理。

12-13　文化事业情况
Situation of culture

单位：人

指　标	单　位	2020
影剧院数	个	51
影厅数	座	367
专业、民营艺术表演团体	个	21
#演职人员	人	1832
博物馆	个	19
图书馆	个	12
图书馆藏书量	万册	659.09
文化宫	个	4
文化馆(包括群众艺术馆)	个	12
少年宫	个	3

12-14　专业表演团体情况
Situation of professional performance groups

指　标	演职人数(人)	演出场次(场)	演出收入(万元)	观众人数(万人次)	总支出(万元)	全部职工工资(万元)
总　计	**1317**	1767	3182.0	113.72	16541.4	7253.0
山西省京剧院	169	71	309.3	3.00	1341.5	606.8
山西省晋剧院	249	241	168.7	14.17	4756.1	2240.4
山西省歌舞剧院	241	160	1002.8	14.32	3687.4	1016.3
山西省话剧院	163	71	303.6	3.10	1100.5	513.4
山西省曲艺团	49	171	327.0	13.68	530.6	224.1
山西华晋舞剧团	51	195	69.6	20.00	968.3	641.4
山西华夏之根艺术团	31	66	158.7	3.70	613.8	277.9
太原市实验晋剧艺术团有限责任公司	45	119	135.7	11.90	176.5	47.6
太原市实验晋剧艺术院有限责任公司	72	121	241.8	18.15	491.2	90.8
太原市歌舞杂技团	141	379	205.2	5.00	1349.5	936.2
太原市话剧团	46	64	139.4	1.70	863.2	300.0
太原舞蹈团	60	109	120.2	5.00	662.8	358.1

注：专业艺术团体共21个，市5个、省7个，民营9个。演职人员1832人，其中专业1317人，民营515人。

12-15 影剧院及票房收入情况
Income of theaters and box office

指　标	影厅数（个）	座位数（座）	票房收入（元）
总　计	367	45131	129589573
太原影都	10	1172	1806467
太原市宽影幕影院	6	831	73810
山西剧院	11	1717	7422025
太原市长风剧场	6	855	2239930
太原星美影城	4	530	812540
太原横店电影城（王府井店）	9	900	4460731
太原中影新影都影城（和信店）	7	1048	4245867
太原市奥斯卡国际影城	10	1507	6122158
太原同至人横店影视电影城	8	1535	2339144
太原贵都横店电影城	5	524	1363665
太原市金逸影城（北美店）	7	831	3140615
太原市金刚里影城	9	742	2287285
太原华邦影城（横店铜锣湾店）	7	875	1785933
清徐县宏凯影院	3	278	896706
太原博纳国际影城	10	1621	8468252
太原市万达影城	14	2658	10187436
太原市大地影院	6	859	1738473
太原市恒大嘉凯影城（绿洲店）	7	1183	3766003
阳曲县红全源数字影院	3	207	15995
古交市中影世纪国际影城	3	210	681215
太原市铜锣湾国际影城	14	1231	6764001
太原市玉影影院西华苑店	7	318	990231
太原市太原 ume 影城	12	1252	4255902
太原市九达国际影城	7	922	1441048
太原市等艺影院	7	855	3454547
太原市全美影院	8	777	6005582
太原市阳曲县嘟唛国际影城	3	163	98789
太原市恒大嘉凯影城（恒大城店）	6	1126	1168610
保利影城	6	895	3918952
欢乐大都会	5	450	764521
金逸影城（万国店）	6	1196	2147400
万象影城	8	1653	9585668
微影时光影城	2	76	371274
古交柒聚影城	4	499	786395
九达影城（朝阳街店）	10	618	1166316
星际影院	16	1183	3220109
博纳国际影城（晋阳街店）	7	934	3747565
清徐宏达数字影院	3	202	132238
太原聚影汇影城	9	1324	2101492
中影盛隆国际影城	6	436	979958
太原市电兴影城顶好店	6	787	473489
太原市华映影城	6	505	300417
太原市中影星辉国际影城	7	610	1987558
太原市泰禾影城华景天地 IMAX 店	9	1264	1495706
太原市横店电影城康达店	6	487	1152325
太原市奥斯卡影城尖草坪店	6	559	558478
太原市 CGV 影院（印象城）	10	909	2550572
太原市恒大嘉凯影城未来城店	6	857	479794
太原市恒大嘉凯御景湾影城	6	1130	758729
太原市中影天悦影城	6	758	349490
太原市 CGV 影院（公元店）	8	1072	2528167

12-16　图书出版情况
Situation of book publication

指　标	合计	图书种数（种）		总印数（万册）	总印张（千印张）	定价总金额（万元）
		新出	重印			
使用《中国标准书号》分类图书合计	**3154**	**1885**	**1269**	**11033**	**1137291**	**195980**
A 马克思主义、列宁主义、毛泽东思想	6	3	3	3	528	140
B 哲学	35	27	8	14	1868	891
C 社会科学总论	11	11		7	906	284
D 政治、法律	68	65	3	16	3403	1554
E 军事	4	3	1	2	216	92
F 经济	113	97	16	28	5222	2509
G 文化、科学、教育、体育	1844	775	1069	10336	987365	131537
H 语言、文字	34	26	8	30	4598	1740
I 文学	449	391	58	182	25929	8352
J 艺术	142	133	9	287	82367	37675
K 历史、地理	208	177	31	56	10936	6079
N 自然科学总论	7	3	4	8	991	330
O 数理科学、化学	6	5	1	3	198	55
P 天文学、地球科学	4	4		1	156	99
Q 生物科学	10	9	1	5	372	173
R 医药、卫生	82	31	51	32	8315	2255
S 农业科学	8	3	5	4	451	141
T 工业技术	29	28	1	6	1168	431
U 交通运输	7	7		1	69	31
V 航空、航天	2	2		1	124	30
X 环境科学	10	10		5	298	191
Z 综合性图书	75	75		6	1811	1391

12-17　报纸出版情况
Situation of newspaper publication

指　标	刊期	实际出版期数(期)	平均期印数(份)	总印数(万份)	总印张(千印张)
总计(42种)		6549	27206201	194092	1615935
太原日报	周七刊	363	131034	4757	95131
太原晚报	周七刊	356	38784	1381	41421
山西工人报	周七刊	335	80000	2680	26800
山西妇女报	周二刊	104	19600	204	4077
山西政协报	周二刊	100	21200	212	2120
山西法制报	周五刊	237	66000	1564	31284
山西经济日报	周七刊	338	51000	1724	34476
山西科技报	周四刊	182	19000	346	6916
山西广播电视报	周一刊	53	5600	30	594
健康生活报	周五刊	250	24000	600	6000
科学导报	周二刊	94	22000	207	4136
市场信息报	周四刊	190	25000	475	9500
人民摄影	周一刊	52	30000	156	6240
生活晨报	周五刊	241	22268	537	10733
三晋都市报	周六刊				
人民代表报	周三刊	156	110000	1716	34320
老友导报	周二刊	90	59900	539	5391
太原广播电视报	周一刊	52	30000	156	3120
消费时报	周二刊				
山西联通报	周一刊	48	30000	144	720
山西电力报	周一刊				
铁路工程报	周一刊	46	10000	46	460
太钢日报	周六刊	300	10100	303	1515
瓜果蔬菜报	周一刊	50	14000	70	700
集邮报	周一刊				
山西商报	周二刊	98	25000	245	2450
德育报	周二刊	100	50000	500	5000
发展导报	周二刊				
山西市场导报	周二刊	96	40000	384	7680
山西青年报	周五刊	230	30000	690	13800
作文周刊	周六刊	288	14000	403	8064
学英语报	周一刊	52	7083941	36836	184182
语文报	周七刊	365	139807	5103	51030
英语周报	周一刊	52	11815812	61442	307211
学习方法报	周一刊	52	5852896	30435	152175
数理报	周五刊	260	165000	4290	21450
学习报	周六刊	312	664144	20721	103606
山西日报	周七刊	366	354394	12971	389125
山西农民报	周二刊	94	38501	362	7238
生活文摘报	周二刊	104	46488	483	9670
山西晚报	周七刊	339	29192	990	19792
良友周报	周二刊	104	37540	390	7808

12-18　杂志出版情况
Situation of magazine publication

期刊名称	刊期	实际出版期数（期）	平均期印数（册）	总印数（万册）	总印张数（千印张）
总计（173 种）		**2550**	**949789**	**1897**	**126690**
山西青年	半月刊	24	4000	10	576
小学生	旬刊	36	2172	8	235
党史文汇	月刊	12	19000	23	912
山西老年	月刊	12	226783	272	15185
山西财税	月刊	12	6300	8	375
山西教育	周刊	48	15000	72	3600
小学语文教学	旬刊	36	24000	86	4009
语文教学通讯	周刊	52	25927	135	9046
晋图学刊	双月刊	6	1500	1	57
教学与管理	旬刊	36	5000	18	990
青少年日记	半月刊				
教育理论与实践	旬刊	36	6000	22	1089
科学之友	月刊	12	3300	4	249
人人健康	半月刊	24	6000	14	982
名作欣赏	旬刊	36	3694	13	1508
山西文学	月刊	12	2200	3	238
火花	月刊	12	2000	2	149
黄河之声	半月刊	24	600	1	184
山西画报	旬刊	36	7067	25	1893
技术经济与管理研究	月刊	12	1800	2	214
晋阳学刊	双月刊	6	1500	1	102
经济问题	月刊	12	1500	2	186
语文研究	季刊	4	2500	1	50
会计之友	半月刊	24	8000	19	2381
山西农经	半月刊	24	2000	5	635
编辑之友	月刊	12	3000	4	312
经济师	月刊	12	3200	4	710
新闻采编	双月刊	6	2000	1	60
山西大学学报（哲学社会科学版）	双月刊	6	1800	1	122
黄河	双月刊	6	1800	1	135
理论探索	双月刊	6	2500	2	120
五台山研究	季刊	4	10000	4	202
童话大王	月刊	12	11000	13	655
烹调知识	月刊	12	4800	6	357
山西煤炭	季刊	4	550		17
山西林业科技	季刊	4	1300	1	26
大众标准化	半月刊	24	5000	12	1740
山西水土保持科技	季刊	4	1000		15
山西大学学报（自然科学版）	季刊	4	1500	1	87
山西地震	季刊	4	75		1
山西医药杂志	半月刊	24	950	2	198

12-18 续表 1

期刊名称	刊期	实际出版期数（期）	平均期印数（册）	总印数（万册）	总印张数（千印张）
山西化工	双月刊	6	4500	3	481
山西中医	月刊	12	1100	1	67
山西农业科学	月刊	12	800	1	73
辐射防护通讯	双月刊	6	600		11
新型炭材料	双月刊	6	1000	1	45
山西水利	月刊	12	1200	1	64
机械管理开发	月刊	12	5000	6	1488
电子工艺技术	双月刊	6	3000	2	91
火力与指挥控制	月刊	13	2000	3	339
燃料化学学报	月刊	12	1000	1	119
煤化工	双月刊	6	4500	3	119
辐射防护	双月刊	6	900	1	38
生产力研究	月刊	12	800	1	119
记者观察	旬刊	36	6300	23	1687
种子科技	半月刊	24	1500	4	397
山西档案	双月刊	6	3000	2	262
煤炭转化	双月刊	6	500		23
山西冶金	双月刊	6	4500	3	381
山西科技	双月刊	6	500		39
政府法制	旬刊	36	17388	63	3105
中国保健营养	旬刊	36	1788	6	448
前进	月刊	12	31600	38	1881
都市	月刊	12	3050	4	275
生活潮	月刊	12	12800	15	857
山西水利科技	季刊	4	2500	1	57
电力学报	双月刊	6	300		9
量子光学学报	季刊	4	400		9
法制博览	旬刊	36	12000	43	2592
山西林业	双月刊	6	1500	1	33
山西交通科技	双月刊	6	6000	4	249
民间传奇故事	旬刊	36	5000	18	1080
日用化学品科学	月刊	12	3000	4	295
健康向导	双月刊	6	5000	3	139
山西电子技术	双月刊	6	3000	2	136
山西医科大学学报	月刊	12	800	1	74
中华风湿病学杂志	月刊	12	2200	3	138
太原理工大学学报	双月刊	6	1500	1	106
山西财经大学学报	月刊	12	2000	2	234
实用骨科杂志	月刊	12	1500	2	134
山西财政税务专科学校学报	双月刊	6	1200	1	45
山西广播电视大学学报	季刊	4	3000	1	104
中共山西省委党校学报	双月刊	6	1500	1	91
中共太原市委党校学报	双月刊	6	700		26
山西社会主义学院学报	季刊	4	1000		23

12–18　续表 2

期刊名称	刊期	实际出版期数（期）	平均期印数（册）	总印数（万册）	总印张数（千印张）
小学教学设计	旬刊	36	21000	76	3508
山西经济管理干部学院学报	季刊	4	600		18
山西省政法管理干部学院学报	季刊	4	1500	1	53
山西高等学校社会科学学报	月刊	12	1100	1	91
文物世界	双月刊	6	1500	1	56
太原理工大学学报（社会科学版）	双月刊	6	500		21
护理研究	半月刊	24	1700	4	594
新作文	旬刊	36	56150	202	10188
中外童话故事	旬刊	36	12500	45	1674
中国中西医结合肾病杂志	月刊	12	2500	3	227
山西建筑	半月刊	24	4000	10	1497
实用医学影像杂志	双月刊	6	1400	1	73
新美域	季刊	4	5000	2	150
文史月刊	月刊	12	12905	15	774
母婴世界	旬刊	36	5000	18	1339
银行家	月刊	12	16000	19	1776
建材技术与应用	双月刊	6	1000	1	22
山西电力	双月刊	6	4000	2	139
实用医技杂志	月刊	12	4300	5	419
临床医药实践	月刊	12	1800	2	134
测试技术学报	双月刊	6	1000	1	45
太原师范学院学报（社会科学版）	双月刊	6	1000	1	47
太原师范学院学报（自然科学版）	季刊	4	1000		31
中学课程辅导	旬刊	36	4000	14	1428
NBA 特刊	半月刊	24	35000	84	7409
农产品加工	半月刊	24	3000	7	446
山西焦煤科技	月刊	12	2000	2	97
中西医结合心脑血管病杂志	半月刊	24	949	2	339
太原市人民政府公报	月刊	12	1650	2	98
机械工程与自动化	双月刊	6	4000	2	435
日用化学工业	月刊	12	4000	5	484
太原城市职业技术学院学报	月刊	12	300		59
新课程	周刊	52	4230	22	4157
当代金融家	月刊	12	4615	6	554
校园心理	双月刊	6	6000	4	209
中北大学学报（社会科学版）	双月刊	6	1000	1	45
太原科技大学学报	双月刊	6	800		30
教育	周刊	52	4500	23	1357
中北大学学报（自然科学版）	双月刊	6	1000	1	45
系统科学学报	季刊	4	1000		43
映像	月刊	12	2208	3	230
食品工程	季刊	4	1280	1	26
当代农机	月刊	12	2000	2	149

12-18 续表 3

期刊名称	刊期	实际出版期数(期)	平均期印数(册)	总印数(万册)	总印张数(千印张)
农业技术与装备	月刊	12	1000	1	120
文化产业	旬刊	12	1750	2	147
全科护理	旬刊	36	1100	4	399
新晋商	月刊	12	2500	3	240
铸造设备与工艺	双月刊	6	5000	3	236
科学技术哲学研究	双月刊	6	2180	1	132
村委主任	月刊	12	4300	5	228
测试科学与仪器(英文版)	季刊	4	1000		33
科技创新与生产力	月刊	12	3400	4	245
能源与节能	月刊	12	1000	1	144
现代工业经济和信息化	月刊	12	5000	6	716
基础医学教育	月刊	12	800	1	74
经济与社会发展研究	旬刊	35	350	1	213
炎黄地理	月刊	12	2000	2	168
科技与创新	半月刊	24	1500	4	418
神州印象	月刊				
山西青年职业学院学报	季刊	4	1000		28
经纬天地	双月刊	6	625		27
名家名作	月刊	12	2320	3	290
天工	双月刊	6	1025	1	62
名师在线	旬刊	36	1200	4	321
循证护理	月刊	12	1000	1	89
史志学刊	双月刊	6	1500	1	56
指挥与控制学报	季刊	4	1200		33
戏友	双月刊	6	2000	1	63
现代职业教育	周刊	52	6528	34	6416
中国日用化学品	季刊	4	1000		26
图书情报导刊	月刊	12	250		19
品牌研究	旬刊	34	500	2	177
太原学院学报(社会科学版)	双月刊	6	800		42
太原学院学报(自然科学版)	季刊	4	1000		28
武术研究	月刊	12	3200	4	479
山西省人民政府公报	月刊	12	1000	1	38
对联	月刊	12	14000	17	588
智库时代	周刊	52	300	2	247
山西警察学院学报	季刊	4	600		19
今日农业	半月刊	24	5500	13	528
区域治理	周刊	52	280	1	230
护理前沿(英文)	季刊	4	1000		25
销售与管理	旬刊	35	950	3	335
支部建设	旬刊	36	30000	108	4687
统计学报	双月刊	6	1000	1	44
华北自然资源	双月刊	6	1200	1	76
果树资源学报	双月刊	6	2000	1	71
三晋基层治理	双月刊	3	1200		32

12-19　广播、电视主要指标
Main indicators of radio and TV

指　标	单位	省级	市
电视台	座		1
广播电视台	座	1	4
教育电视台	座		1
中短波转播发射台	座	12	1
	千瓦	489	20
电视转播发射台	座	7	2
	千瓦	248	9.2
有线广播电视传输网络干线总长	公里	8109	8129
有线广播电视实际用户	户	188990	460967
数字电视实际用户	户	185996	453047
广播人口覆盖率	%	98.91	99.99
电视人口覆盖率	%	99.59	99.99

注：数据来源于省广电局；太原地区数据包含省级（省广播电视局）以及市（太原市级加县级）。

12-20　电视节目主要情况
Situation of TV program

指　标	单位	省级	市
节目套数	套	7	9
全年播出节目时间	时、分	58865：35	38268：02
新闻资讯类节目	时、分	4300：40	6216：21
专题服务类节目	时、分	4742：04	4550：43
综艺益智类节目	时、分	4390：54	183：36
影视剧类节目	时、分	28490：41	14324：45
广告类节目	时、分	11234：39	7027：52
其它类节目	时、分	5706：37	5964：45

12-21　广播节目主要情况
Situation of broadcast program

指　标	单位	省级	市
节目套数	套	7	7
全年播出节目时间	时、分	57742：00	35554：00
新闻资讯类节目	时、分	5151：55	11227：00
专题服务类节目	时、分	24432：05	11276：24
综艺益智类节目	时、分	12102：30	4459：56
广播剧类节目	时、分	2057：30	0：00
广告类节目	时、分	6885：30	4648：40
其它类节目	时、分	7112：30	3942：00

12-22 卫生机构、床位和人员情况（一）
Situation of health care institutions, beds and personnels（1）

指 标	机构数（个）	床位数（张）	卫生人员（人）					
			合计	卫生技术人员（人）				
				小计	执业医师	执业助理医师	注册护士	药师（士）
总 计	**4025**	**43166**	**78432**	**66540**	**23557**	**1941**	**32142**	**2599**
一、医院	164	41821	56524	47725	15739	388	24535	2168
综合医院	70	24087	33887	28858	9580	173	15027	1183
中医医院	19	3431	4591	3925	1313	56	1734	410
中西医结合医院	4	1692	2013	1796	636	21	863	79
民族医院								
专科医院	68	12411	15904	13065	4188	138	6861	491
护理院	3	200	129	81	22		50	5
二、基层医疗卫生机构	3810	938	17840	15778	6773	1513	6644	371
社区卫生服务中心（站）	332	184	4536	4098	1609	186	1978	146
社区卫生服务中心	57	139	1908	1627	552	68	760	103
社区卫生服务站	275	45	2628	2471	1057	118	1218	43
卫生院	53	703	822	734	265	133	175	44
街道卫生院								
乡镇卫生院	53	703	822	734	265	133	175	44
中心卫生院	18	245	260	226	72	64	49	11
乡卫生院	35	458	562	508	193	69	126	33
村卫生室	925		1736	670	154	494	22	
门诊部	288	51	3380	3138	1340	179	1427	49
综合门诊部	34		761	691	310	11	278	13
中医门诊部	35	24	317	279	149	6	97	18
中西医结合门诊部	5		66	66	30	2	33	1
专科门诊部	214	27	2236	2102	851	160	1019	17
诊所.卫生所.医务室	2212		7366	7138	3405	521	3042	132
诊所	2064		6681	6488	3104	501	2742	112
卫生所、医务室	148		685	650	301	20	300	20
三、专业公共卫生机构	41	407	3107	2493	877	31	809	56
疾病预防控制中心	14		854	658	346	20	19	7
专科疾病防治院（所、站）	2	10	173	138	50	1	78	2
健康教育所（站、中心）	1		23	13	4		2	
妇幼保健院（所、站）	10	397	1345	1151	382	8	581	45
妇幼保健院	6	397	1230	1055	324	4	562	44
妇幼保健所	3		89	74	47	3	14	1
妇幼保健站	1		26	22	11	1	5	
急救中心（站）	1		129	95	51		30	
采供血机构	1		263	198	44	2	99	2
卫生监督所（中心）	12		320	240				
计划生育技术服务机构								
四、其他卫生机构	10		961	543	168	9	154	4
疗养院								
卫生监督检验(监测、检测)所(站)	1		66	66	1	4		
医学科学研究机构	1		57	48	16			4
医学在职培训机构								
临床检验中心（所、站）	4		394	173	29	1	42	
统计信息中心								
其他	4		444	256	122	4	112	

12-22　卫生机构、床位和人员情况（二）
Situation of health care institutions, beds and personnels（2）

指　标	技师（士）	检验师	其他	见习医师	其他技术人员	管理人员	工勤技能人员
总　计	**3264**	**2488**	**3037**	**431**	**3046**	**3461**	**4317**
一、医院	2480	1798	2415	382	2584	2758	3457
综合医院	1638	1174	1257	298	1371	1596	2062
中医医院	171	128	241	12	220	195	251
中西医结合医院	102	67	95	34	51	58	108
民族医院							
专科医院	566	427	821	38	916	890	1033
护理院	3	2	1		26	19	3
二、基层医疗卫生机构	242	174	236	32	168	349	476
社区卫生服务中心（站）	95	78	84	11	102	157	179
社区卫生服务中心	79	63	65	10	67	82	132
社区卫生服务站	16	15	19	1	35	75	47
卫生院	26	20	91	12	13	34	41
街道卫生院							
乡镇卫生院	26	20	91	12	13	34	41
中心卫生院	7	6	23		5	11	18
乡卫生院	19	14	68	12	8	23	23
村卫生室							
门诊部	107	70	36	2	18	100	124
综合门诊部	54	41	25		3	24	43
中医门诊部	6	2	3		7	15	16
中西医结合门诊部							
专科门诊部	47	27	8	2	8	61	65
诊所．卫生所．医务室	14	6	25	7	35	58	132
诊所	7	2	23	7	33	56	101
卫生所、医务室	7	4	2		2	2	31
三、专业公共卫生机构	364	347	356	17	218	246	150
疾病预防控制中心	216	212	50	4	67	84	45
专科疾病防治院（所、站）	7	5			10	20	5
健康教育所（站、中心）			7		7	3	0
妇幼保健院（所、站）	98	88	37	13	75	68	51
妇幼保健院	87	77	34	13	69	57	49
妇幼保健所	7	7	2		6	7	2
妇幼保健站	4	4	1			4	
急救中心（站）			14		6	4	24
采供血机构	43	42	8		45	4	16
卫生监督所（中心）			240		8	63	9
计划生育技术服务机构							
四、其他卫生机构	178	169	30		76	108	234
疗养院							
卫生监督检验（监测、检测）所（站）	61	61					
医学科学研究机构	5	4	23		5	4	
医学在职培训机构							
临床检验中心（所、站）	96	95	5		42	35	144
统计信息中心							
其他	16	9	2		29	69	90

12-23 律师工作情况
Situation of lawyers

指　标	单　位	2020 年	2019 年
律师事务所	个	297	284
注册律师人员	人	3425	3103
专职律师	人	3110	2833
兼职律师	人	187	153
法律援助律师	人	10	9
公职律师	人	124	104
聘请常年法律顾问的单位	个	2979	2898
民事、经济诉讼代理	件	22496	17679
刑事辩护及代理	件	4741	2425
非诉讼法律事务	件	3751	3430

12-24 公证和调解工作情况
Situation of notarization and mediation

指　标	单　位	2020 年	2019 年
公证工作			
公证处	个	7	7
公证员（含公证员助理）	人	142	138
办理国内民事公证	件	115707	122997
办理国内经济公证	件	12450	11742
办理涉外公证	件	11960	22855
涉港澳台公证	件	116	208
调解工作			
司法所工作人员	人	482	277
人民调解委员会	个	1736	1791
调解人员	人	7662	7993
调解各类纠纷	件	23853	20611

12-25　体育后备人才及教练员项目分布情况

Distribution of sports athletes and coaches

单位：人

项　目	运动员	教练员
合　计	2068	88
田径	184	16
自行车	120	4
击剑	47	3
举重	68	7
柔道	77	5
国际摔跤	138	7
跆拳道	88	1
拳击	32	1
武术套路	78	2
武术散打	64	1
射击	79	6
射箭	52	2
游泳	305	8
跳水	24	2
乒乓球	152	5
篮球	104	7
网球	54	1
体操	106	5
蹦床	35	2
赛艇	25	1
皮划艇	12	1
足球	181	1
排球	43	

12-26 等级裁判员项目分布情况

Distribution of certified referees

单位：人

项 目	一级以上裁判员合计	# 女性	1、国际级裁判员	2、国家级裁判员	3、一级裁判员	二级裁判员
合 计	1256	1214	28	141	1087	3224
田径	109	146	1	12	96	461
游泳	70	47		10	60	77
跳水	11	3	1	1	9	
自行车	54	49	1	16	37	107
举重	16	11	3	2	11	
射击	80	38	1	4	75	6
射箭	50	22		3	47	
国际摔跤	21	2	1	2	18	3
柔道	15	6	1	7	7	4
跆拳道	36	10	1	3	32	18
拳击	32	4			32	
体操	43	20	6		37	2
蹦床	22	12	5		17	
武术套路	70	28	2	10	58	167
武术散打	15	1	1	1	13	
击剑	12	23		1	11	34
足球	46	16		3	43	139
篮球	98	110		8	90	678
排球	29	107	1	6	22	330
沙滩排球	6	2	1	5		
乒乓球	66	270		10	56	668
网球	72	88	1	13	58	190
羽毛球	74	117		5	69	299
门球	24	13		2	22	
台球	3	1			3	
中国象棋	18	5		1	17	10
国际象棋	20	8		1	19	16
围棋	16	6		3	13	8
健美操	30	24		2	28	3

12-26　续表

单位：人

项　目	一级以上裁判员合计	#女性	1、国际级裁判员	2、国家级裁判员	3、一级裁判员	二级裁判员
体育舞蹈	13	5		2	11	
健美	10	7	1	1	8	4
健身气功	8	4		1	7	
跳伞	1	1			1	
拔河	2	1		1	1	
毽球	12	4			12	
健身秧歌	2	2		1	1	
电子竞技	6			1	5	
信鸽	30				30	
航模	9			2	7	
定向	5	1		1	4	

注：本表口径只包括市属管辖数据，不包含省属管辖数据。

12-27　等级运动员项目分布情况
Distribution of certified athletes

单位：人

项　目	等级运动员合计	#女性	1、一级运动员	2、二级运动员
合　计	3015	1232	742	2273
田径	507	162	18	489
游泳	167	67	30	137
跳水	1		1	
自行车	33	17	20	13
举重	23	10	5	18
射击	84	38	37	47
射箭	37	12	8	29
国际摔跤	83	44	18	65
柔道	48	22	24	24
跆拳道	78	40	43	35
拳击	52	20	19	33
体操	18	12	5	13
蹦床	15	7	7	8
武术套路	97	44	5	92

12-27 续表

单位：人

项 目	等级运动员合计	# 女性	1、一级运动员	2、二级运动员
武术散打	59	26	7	52
击剑	17	12	5	12
足球	212	51	43	169
篮球	490	201	103	387
排球	502	230	202	300
沙滩排球				
乒乓球	175	84	61	114
网球	113	59	4	109
羽毛球	31	13		31
手球	6	4		6
门球				
台球				
中国象棋	16	5	3	13
国际象棋	21	5	6	15
围棋	21	5	3	18
健美操	15	9	4	11
体育舞蹈				
健美				
健身气功				
跳伞				
拔河				
毽球				
健身秧歌				
电子竞技				
信鸽				
航模	3		2	1
定向				
橄榄球	17	2	5	12
技巧	7	2		7
中国式摔跤	29	8	17	12
皮划艇	29	13	28	1
赛艇	9	8	9	

注：一级运动员为截止到2019年的数据。

12-28 太原市体育彩票发行情况
Issue of sports lottery

年份	全市体育彩票发行额（万元）	全省体育彩票发行额（万元）	全市体育彩票网点数（个）	全市体育彩票发行额在全省占比（%）
2005	8106	38877	354	20.9
2006	12269	55930	376	21.9
2007	12984	50780	392	25.6
2008	27276	92377	409	29.5
2009	22230	80709	470	27.5
2010	26391	82260	475	32.1
2011	35297	96358	520	36.0
2012	34073	101566	520	33.5
2013	50649	156171	530	32.4
2014	60256	189702	580	31.8
2015	66937	208464	594	32.1
2016	72968	232870	634	31.3
2017	107624	349064	678	30.8
2018	103286	430358	483	24.0
2019	80900	310800	366	26.0
2020	71729	244068	410	29.4

12-29 婚姻登记情况
Situation of marriage registration

	结婚登记数（对）	初婚人数（人）	再婚人数（人）			离婚登记数（对）
				#女	恢复结婚(对)	
总 计	**23323**	**36864**	**9782**	**1705**	**1705**	**9877**
市本级	28	53	3			4
小店区	4508	7157	1859	388	388	1724
迎泽区	3412	5473	1351	171	171	1536
杏花岭区	3336	4935	1737	284	284	1806
尖草坪区	1688	2599	777	134	134	775
万柏林区	3792	5953	1631	263	263	1720
晋源区	1250	2045	455	84	84	454
清徐县	2087	3555	619	96	96	599
阳曲县	1110	1673	547	115	115	400
娄烦县	798	1265	331	82	82	377
古交市	1314	2156	472	88	88	482

12-30 社会救济、收养对象情况
Situation of social relief and adoption

指 标	城市居民最低生活保障人数（人）	农村居民最低生活保障人数（人）	城市发放最低保障资金（万元）	农村发放最低保障资金（万元）	农村集中五保供养人数（人）	农村分散五保供养人数（人）	收养类单位数（个）	收养类单位床位数(张)	收养救助人数（人）
总 计	20643	36909	17951	22070	2246	1476	21	3774	10368
市本级							3	518	8273
小店区	651	527	735	477	56	102	1	200	43
迎泽区	1240	314	1343	240	4	14			
杏花岭区	3049	956	2847	754	21	27			
尖草坪区	4277	3586	3687	2438	63	231	1	231	46
万柏林区	2106	1932	2161	1523	18	23	1	52	17
晋源区	926	8657	691	4396	48	107	1	108	50
清徐县	648	3764	563	2587	337	141	4	405	241
阳曲县	3202	4199	2546	2710	482	681	6	686	478
娄烦县	2348	10026	1639	5110	905		3	1070	905
古交市	2196	2948	1740	1835	312	150	1	504	315

12-31 优抚对象优待抚恤情况
Situation of special preferential treatment

单位：人

指 标	抚恤、补助优抚对象人数	定期定量补助人数	伤残人数
总 计	12162	9058	3104
小店区	2136	1449	687
迎泽区	1065	322	743
杏花岭区	1036	440	596
尖草坪区	940	751	189
万柏林区	908	484	424
晋源区	1123	1015	108
清徐县	2525	2396	129
阳曲县	1084	1015	69
娄烦县	717	651	66
古交市	628	535	93

第13篇

县（市、区）经济概况

County, City and District Economic Situation

资料整理、审核

张妙莲

13-1 小店区国民经济主要指标
Main indicators of national economy in Xiaodian District

指　标	计量单位	2020
一、基本情况		
行政区域面积	平方公里	290
乡	个	2
镇	个	1
街道办事处	个	7
二、人口与就业		
户籍户数	户	216775
户籍人口	人	721511
三、综合经济		
（一）地区生产总值	万元	10636837
第一产业增加值	万元	44124
第二产业增加值	万元	4920153
第三产业增加值	万元	5672560
（二）财政、金融		
一般公共预算收入	万元	237205
一般公共预算支出	万元	471608
四、农业		
（一）生产条件		
耕地面积	公顷	9690
设施农业种植占地面积	公顷	506
设施畜牧养殖占地面积	公顷	55
耕地灌溉面积	公顷	6880
高标准农田面积	公顷	2320
（二）农作物播种面积	公顷	6810.8
粮食作物播种面积	公顷	2439.4
其中：稻谷	公顷	18.8
小麦	公顷	39.0
玉米	公顷	1856.8
大豆	公顷	23.9
油料播种面积	公顷	92.5
蔬菜播种面积	公顷	1715.2

13-1 续表 1

指 标	计量单位	2020
（三）农产品产量		
粮食总产量	吨	9796.6
其中：稻谷	吨	131.7
小麦	吨	196.7
玉米	吨	7486.8
大豆	吨	62.3
油料产量	吨	374.8
园林水果产量	吨	1229
肉类总产量	吨	3064
其中：猪肉	吨	1752.1
牛肉	吨	207.4
羊肉	吨	102.8
禽肉	吨	1001.7
禽蛋产量	吨	4491.9
奶类产量	吨	31220.2
蔬菜产量	吨	89643
水产品产量	吨	20
（四）农产品质量		
“三品一标”农产品	个	90
“三品一标”农产品基地面积	公顷	2151.2
五、工业		
规模以上工业企业	个	51
规模以上工业总产值	万元	819416
其中：农产品加工业产值	万元	21737
六、交通、通讯		
公路里程	公里	323
七、贸易、外经		
社会消费品零售总额	万元	4850340
其中：限额以上消费品零售额	万元	2959216
亿元及以上商品交易市场	个	
出口总额	万元	89619
八、固定资产投资		
固定资产投资	万元	1954506
房地产开发投资	万元	1377320

13-1 续表2

指 标	计量单位	2020
九、教育、科技、文化、卫生		
普通中学	所	42
小学校	所	76
普通中学专任教师	人	4213
小学专任教师	人	3944
普通中学在校学生	人	45877
小学在校学生	人	93097
全年专利授权	件	3726
公共图书馆图书藏量	千册	160.0
体育场馆	个	12
医疗卫生机构床位	床	6776
医疗卫生机构技术人员	人	12520
其中：执业（助理）医师	人	5132
十、居民生活		
居民人均可支配收入	元	36741
城镇居民人均可支配收入	元	39978
农村居民人均可支配收入	元	22641
十一、社会保障		
提供住宿的社会工作机构	个	1
提供住宿的社会工作机构床位	床	200
城镇职工基本养老保险参保人数	人	156371
城乡居民基本养老保险参保人数	人	99891
基本医疗保险参保人数	人	409753
其中：城乡居民基本医疗保险参保人数	人	409752
失业保险参保人数	人	91591
城镇居民最低生活保障人数	人	651
农村居民最低生活保障人数	人	527
十二、附记指标		
森林面积	公顷	1761
污水处理厂	座	3
农田灌溉水有效利用系数		
农村义务教育专任教师本科及以上学历比例	%	96.3
涉农产业园区	个	52

13-2 迎泽区国民经济主要指标

Main indicators of national economy in Yingze District

指　标	计量单位	2020
一、基本情况		
行政区域面积	平方公里	105
镇	个	1
街道办事处	个	6
二、人口与就业		
户籍户数	户	163138
户籍人口	人	549606
三、综合经济		
（一）地区生产总值	万元	9021875
第一产业增加值	万元	3383
第二产业增加值	万元	1098716
第三产业增加值	万元	7919776
（二）财政、金融		
一般公共预算收入	万元	178011
一般公共预算支出	万元	305853
四、农业		
（一）生产条件		
耕地面积	公顷	692
耕地灌溉面积	公顷	170
（二）农作物播种面积	公顷	112.3
粮食作物播种面积	公顷	102.3
其中：玉米	公顷	49.7
大豆	公顷	3.6
蔬菜播种面积	公顷	10
（三）农产品产量		
粮食总产量	吨	117.6
其中：玉米	吨	64.9
大豆	吨	3.2

13-2 续表 1

指　标	计量单位	2020
园林水果产量	吨	37.1
肉类总产量	吨	98.3
其中：猪肉	吨	12.4
牛肉	吨	17
羊肉	吨	23
禽肉	吨	45.9
禽蛋产量	吨	399.1
蔬菜产量	吨	281.5
水产品产量	吨	48
（四）农产品质量		
“三品一标”农产品	个	1
“三品一标”农产品基地面积	公顷	60.0
五、工业		
规模以上工业企业	个	15
规模以上工业总产值	万元	873135
其中：农产品加工业产值	万元	495284
六、交通、通讯		
公路里程	公里	106
七、贸易、外经		
社会消费品零售总额	万元	3702167
其中：限额以上消费品零售额	万元	1715762
亿元及以上商品交易市场	个	4
出口总额	万元	159647
八、固定资产投资		
固定资产投资	万元	1149450
房地产开发投资	万元	849387
九、教育、科技、文化、卫生		
普通中学	所	19
小学校	所	37
普通中学专任教师	人	2717
小学专任教师	人	2050
普通中学在校学生	人	30768

13-2 续表 2

指 标	计量单位	2020
小学在校学生	人	35844
全年专利授权	件	1369
公共图书馆图书藏量	千册	112.9
剧场、影剧院	个	5
体育场馆	个	1
医疗卫生机构床位	床	9970
医疗卫生机构技术人员	人	15721
其中：执业（助理）医师	人	5616
十、居民生活		
居民人均可支配收入	元	36741
城镇居民人均可支配收入	元	39683
农村居民人均可支配收入	元	22641
十一、社会保障		
提供住宿的社会工作机构	个	1
提供住宿的社会工作机构床位	床	20
城镇职工基本养老保险参保人数	人	84814
城乡居民基本养老保险参保人数	人	28493
基本医疗保险参保人数	人	184137
其中：城乡居民基本医疗保险参保人数	人	184136
失业保险参保人数	人	43571
城镇居民最低生活保障人数	人	1240
农村居民最低生活保障人数	人	314
十二、附记指标		
森林面积	公顷	2882
农村义务教育专任教师本科及以上学历比例	%	95.3

13-3 杏花岭区国民经济主要指标

Main indicators of national economy in Xinghualing District

指 标	计量单位	2020
一、基本情况		
行政区域面积	平方公里	146
乡	个	2
街道办事处	个	10
二、人口与就业		
户籍户数	户	193570
户籍人口	人	622500
三、综合经济		
（一）地区生产总值	万元	7496941
第一产业增加值	万元	6451
第二产业增加值	万元	1534724
第三产业增加值	万元	5955766
（二）财政、金融		
一般公共预算收入	万元	148247
一般公共预算支出	万元	327349
四、农业		
（一）生产条件		
耕地面积	公顷	913
设施农业种植占地面积	公顷	3.3
设施畜牧养殖占地面积	公顷	2
耕地灌溉面积	公顷	30
（二）农作物播种面积	公顷	543.5
粮食作物播种面积	公顷	491.7
其中：玉米	公顷	132.0
大豆	公顷	101.9
油料播种面积	公顷	2.7

13-3　续表 1

指　标	计量单位	2020
蔬菜播种面积	公顷	49.1
（三）农产品产量		
粮食总产量	吨	999.5
其中：玉米	吨	379.1
大豆	吨	155.3
油料产量	吨	2.7
园林水果产量	吨	1134.8
肉类总产量	吨	407.2
其中：猪肉	吨	238
牛肉	吨	10.1
羊肉	吨	31.1
禽肉	吨	127.9
禽蛋产量	吨	1527.3
蔬菜产量	吨	1881.7
（四）农产品质量		
“三品一标”农产品	个	6
“三品一标”农产品基地面积	公顷	120.3
五、工业		
规模以上工业企业	个	30
规模以上工业总产值	万元	531619
其中：农产品加工业产值	万元	36567
六、交通、通讯		
公路里程	公里	137
七、贸易、外经		
社会消费品零售总额	万元	2083413
其中：限额以上消费品零售额	万元	1010856
出口总额	万元	137364
八、固定资产投资		
固定资产投资	万元	1048775
房地产开发投资	万元	868264

13-3　续表 2

指　标	计量单位	2020
九、教育、科技、文化、卫生		
普通中学	所	36
小学校	所	58
普通中学专任教师	人	3234
小学专任教师	人	3059
普通中学在校学生	人	30740
小学在校学生	人	52734
全年专利授权	件	913
剧场、影剧院	个	1
体育场馆	个	3
医疗卫生机构床位	床	13304
医疗卫生机构技术人员	人	17649
其中：执业（助理）医师	人	6389
十、居民生活		
居民人均可支配收入	元	36741
城镇居民人均可支配收入	元	39625
农村居民人均可支配收入	元	22641
十一、社会保障		
提供住宿的社会工作机构	个	8
提供住宿的社会工作机构床位	床	854
城镇职工基本养老保险参保人数	人	91083
城乡居民基本养老保险参保人数	人	38614
基本医疗保险参保人数	人	182825
其中：城乡居民基本医疗保险参保人数	人	182824
失业保险参保人数	人	50353
城镇居民最低生活保障人数	人	3049
农村居民最低生活保障人数	人	956
十二、附记指标		
森林面积	公顷	5582
农村义务教育专任教师本科及以上学历比例	%	80.0

13-4 尖草坪区国民经济主要指标
Main indicators of national economy in Jiancaoping District

指 标	计量单位	2020
一、基本情况		
行政区域面积	平方公里	296
乡	个	3
镇	个	2
街道办事处	个	9
二、人口与就业		
户籍户数	户	115577
户籍人口	人	336150
三、综合经济		
（一）地区生产总值	万元	3639853
第一产业增加值	万元	27605
第二产业增加值	万元	2489504
第三产业增加值	万元	1122744
（二）财政、金融		
一般公共预算收入	万元	104522
一般公共预算支出	万元	240674
四、农业		
（一）生产条件		
耕地面积	公顷	4577
设施农业种植占地面积	公顷	16.6
设施畜牧养殖占地面积	公顷	2
耕地灌溉面积	公顷	4370
（二）农作物播种面积	公顷	4094.5
粮食作物播种面积	公顷	3354.3
其中：稻谷	公顷	8.6
玉米	公顷	2213.4
大豆	公顷	368.4
油料播种面积	公顷	67.3
蔬菜播种面积	公顷	637.1
（三）农产品产量		
粮食总产量	吨	12598.8

13-4 续表 1

指　标	计量单位	2020
其中：稻谷	吨	31.0
玉米	吨	9997.1
大豆	吨	826.1
油料产量	吨	136.7
园林水果产量	吨	17608
肉类总产量	吨	402.9
其中：猪肉	吨	86.5
牛肉	吨	72.6
羊肉	吨	113.9
禽肉	吨	128.2
禽蛋产量	吨	705.1
奶类产量	吨	14334.4
蔬菜产量	吨	40303.5
水产品产量	吨	131
（四）农产品质量		
“三品一标”农产品	个	28
“三品一标”农产品基地面积	公顷	1354.6
五、工业		
规模以上工业企业	个	98
规模以上工业总产值	万元	9669871
其中：农产品加工业产值	万元	17128
六、交通、通讯		
公路里程	公里	235
七、贸易、外经		
社会消费品零售总额	万元	1030213
其中：限额以上消费品零售额	万元	83208
出口总额	万元	570847
八、固定资产投资		
固定资产投资	万元	1585652
房地产开发投资	万元	856598
九、教育、科技、文化、卫生		
普通中学	所	21

13-4　续表 2

指　标	计量单位	2020
小学校	所	43
普通中学专任教师	人	1520
小学专任教师	人	1725
普通中学在校学生	人	13611
小学在校学生	人	25952
全年专利授权	件	1177
公共图书馆图书藏量	千册	149.4
剧场、影剧院	个	1
体育场馆	个	2
医疗卫生机构床位	床	2590
医疗卫生机构技术人员	人	4313
其中：执业（助理）医师	人	1653
十、居民生活		
居民人均可支配收入	元	36741
城镇居民人均可支配收入	元	37912
农村居民人均可支配收入	元	22641
十一、社会保障		
提供住宿的社会工作机构	个	1
提供住宿的社会工作机构床位	床	231
城镇职工基本养老保险参保人数	人	60636
城乡居民基本养老保险参保人数	人	80506
基本医疗保险参保人数	人	207257
其中：城乡居民基本医疗保险参保人数	人	207256
失业保险参保人数	人	23541
城镇居民最低生活保障人数	人	4277
农村居民最低生活保障人数	人	3586
十二、附记指标		
森林面积	公顷	7141
污水处理厂	座	3
农村义务教育专任教师本科及以上学历比例	%	75.6
涉农产业园区	个	2

13-5 万柏林区国民经济主要指标

Main indicators of national economy in Wanbailin District

指　标	计量单位	2020
一、基本情况		
行政区域面积	平方公里	289
乡	个	1
街道办事处	个	14
二、人口与就业		
户籍户数	户	184506
户籍人口	人	606125
三、综合经济		
（一）地区生产总值	万元	4860403
第一产业增加值	万元	3202
第二产业增加值	万元	2412100
第三产业增加值	万元	2445101
（二）财政、金融		
一般公共预算收入	万元	201345
一般公共预算支出	万元	357662
四、农业		
（一）生产条件		
耕地面积	公顷	1709
耕地灌溉面积	公顷	500
（二）农作物播种面积	公顷	290.0
粮食作物播种面积	公顷	266.0
其中：玉米	公顷	107.3
大豆	公顷	19.9
蔬菜播种面积	公顷	20.3
（三）农产品产量		
粮食总产量	吨	644.4
其中：玉米	吨	280.0
大豆	吨	32.7

13-5　续表 1

指　标	计量单位	2020
园林水果产量	吨	142.7
肉类总产量	吨	26.6
其中：猪肉	吨	3.5
牛肉	吨	12.3
羊肉	吨	4.8
禽肉	吨	6
禽蛋产量	吨	137.7
奶类产量	吨	111.7
蔬菜产量	吨	326.6
水产品产量	吨	15
（四）农产品质量		
“三品一标”农产品	个	4
“三品一标”农产品基地面积	公顷	133.3
五、工业		
规模以上工业企业	个	29
规模以上工业总产值	万元	2641440
六、交通、通讯		
公路里程	公里	209
七、贸易、外经		
社会消费品零售总额	万元	1832288
其中：限额以上消费品零售额	万元	874090
亿元及以上商品交易市场	个	3
出口总额	万元	45675
八、固定资产投资		
固定资产投资	万元	2408187
房地产开发投资	万元	1756246
九、教育、科技、文化、卫生		
普通中学	所	26
小学校	所	63

13-5 续表 2

指 标	计量单位	2020
普通中学专任教师	人	2670
小学专任教师	人	4030
普通中学在校学生	人	27489
小学在校学生	人	57934
全年专利授权	件	2074
公共图书馆图书藏量	千册	55.0
剧场、影剧院	个	2
体育场馆	个	13
医疗卫生机构床位	床	5557
医疗卫生机构技术人员	人	10130
其中：执业（助理）医师	人	3958
十、居民生活		
居民人均可支配收入	元	36741
城镇居民人均可支配收入	元	37979
农村居民人均可支配收入	元	22641
十一、社会保障		
提供住宿的社会工作机构	个	3
提供住宿的社会工作机构床位	床	172
城镇职工基本养老保险参保人数	人	75620
城乡居民基本养老保险参保人数	人	65526
基本医疗保险参保人数	人	263772
其中：城乡居民基本医疗保险参保人数	人	263771
失业保险参保人数	人	43815
城镇居民最低生活保障人数	人	2106
农村居民最低生活保障人数	人	1932
十二、附记指标		
森林面积	公顷	10961
农村义务教育专任教师本科及以上学历比例	%	95.2

13-6 晋源区国民经济主要指标
Main indicators of national economy in Jinyuan District

指 标	计量单位	2020
一、基本情况		
行政区域面积	平方公里	290
镇	个	3
街道办事处	个	3
二、人口与就业		
户籍户数	户	69512
户籍人口	人	219848
三、综合经济		
（一）地区生产总值	万元	800874
第一产业增加值	万元	36310
第二产业增加值	万元	260814
第三产业增加值	万元	503750
（二）财政、金融		
一般公共预算收入	万元	64569
一般公共预算支出	万元	205059
四、农业		
（一）生产条件		
耕地面积	公顷	4410
设施农业种植占地面积	公顷	48
设施畜牧养殖占地面积	公顷	5
耕地灌溉面积	公顷	3740
高标准农田面积	公顷	881
（二）农作物播种面积	公顷	2224.2
粮食作物播种面积	公顷	1036.2
其中：稻谷	公顷	175.2
玉米	公顷	638.7
大豆	公顷	102.1
油料播种面积	公顷	47.7
蔬菜播种面积	公顷	1090.6
（三）农产品产量		
粮食总产量	吨	4711.5

13-6 续表 1

指　标	计量单位	2020
其中：稻谷	吨	1028.1
玉米	吨	2904.0
大豆	吨	221.2
油料产量	吨	10.2
园林水果产量	吨	2343.9
肉类总产量	吨	1491.0
其中：猪肉	吨	575.1
牛肉	吨	123.5
羊肉	吨	85.0
禽肉	吨	707.4
禽蛋产量	吨	4002.0
奶类产量	吨	8470.8
蔬菜产量	吨	74716.3
水产品产量	吨	282
（四）农产品质量		
“三品一标”农产品	个	10
“三品一标”农产品基地面积	公顷	503.7
五、工业		
规模以上工业企业	个	24
规模以上工业总产值	万元	195447
其中：农产品加工业产值	万元	8100
六、交通、通讯		
公路里程	公里	241
七、贸易、外经		
社会消费品零售总额	万元	464916
其中：限额以上消费品零售额	万元	279743
出口总额	万元	4337
八、固定资产投资		
固定资产投资	万元	1219936
房地产开发投资	万元	868471

13-6　续表 2

指　标	计量单位	2020
九、教育、科技、文化、卫生		
普通中学	所	14
小学校	所	42
普通中学专任教师	人	1217
小学专任教师	人	1195
普通中学在校学生	人	13131
小学在校学生	人	21641
全年专利授权	件	183
公共图书馆图书藏量	千册	57.0
剧场、影剧院	个	
体育场馆	个	2
医疗卫生机构床位	床	700
医疗卫生机构技术人员	人	1860
其中：执业（助理）医师	人	814
十、居民生活		
居民人均可支配收入	元	36741
城镇居民人均可支配收入	元	38468
农村居民人均可支配收入	元	22641
十一、社会保障		
提供住宿的社会工作机构	个	1
提供住宿的社会工作机构床位	床	108
城镇职工基本养老保险参保人数	人	28345
城乡居民基本养老保险参保人数	人	92052
基本医疗保险参保人数	人	155887
其中：城乡居民基本医疗保险参保人数	人	155886
失业保险参保人数	人	14597
城镇居民最低生活保障人数	人	926
农村居民最低生活保障人数	人	8657
十二、附记指标		
森林面积	公顷	7594
自然保护区面积	公顷	2866.7
污水处理厂	座	1
农村义务教育专任教师本科及以上学历比例	%	94.1
涉农产业园区	个	5

13-7 清徐县国民经济主要指标
Main indicators of national economy in Qingxu county

指 标	计量单位	2020
一、基本情况		
行政区域面积	平方公里	608
乡	个	5
镇	个	4
二、人口与就业		
户籍户数	户	124963
户籍人口	人	340859
三、综合经济		
（一）地区生产总值	万元	1948319
第一产业增加值	万元	101008
第二产业增加值	万元	1154627
第三产业增加值	万元	692684
（二）财政、金融		
一般公共预算收入	万元	132304
一般公共预算支出	万元	376911
年末金融机构各项存款余额	万元	3029514
其中：住户储蓄存款余额	万元	2200620
年末金融机构各项贷款余额	万元	2059566
四、农业		
（一）生产条件		
耕地面积	公顷	25144
设施农业种植占地面积	公顷	479.0
设施畜牧养殖占地面积	公顷	23
耕地灌溉面积	公顷	25070
高标准农田面积	公顷	12774
（二）农作物播种面积	公顷	23643.1
粮食作物播种面积	公顷	17071.6
其中：小麦	公顷	28.8
玉米	公顷	12846.8
大豆	公顷	320.8
油料播种面积	公顷	86.1
棉花播种面积	公顷	0.3
蔬菜播种面积	公顷	6148.1

13–7　续表 1

指　标	计量单位	2020
（三）农产品产量	–	
粮食总产量	吨	79112.2
其中：小麦	吨	157.3
玉米	吨	59561.7
大豆	吨	856.7
油料产量	吨	194.4
棉花产量	吨	0.8
园林水果产量	吨	48789.8
肉类总产量	吨	10025.0
其中：猪肉	吨	6875.5
牛肉	吨	569.3
羊肉	吨	858.0
禽肉	吨	1715.5
禽蛋产量	吨	7627.4
奶类产量	吨	5018.2
蔬菜产量	吨	340010.3
水产品产量	吨	1500
（四）农产品质量		
“三品一标”农产品	个	104
“三品一标”农产品基地面积	公顷	13471.7
五、工业		
规模以上工业企业	个	81
规模以上工业总产值	万元	3341111
其中：农产品加工业产值	万元	159791
六、交通、通讯		
公路里程	公里	546
固定电话用户	户	7100
移动电话用户	户	386500
互联网宽带接入用户	户	118100
七、贸易、外经		
社会消费品零售总额	万元	484379
其中：限额以上消费品零售额	万元	70625
出口总额	万元	12554
八、固定资产投资		
固定资产投资	万元	1090533

13-7　续表 2

指　标	计量单位	2020
房地产开发投资	万元	68303
九、教育、科技、文化、卫生		
普通中学	所	23
小学校	所	70
普通中学专任教师	人	1783
小学专任教师	人	1698
普通中学在校学生	人	17906
小学在校学生	人	22207
全年专利授权	件	154
公共图书馆图书藏量	千册	127.4
剧场、影剧院	个	1
体育场馆	个	1
医疗卫生机构床位	床	862
医疗卫生机构技术人员	人	1219
其中：执业（助理）医师	人	664
十、居民生活		
居民人均可支配收入	元	25385
城镇居民人均可支配收入	元	36856
农村居民人均可支配收入	元	21988
十一、社会保障		
提供住宿的社会工作机构	个	7
提供住宿的社会工作机构床位	床	784
城镇职工基本养老保险参保人数	人	41495
城乡居民基本养老保险参保人数	人	172857
基本医疗保险参保人数	人	287987
其中：城乡居民基本医疗保险参保人数	人	258762
失业保险参保人数	人	20277
城镇居民最低生活保障人数	人	648
农村居民最低生活保障人数	人	3764
十二、附记指标		
森林面积	公顷	8913
污水处理厂	座	5
农村义务教育专任教师本科及以上学历比例	%	85.2
涉农产业园区	个	85

13-8　阳曲县国民经济主要指标
Main indicators of national economy in Yangqu county

指　标	计量单位	2020
一、基本情况		
行政区域面积	平方公里	2084
乡	个	6
镇	个	4
二、人口与就业		
户籍户数	户	63578
户籍人口	人	153049
三、综合经济		
（一）地区生产总值	万元	621886
第一产业增加值	万元	64172
第二产业增加值	万元	394678
第三产业增加值	万元	163036
（二）财政、金融		
一般公共预算收入	万元	56073
一般公共预算支出	万元	190253
年末金融机构各项存款余额	万元	980685
其中：住户储蓄存款余额	万元	744668
年末金融机构各项贷款余额	万元	628768
四、农业		
（一）生产条件		
耕地面积	公顷	28354
设施农业种植占地面积	公顷	214.3
设施畜牧养殖占地面积	公顷	165
耕地灌溉面积	公顷	1760
高标准农田面积	公顷	5685
（二）农作物播种面积	公顷	25613.1
粮食作物播种面积	公顷	22066.8
其中：玉米	公顷	12216.0
大豆	公顷	1161.4
油料播种面积	公顷	84.3
蔬菜播种面积	公顷	1897
（三）农产品产量		
粮食总产量	吨	100397.9

13-8 续表 1

指 标	计量单位	2020
其中：玉米	吨	70400.7
大豆	吨	4300.3
油料产量	吨	120.9
棉花产量	吨	
园林水果产量	吨	3003.3
肉类总产量	吨	4630.0
其中：猪肉	吨	2878.1
牛肉	吨	413.3
羊肉	吨	869.5
禽肉	吨	437.5
禽蛋产量	吨	7386.2
奶类产量	吨	5294.7
蔬菜产量	吨	74256.9
水产品产量	吨	45.5
（四）农产品质量		
“三品一标”农产品	个	58
“三品一标”农产品基地面积	公顷	6727.2
五、工业		
规模以上工业企业	个	52
规模以上工业总产值	万元	812415
其中：农产品加工业产值	万元	262420
六、交通、通讯		
公路里程	公里	751
固定电话用户	户	9916
移动电话用户	户	156211
互联网宽带接入用户	户	33685
七、贸易、外经		
社会消费品零售总额	万元	136951
其中：限额以上消费品零售额	万元	52203
出口总额	万元	7765
八、固定资产投资		
固定资产投资	万元	385752
房地产开发投资	万元	71304
九、教育、科技、文化、卫生		

13-8　续表 2

指　标	计量单位	2020
普通中学	所	13
小学校	所	17
普通中学专任教师	人	1017
小学专任教师	人	770
普通中学在校学生	人	10426
小学在校学生	人	9499
全年专利授权	件	46
公共图书馆图书藏量	千册	62.7
剧场、影剧院	个	2
体育场馆	个	2
医疗卫生机构床位	床	1590
医疗卫生机构技术人员	人	959
其中：执业（助理）医师	人	344
十、居民生活		
居民人均可支配收入	元	17481
城镇居民人均可支配收入	元	28061
农村居民人均可支配收入	元	11846
十一、社会保障		
提供住宿的社会工作机构	个	2
提供住宿的社会工作机构床位	床	766
城镇职工基本养老保险参保人数	人	20234
城乡居民基本养老保险参保人数	人	81410
基本医疗保险参保人数	人	131710
其中：城乡居民基本医疗保险参保人数	人	117890
失业保险参保人数	人	8359
城镇居民最低生活保障人数	人	3202
农村居民最低生活保障人数	人	4199
十二、附记指标		
森林面积	公顷	54086
自然保护区面积	公顷	24920
污水处理厂	座	1
农村义务教育专任教师本科及以上学历比例	%	80.2
涉农产业园区	个	51

13-9 娄烦县国民经济主要指标
Main indicators of national economy in Loufan county

指　标	计量单位	2020
一、基本情况		
行政区域面积	平方公里	1289
乡	个	5
镇	个	3
二、人口与就业		
户籍户数	户	52803
户籍人口	人	125567
三、综合经济		
（一）地区生产总值	万元	310226
第一产业增加值	万元	24880
第二产业增加值	万元	151134
第三产业增加值	万元	134212
（二）财政、金融		
一般公共预算收入	万元	45680
一般公共预算支出	万元	210901
年末金融机构各项存款余额	万元	607461
其中：住户储蓄存款余额	万元	424485
年末金融机构各项贷款余额	万元	418989
四、农业		
（一）生产条件		
耕地面积	公顷	19454
设施农业种植占地面积	公顷	38.7
耕地灌溉面积	公顷	1200
高标准农田面积	公顷	2217
（二）农作物播种面积	公顷	11031.7
粮食作物播种面积	公顷	9668.5
其中：玉米	公顷	928.9
大豆	公顷	965.6
油料播种面积	公顷	352.2
蔬菜播种面积	公顷	224.5
（三）农产品产量		
粮食总产量	吨	22529.2

13-9　续表 1

指　标	计量单位	2020
其中：玉米	吨	3335.6
大豆	吨	1955.4
油料产量	吨	458.5
园林水果产量	吨	1255.7
肉类总产量	吨	1613.8
其中：猪肉	吨	943.9
牛肉	吨	228.4
羊肉	吨	298.5
禽肉	吨	125.9
禽蛋产量	吨	1529.3
蔬菜产量	吨	12018.3
水产品产量	吨	481
（四）农产品质量		
“三品一标”农产品	个	55
“三品一标”农产品基地面积	公顷	3009.2
五、工业		
规模以上工业企业	个	15
规模以上工业总产值	万元	305603
六、交通、通讯		
公路里程	公里	421
固定电话用户	户	4864
移动电话用户	户	116780
互联网宽带接入用户	户	35237
七、贸易、外经		
社会消费品零售总额	万元	46791
其中：限额以上消费品零售额	万元	6670
出口总额	万元	133
八、固定资产投资		
固定资产投资	万元	146018
九、教育、科技、文化、卫生		
普通中学	所	5
小学校	所	10

13-9 续表 2

指 标	计量单位	2020
普通中学专任教师	人	363
小学专任教师	人	568
普通中学在校学生	人	4557
小学在校学生	人	6449
全年专利授权	件	18
公共图书馆图书藏量	千册	55.8
体育场馆	个	1
医疗卫生机构床位	床	391
医疗卫生机构技术人员	人	397
其中：执业（助理）医师	人	207
十、居民生活		
居民人均可支配收入	元	15742
城镇居民人均可支配收入	元	24146
农村居民人均可支配收入	元	9490
十一、社会保障		
提供住宿的社会工作机构	个	4
提供住宿的社会工作机构床位	床	1071
城镇职工基本养老保险参保人数	人	13701
城乡居民基本养老保险参保人数	人	65522
基本医疗保险参保人数	人	112242
其中：城乡居民基本医疗保险参保人数	人	101459
失业保险参保人数	人	5991
城镇居民最低生活保障人数	人	2348
农村居民最低生活保障人数	人	10026
十二、附记指标		
森林面积	公顷	26404
自然保护区面积	公顷	50029.2
污水处理厂	座	1
农村义务教育专任教师本科及以上学历比例	%	74.6
涉农产业园区	个	2

13–10　古交市国民经济主要指标
Main indicators of national economy in Gujiao city

指　标	计量单位	2020
一、基本情况		
行政区域面积	平方公里	1512
乡	个	7
镇	个	3
街道办事处	个	4
二、人口与就业		
户籍户数	户	77580
户籍人口	人	212734
三、综合经济		
（一）地区生产总值	万元	605742
第一产业增加值	万元	23444
第二产业增加值	万元	373142
第三产业增加值	万元	209156
（二）财政、金融		
一般公共预算收入	万元	128259
一般公共预算支出	万元	282252
年末金融机构各项存款余额	万元	2043200
其中：住户储蓄存款余额	万元	1719100
年末金融机构各项贷款余额	万元	1117300
四、农业		
（一）生产条件		
耕地面积	公顷	20685
设施农业种植占地面积	公顷	18.5
耕地灌溉面积	公顷	780
高标准农田面积	公顷	1696
（二）农作物播种面积	公顷	7901.3
粮食作物播种面积	公顷	7000.3
其中：玉米	公顷	917.0
大豆	公顷	1602.0
油料播种面积	公顷	132.4
蔬菜播种面积	公顷	474.4
（三）农产品产量		

13-10 续表 1

指 标	计量单位	2020
粮食总产量	吨	14412.8
其中：玉米	吨	2656.7
大豆	吨	1020.5
油料产量	吨	208.2
园林水果产量	吨	1055.6
肉类总产量	吨	3163.9
其中：猪肉	吨	1553.7
牛肉	吨	157.2
羊肉	吨	451.2
禽肉	吨	996.6
禽蛋产量	吨	3127.3
奶类产量	吨	328.1
蔬菜产量	吨	31998.2
水产品产量	吨	172.5
（四）农产品质量		
“三品一标”农产品	个	50
“三品一标”农产品基地面积	公顷	2974.6
五、工业		
规模以上工业企业	个	40
规模以上工业总产值	万元	1222352
六、交通、通讯		
公路里程	公里	698
固定电话用户	户	6815
移动电话用户	户	262450
互联网宽带接入用户	户	42560
七、贸易、外经		
社会消费品零售总额	万元	377171
其中：限额以上消费品零售额	万元	17699
出口总额	万元	14
八、固定资产投资		
固定资产投资	万元	301751
房地产开发投资	万元	11225
九、教育、科技、文化、卫生		

13-10　续表 2

指　标	计量单位	2020
普通中学	所	22
小学校	所	29
普通中学专任教师	人	1131
小学专任教师	人	1204
普通中学在校学生	人	11474
小学在校学生	人	15425
全年专利授权	件	50
公共图书馆图书藏量	千册	67.0
剧场、影剧院	个	1
体育场馆	个	2
医疗卫生机构床位	床	1426
医疗卫生机构技术人员	人	1771
其中：执业（助理）医师	人	721
十、居民生活		
居民人均可支配收入	元	30897
城镇居民人均可支配收入	元	35361
农村居民人均可支配收入	元	18300
十一、社会保障		
提供住宿的社会工作机构	个	1
提供住宿的社会工作机构床位	床	504
城镇职工基本养老保险参保人数	人	32622
城乡居民基本养老保险参保人数	人	57164
基本医疗保险参保人数	人	147537
其中：城乡居民基本医疗保险参保人数	人	121576
失业保险参保人数	人	30254
城镇居民最低生活保障人数	人	2196
农村居民最低生活保障人数	人	2948
十二、附记指标		
森林面积	公顷	43483
污水处理厂	座	5
农村义务教育专任教师本科及以上学历比例	%	80.7

中国统计出版社有限公司最新图书简目

（仅供参考，以实际出版为准）

统计资料

中国统计年鉴　中国统计摘要　中国第三产业统计年鉴
中国第三次全国农业普查综合资料　国际统计年鉴　金砖国家联合统计手册
中国-东盟国家统计手册　中国农村统计年鉴　中国县域统计年鉴
中国农产品价格调查年鉴　中国城市统计年鉴　中国价格统计年鉴
中国贸易外经统计年鉴　中国零售和餐饮连锁企业统计年鉴　中国商品交易市场统计年鉴
大中型批发零售和住宿餐饮企业统计年鉴　中国住户调查年鉴　中国工业统计年鉴
中国环境统计年鉴　中国能源统计年鉴　中国建筑业统计年鉴
中国房地产统计年鉴　中国投资领域统计年鉴　长江经济带发展统计年鉴
中国人口和就业统计年鉴　中国劳动统计年鉴　中国社会统计年鉴
中国科技统计年鉴　中国高技术产业统计年鉴　全国企业创新调查年鉴
中国文化及相关产业统计年鉴　中国妇女儿童状况统计资料　中国青年发展状况统计年鉴
中国基本单位统计年鉴　中国教育统计年鉴　中国教育经费统计年鉴
中国民族统计年鉴　中国残疾人事业统计年鉴　中国电力统计年鉴

省级综合统计年鉴系列

北京 天津 河北 山西 内蒙古 辽宁 吉林 黑龙江 上海 江苏 浙江 安徽 福建 江西 山东 河南 湖北 湖南 广东 广西 海南 重庆 四川 贵州 云南 西藏 陕西 甘肃 青海 宁夏 新疆 新疆生产建设兵团

市(县)级综合统计年鉴系列

滨海新区 石家庄 唐山 邯郸 邢台 保定 承德 沧州 衡水 太原 大同 晋城 晋中 长治 忻州 朔州 临汾 运城 阳泉 吕梁 呼和浩特 包头 鄂尔多斯 赤峰 大连 长春 四平 延吉 延边 哈尔滨 齐齐哈尔 黑龙江垦区 浦东新区 南京 无锡 徐州 常州 苏州 南通 淮安 盐城 扬州 镇江 宿迁 江阴 丹阳 海门 张家港 通州 如东 杭州 宁波 绍兴 台州 温州 金华 嘉兴 湖州 丽水 舟山 合肥 安庆 福州 厦门 漳州 宁德 龙岩 莆田 泉州 三明 南平 思明 南昌 上饶 抚州 赣州 九江 景德镇 宁都 济南 青岛 枣庄 潍坊 聊城 郑州 洛阳 三门峡 南阳 商丘 平顶山 信阳 济源 武汉 宜昌 十堰 荆州 荆门 咸宁 黄冈 长沙 广州 东莞 惠州 深圳 汕尾 珠海 南宁 桂林 柳州 防城港 贵港 梧州 玉林 钦州 海口 三亚 儋州 成都 贵阳 毕节 黔南 昆明 文山 德宏 西安 安康 延安 汉中 渭南 商洛 榆林 银川 兰州 庆阳 乌鲁木齐

调查年鉴系列

天津 内蒙古 上海 河南 湖北 湖南 广西 重庆 四川 云南 甘肃 宁夏 南宁 桂林 贵港 昆明

统计方法应用/实用手册

Python数据分析基础（第二版）　非参数统计（第五版）　现代金融投资统计分析（第四版）
国民经济核算初级教程（第二版）　国民经济核算教程（第五版）　概率统计基础
全国统计专业技术资格考试系列考试用书：统计业务知识（第四版修订版）　统计业务知识学习指导与习题
全国统计专业技术资格考试系列考试用书：统计相关知识（第四版）　统计相关知识学习指导与习题

统计通俗读物/统计科普图书

领导干部统计知识问答（第二版）　统计公文写作及会议办理实用手册　大数据在统计工作中的应用案例汇编
中国国民经济核算知识问答（修订版）　地区生产总值核算国际比较研究　新中国统计制度方法的发展与改革

重点图书

第七次全国人口普查年鉴　第四次全国经济普查地图集　中国经济普查年鉴2018
新编英汉汉英统计大词典　中国国民经济核算体系2016　国民经济行业分类注释
挑大学选专业2020—考研择校指南　挑大学选专业2020—高考志愿填报指南　中华医学统计百科全书